Roger Walsh (org.)
Frances Vaughan (org.)

CAMINHOS ALÉM DO EGO

UMA VISÃO TRANSPESSOAL

Tradução
MARTA ROSAS

Introdução
JOHN MACK, M.D.

EDITORA CULTRIX
São Paulo

Título do original:
Paths Beyond Ego
The Transpersonal Vision

Edição	Ano
1-2-3-4-5-6-7-8-9	97-98-99

Direitos de tradução para o Brasil
adquiridos com exclusividade pela
EDITORA CULTRIX LTDA.
Rua Dr. Mário Vicente, 374 — 04270-000 — São Paulo, SP — Fone: 272-1399
que se reserva a propriedade literária desta tradução.

Impresso em nossas oficinas gráficas.

Sumário

Introdução

John E. Mack (Médico)

Estamos assistindo a uma batalha pela posse da alma humana, travada entre duas ontologias contrárias. Numa das perspectivas, o universo físico ou material constitui a principal — se não a única — realidade, podendo o comportamento e a experiência dos organismos vivos (inclusive dos seres humanos) ser compreendidos através de mecanismos potencialmente identificáveis. Segundo essa visão de mundo, a consciência é função do cérebro humano. Sua extensão e sua profundidade são, teoricamente, sondáveis por meio de pesquisas neurocientíficas e fórmulas psicodinâmicas. Conforme essa visão, a vida é um jogo finito.

De acordo com a visão transpessoal, o universo físico e todas as suas leis representam apenas uma realidade de um número indeterminável de realidades possíveis, cujas características somente poderemos apreender com a evolução de nossa consciência. Segundo essa visão, a consciência permeia todas as realidades e é a fonte primária ou princípio criativo da existência, inclusive da energia do universo físico. Até pouco tempo atrás, a ciência e a filosofia ocidentais (como também a psicologia) estavam dominadas pela primeira perspectiva. Entretanto, a visão transpessoal tem aberto nossos corações, espíritos e mentes para a segunda perspectiva, de acordo com a qual a vida é um jogo infinito.

Tanto a visão materialista quanto a transpessoal possuem sua epistemologia (modo de aquisição de conhecimento) particular, e cada uma delas tem conseqüências específicas para o bem-estar dos homens e o destino do planeta. No universo do materialismo, vemos o mundo a distância, através dos sentidos e das máquinas e instrumentos pelos quais podemos ampliar seu alcance, e o compreendemos através da análise racional de dados observados empiricamente. Temos orgulho da objetividade que se reflete nessa maneira de conhecer o mundo e vemos com suspeita a emoção e a subjetividade, que imaginamos poderem distorcer a verdade. Nessa conjuntura, recorremos à consciência ordinária para obter informações sobre nós mesmos e sobre o meio em que vivemos, geralmente considerando os estados extranormais como estranhos, patológicos ou interessantes para fins de diversão.

No universo (ou universos?) do transpessoal, buscamos ver nossos mundos de perto, recorrendo tanto ao sentimento e à contemplação quanto à observação e à razão para obter informações acerca de uma variedade de realidades possíveis. Nesse universo, a subjetividade é ponto pacífico e a sondagem do mundo interior e exterior depende da experiência direta, da intuição e da imaginação. A epistemologia transpessoal leva em conta a necessidade dos estados normais da consciência para mapear o universo físico, mas encara os estados extranormais como meios extremamente válidos para levar nosso conhecimento a ultrapassar as quatro dimensões do universo de Newton e Einstein.

As conseqüências da visão materialista já são por demais conhecidas. Ao limitar o âmbito da realidade e a realização pessoal ao universo físico e ao roubar à consciência o domínio sobre os reinos do espírito, o homem tem devastado a Terra e massacrado seu semelhante com mecanismos cada vez mais sofisticados, em sua ânsia de poder, conquista e satisfação material. A julgar pelo que vem ocorrendo até aqui, o resultado disso será o colapso dos sistemas de vida do planeta e a extinção da vida humana tal como a conhecemos. Conformando-se a esse paradigma, a psicologia restringiu seu potencial de cura a um modelo terapêutico no qual uma pessoa trata as doenças ou os problemas de outro indivíduo isolado, em cujo universo apenas umas poucas relações baseadas em certos princípios são vistas como relevantes.

A visão transpessoal acena com a possibilidade de um futuro diferente para a humanidade e os demais seres vivos. Através de uma exploração mais profunda de quem somos e dos mundos em que participamos, a psicologia transpessoal nos permite descobrir o quanto somos inseparáveis de todas as formas de vida e qual o nosso devido lugar na cadeia da existência. Fundamental para essa crescente conscientização é a redescoberta da eficácia dos antigos métodos de alteração dos estados de consciência, como a ioga, a meditação, o xamanismo e o uso criterioso de substâncias psicodélicas. Certos métodos modernos de autoconhecimento, como o trabalho de Grof com a respiração holotrópica e algumas formas de hipnose, permitem a muitas pessoas penetrar no reino do inconsciente e nos universos míticos e espirituais dos quais nos separamos. A psicologia transpessoal sem dúvida possui indicações terapêuticas. Mas sua finalidade principal é a cura, a transformação, o crescimento pessoal e a abertura espiritual.

O poeta Rainer Maria Rilke disse que os sentidos através dos quais podemos apreender o mundo do espírito se atrofiaram. A visão transpessoal, apresentada neste livro por seus pioneiros, demonstra como esses sentidos podem ser redespertados e abertos para domínios do ser talvez jamais percebidos. Quando — e se — isso acontecer, poderemos descobrir outra vez o sagrado, não só na natureza como em nós mesmos. Então será inconcebível corromper a morada terrestre da criação, misteriosamente cedida a cada um de nós por um tempo tão breve. Pois, explorando as múltiplas dimensões de universos que contêm possibilidades ilimitadas, poderemos ao mesmo tempo aprender a conviver em harmonia com nossos semelhantes e com as demais espécies vivas, numa consciência em perpétua evolução.

Prefácio

Quando começamos a preparar *Além do ego: dimensões transpessoais da psicologia*, no final dos anos 70, nosso objetivo era dar uma primeira visão geral e abrangente da nova e emocionante área da psicologia transpessoal. Na época, um dos nossos desafios foi encontrar ensaios em número suficiente. Agora, o desafio na organização de uma nova coletânea para os anos 90 e para o século XXI foi bem diferente, ao mesmo tempo mais fácil e mais difícil. Foi mais fácil no sentido de que a área dos estudos transpessoais cresceu drasticamente e por isso se tornou mais fácil encontrar bons ensaios; mais difícil em vista do desafio que é selecionar alguns dentre eles.

Logo se tornou evidente que a análise transpessoal ultrapassara os limites de sua disciplina fundadora, a psicologia, para atingir também as searas da psiquiatria, antropologia, sociologia e ecologia, criando assim um movimento multidisciplinar — transpessoal. Tornou-se igualmente evidente que, para refletir adequadamente um crescimento dessa ordem, seria necessário mais que uma simples reedição de *Além do ego...*; era imprescindível um novo livro. O resultado está aqui: *Caminhos além do ego: uma visão transpessoal.*

Ao preparar este livro, tínhamos vários objetivos. Em primeiro lugar, queríamos elaborar uma introdução de fácil leitura. Os estudos transpessoais são de interesse potencial para uma faixa excepcionalmente ampla de pesquisadores e profissionais, desde os da área de saúde (médicos, psiquiatras e psicólogos) até os filósofos e cientistas sociais, bem como os teólogos e os adeptos de caminhos espirituais. Por conseguinte, optamos por fornecer uma leitura introdutória que exigisse um mínimo de conhecimento especializado e fosse acessível a leitores de formações diversas.

Buscamos proporcionar uma visão o mais abrangente possível dentro do espaço de que dispúnhamos. Portanto, tentamos incluir os ensaios mais significativos de todas as principais áreas de estudos transpessoais. A fim de conter o máximo de ambos — áreas e ensaios —, estes foram condensados nesta edição. Os leitores que quiserem ter acesso a uma discussão mais detalhada de determinados tópicos poderão consultar os ensaios originais, bem como a bibliografia recomendada.

Nós certamente quisemos transmitir aos leitores um pouco da emoção trazida pelo trabalho de ponta nesse campo. Assim, procuramos ensaios que, elaborados a partir da base fornecida por trabalhos anteriores, ao mesmo tempo apontassem em direção às fascinantes possibilidades que vão se delineando.

Além de fornecer uma introdução e uma visão geral, queríamos também contribuir para a integração deste campo de estudos. Portanto, escolhemos artigos de amplo alcance em termos de integração e, sempre que possível, escrevemos introduções apontando conexões e tópicos comuns. Tal tentativa é de particular importância quando se verifica que nossa área se situa na encruzilhada de uma gama extraordinariamente ampla de disciplinas; e a integração entre tais disciplinas é, à sua maneira, uma imagem da interconexão e interdependência de todas as coisas.

Agradecimentos

Os organizadores gostariam de expressar seu agradecimento às inúmeras pessoas que contribuíram para a publicação deste livro. Ele se estende a todos aqueles que criaram e desenvolveram a visão transpessoal; aos autores dos ensaios aqui publicados; a Connie Zweig, que nos prestou excelente assessoria editorial; a nosso agente, John White, e a Bonnie L'Allier, cujo apoio de secretaria e administração foi inestimável. Além disso, gostaríamos de agradecer às seguintes pessoas, que trabalharam como consultoras, revisando capítulos do livro: Warwick Fox, Jayne Gackenbach, Charles Grob, John Levy, Robert McDermott, Phillip Novak, Leni Schwartz, Deane Shapiro e especialmente Ken Wilber. Agradecemos também a todos os amigos e colegas que deram apoio a nosso trabalho.

Introdução

Somos criaturas espantosamente engenhosas. Fomos à Lua, decompusemos o átomo, deciframos o código genético, especulamos sobre o nascimento do universo. Na verdade, a civilização moderna se ergue como um monumento à ilimitada criatividade do intelecto humano.

No entanto, ao lado das provas de nosso gênio intelectual e tecnológico, cresce a suspeita de havermos nos subestimado seriamente em outros aspectos. Em parte graças ao brilho ofuscante de nossos triunfos tecnológicos, nos desviamos e dissociamos do mundo interior, procurando fora de nós respostas que só podem ser encontradas dentro, negando o subjetivo e o sagrado, negligenciando capacidades mentais latentes, pondo o planeta em risco e vivendo num transe coletivo — num estado mental de tensão e distorção que só passa despercebido porque nós o partilhamos e presumimos que ele seja a "normalidade".

Entretanto, existem dentro de nós — latentes porém inexplorados — mistérios psíquicos, capacidades criativas, estados de consciência e estádios de desenvolvimento nem sequer sonhados pela maioria das pessoas. As disciplinas transpessoais surgiram para explorar essas possibilidades, tendo emergido primeiramente na psicologia.

A EVOLUÇÃO DA PSICOLOGIA

A psicologia ocidental nasceu de duas fontes distintas: de um lado, da ciência experimental e laboratorial, e, do outro, de interesses clínicos e hospitalares. Em seu esforço para legitimá-la enquanto ciência, seus praticantes tomaram como modelo a física, concentrando-se no observável e esquivando-se do inobservável: o mundo da experiência interior. Assim, a psicologia experimental foi dominada pelo behaviorismo.

A psicologia e a psiquiatria clínicas, por outro lado, nasceram de uma preocupação pelo tratamento das patologias. Já que muito do sofrimento do ser humano decorre de forças inconscientes, o trabalho clínico se concentrou no subjetivo e no inconsciente. A psiquiatria e a psicologia clínicas foram dominadas pela psicanálise. Assim, a psicanálise e o behaviorismo lançaram as bases da psicologia clínica e experimental, sobre as quais reinaram soberanas ao longo da maior parte do século XX, tornando-se as principais forças dentro da psicologia ocidental.

Contudo, em torno da década de 60 levantou-se a suspeita de que, ao lado das inúmeras contribuições trazidas por essas linhas de pensamento, elas haviam acarretado também distorções e limitações significativas. Ficou cada vez mais aparente a sua incapacidade de fazer justiça à totalidade da experiência humana. Elas se concentravam na psicopatologia ou traçavam generalizações acerca das complexidades da vida cotidiana a partir de condições simples controladas em laboratório, ignorando dimensões cruciais da experiência humana, como a consciência e o bem-estar psicológico.

Além disso, elas às vezes consideraram patológicas certas experiências transpessoais vitais. Freud, por exemplo, interpretou essas experiências como reflexos da impotência infantil, ao passo que outros psicanalistas as viram como "formas de regresso à união com o seio" ou "neuroses narcisistas". Como notou o filósofo Jacob Needleman, "o freudianismo institucionalizou uma subestimação das possibilidades humanas".[1]

A psicologia humanista surgiu em reação a tais imposições. Nas palavras de Abraham Maslow, um dos fundadores da psicologia humanista e transpessoal, "nosso ponto de vista não nega de forma alguma o quadro freudiano habitual, mas representa um acréscimo e um suplemento a este. Simplificando um pouco, é como se Freud nos tivesse fornecido a metade doente da psicologia e agora tivéssemos de completá-la, acrescentando-lhe a metade sã. Talvez essa psicologia da saúde venha a nos dar mais condições de controlar e melhorar nossas vidas, tornando-nos pessoas melhores".[2]

Os psicólogos humanistas queriam estudar a experiência humana e tudo o que há de mais essencial à vida e ao bem-estar, e não o que é fácil de medir em laboratório. Uma das descobertas, em particular, viria a ter um impacto imenso, dando origem finalmente à psicologia transpessoal. As pessoas que gozam de excepcional saúde psicológica tendem a viver aquilo que chamamos de "experiências de pico": experiências de expansão da identidade e de união com o universo, breves porém extremamente intensas, cheias de sentido e júbilo, além de benéficas. Experiências semelhantes têm sido registradas ao longo da história e chamadas de místicas, espirituais e unitivas ou, no Oriente, de *samadhi* e *satori*.

Por fim, os pesquisadores concluíram que várias das tradições orientais descrevem famílias inteiras de experiências de pico, alegando possuir métodos que permitem ao indivíduo induzi-las por deliberação própria. Em pouco tempo ficou claro que tais experiências, apesar de terem sido muito valorizadas ao longo da história e de constituírem o objeto de diversas disciplinas asiáticas, haviam sofrido uma significativa depreciação — e até um processo de transformação em patologia — no moderno mundo ocidental. A psicologia transpessoal surgiu em parte para pesquisar essas experiências.

Obviamente, os estudos humanistas e transpessoais não cresceram em meio a um vácuo cultural. Ao contrário, ambos ao mesmo tempo refletiram e alimentaram as drásticas mudanças que, nos anos 60, ocorreram na cultura de um modo geral. Essas mudanças disseram respeito, entre outras coisas, ao nascimento do movimento pelo potencial humano e ao questionamento do sonho materialista, os quais levaram algumas pessoas a olhar para dentro de si mesmas em busca daquela satisfação duradoura que o sucesso exterior e as posses materiais, apesar de a terem prometido, não haviam sido capazes de proporcionar.

As drogas psicodélicas também exerceram um forte impacto, provocando experiências de variedade e intensidade sem precedentes numa sociedade mal equipada para assimilá-las. Pela primeira vez na história, um grande número de pessoas teve acesso a estados alternativos de consciência. Alguns deles eram claramente aflitivos e problemáticos. No entanto, outros eram estados transcendentais, que testemunhavam em favor da plasticidade da consciência diante de um mundo que dela não suspeitava, demonstrando a vastidão de seus estados potenciais, as limitações e distorções de nosso estado habitual de consciência e a possibilidade de novos estados mais desejáveis.

Ao mesmo tempo, a disseminação das disciplinas asiáticas de meditação proporcionou meios para que esses estados fossem atingidos e esse conhecimento fosse obtido, sem a recorrência a drogas. De repente, certas experiências — vistas por séculos no Ocidente como patológicas ou destituídas de sentido — tornaram-se válidas e valorizadas perante uma minoria considerável. A cultura ocidental, desde então, jamais foi a mesma.

Entre os inúmeros efeitos sociais dessa mudança, inclui-se o interesse pelas culturas e tradições asiáticas e por práticas espirituais tão diversas quanto a ioga, o xamanismo e a contemplação cristã. O descontentamento diante dos valores convencionais levou à adoção de estilos alternativos de vida, como a simplicidade voluntária e a sensibilidade à ecologia, que cresceram como formas de expressão e apoio das novas perspectivas. Dentro das universidades, surgiram novos campos de pesquisa dedicados à investigação de tópicos como meditação, *biofeedback*, drogas psicodélicas e estados de consciência. A curiosidade cultural de ontem deu lugar à pesquisa que hoje se empreende. Os psicólogos transpessoais buscaram a integração dessas descobertas inéditas numa disciplina nova e logo se viram acompanhados por pesquisadores da psiquiatria, antropologia, sociologia e ecologia.

DEFINIÇÃO E DESCRIÇÃO

Então, o que é o transpessoal?

As *experiências transpessoais* podem definir-se como aquelas em que o senso de identidade ou de eu ultrapassa (*trans* +passar =ir além) o individual e o pessoal a fim de abarcar aspectos mais amplos da humanidade, da vida, da psique e do cosmo.

As *disciplinas transpessoais* dedicam-se ao estudo das experiências transpessoais e fenômenos correlatos. Seus adeptos buscam a expansão do âmbito dessas disciplinas através da inclusão do estudo de fenômenos transpessoais e da aplicação de sua perícia nesse estudo.[3]

A *psicologia transpessoal* é o estudo psicológico das experiências transpessoais e seus correlatos. Estes incluem a natureza e as variedades, causas e efeitos das experiências e do desenvolvimento transpessoal, como também as psicologias, filosofias, disciplinas, artes, culturas, estilos de vida, reações e religiões por eles inspirados ou voltados à sua indução, expressão, aplicação ou compreensão.

A *psiquiatria transpessoal* é a área da psiquiatria que se concentra no estudo das experiências e fenômenos transpessoais. Sua perspectiva é semelhante à da psicologia transpessoal, enfocando particularmente os aspectos clínicos e biomédicos desses fenômenos.

A *antropologia transpessoal* é o estudo transcultural dos fenômenos transpessoais e da relação entre a consciência e a cultura.

A *sociologia transpessoal* estuda as dimensões, repercussões e expressões sociais dos fenômenos transpessoais.

A *ecologia transpessoal* estuda as dimensões, repercussões e aplicações ecológicas dos fenômenos transpessoais.

O *movimento transpessoal* é o movimento interdisciplinar que inclui e integra as diversas disciplinas transpessoais.

Tais definições delimitam o ponto de vista e o objetivo principal de cada uma das disciplinas transpessoais. Todavia, é importante observar o que essas definições não determinam. Elas não excluem o pessoal, não limitam o tipo de expansão da identidade, não prendem as disciplinas transpessoais a nenhuma filosofia ou visão de mundo específica nem restringem a pesquisa a um determinado método.

As disciplinas transpessoais não só não excluem como não invalidam o campo do pessoal. Antes, elas enquadram os interesses pessoais dentro de um contexto mais amplo, que reconhece a importância tanto das experiências transpessoais quanto das pessoais. Com efeito, uma das interpretações do termo "transpessoal" é que o transcendente se expressa através (*trans*) do pessoal.

Da mesma forma, as definições não especificam nenhum limite para a direção nem para a extensão do crescimento do senso de identidade. Alguns ecologistas enfatizam a importância da expansão horizontal da identidade (de modo a incluir a Terra e todas as formas de vida), ao tempo em que negam o valor e a validade da transcendência vertical. Por outro lado, para certos praticantes espirituais, essa expansão vertical da identidade (de modo a incluir imagens e domínios transcendentes) é fundamental, enquanto para outros o ideal é a identificação tanto vertical (transcendente) quanto horizontal (imanente).

Essas definições não obrigam as disciplinas transpessoais nem seus adeptos a nenhuma interpretação específica das experiências transpessoais. Acima de tudo, elas não prendem as disciplinas a nenhuma ontologia, metafísica ou visão de mundo determinada, como também a nenhuma doutrina, filosofia ou religião. Concentrando-se nas experiências, as definições permitem múltiplas interpretações de cada uma delas, bem como do conhecimento do cosmo e da natureza humana que elas oferecem. Há muito tempo que as experiências transpessoais vêm sendo interpretadas de várias formas diferentes e, sem dúvida, continuarão a sê-lo. Um transpersonalista pode ser religioso ou não, pode ser teísta ou ateu. Uma definição das disciplinas transpessoais que se concentre nas experiências, portanto, dá lugar a visões diversas, porém aceitáveis e complementares.

Finalmente, essas definições não impõem limitações aos métodos de estudo e pesquisa das experiências transpessoais. Pelo contrário, qualquer epistemologia (forma de aquisição de conhecimento) é bem-vinda. Os pesquisadores transpessoais incentivaram, na prática, uma abordagem eclética, interdisciplinar e integradora, que faz o devido uso dos assim chamados "três olhos do conhecimento": o sensorial, o introspectivo-racional e o contemplativo. Isso entra em choque com muitas outras escolas que efetivamente pregam ou recorrem a uma única epistemologia. O behaviorismo, por exemplo, concentrou-se na ciência e nos dados sensoriais; as escolas introspectivas, como a psicanálise, enfatizam a observação mental, ao passo que as abordagens iogues se voltam para a contemplação. Até o presente momento, as disciplinas transpessoais são as únicas a adotar uma epistemologia eclética, que visa à inclusão da ciência, filosofia, introspecção e contemplação, integrando-as numa investigação ampla e adequada às várias dimensões da experiência e da natureza humanas.

Portanto, as disciplinas transpessoais tendem a mostrar-se excepcionalmente abrangentes, interdisciplinares e integradoras. Suas investigações abarcam possibilidades mais altas de desenvolvimento e também o que Maslow chamou de "os confins mais longínqüos da natureza humana". Essa investigação se elabora a partir da integração de conhecimentos provenientes de áreas como a neurociência, a ciência cognitiva, a antropologia, a filosofia e a religião comparada, adotando perspectivas tanto do Ocidente quanto do Oriente. Entre os tópicos de maior interesse contam-se a consciência e seus estados alterados, mitologia, meditação, ioga, misticismo, sonhos lúcidos, drogas psicodélicas, valores, ética, relacionamentos, capacidades excepcionais e bem-estar psicológico, desenvolvimento transconvencional e emoções transpessoais como o amor e a compaixão, motivações como o altruísmo e o serviço, além de patologias e terapias transpessoais.

A RELAÇÃO COM A RELIGIÃO

Vários desses tópicos colocam-se em interseção com áreas de interesse religioso. Isso levanta a questão da relação entre as disciplinas transpessoais e a religião. Como lembra Ken Wilber, "uma das maiores dificuldades na discussão da religião (...) é que ela não é apenas uma 'coisa'. Na minha opinião, ela tem pelo menos dez significados diferentes, todos fundamentais e, em grande parte, exclusivos. Infelizmente, na literatura especializada, nem sempre — na verdade, quase nunca — se faz a distinção entre esses significados".[4]

Uma das mais simples definições de religião é aquela que a situa como interessada no sagrado ou com ele relacionada. Já que algumas das experiências transpessoais (embora isso não se aplique a todas) envolvem a vivência do sagrado e já que, com a mesma restrição, algumas experiências religiosas são transpessoais, há um nítido cruzamento entre as experiências transpessoais e as religiosas. Contudo, as disciplinas transpessoais também se interessam pelas experiências transpessoais que não são religiosas, além de fazer pesquisas e elaborar interpretações, psicologias e filosofias desprovidas de conotação religiosa. As disciplinas transpessoais não desposam nenhum dogma ou credo, não exigem nenhuma convicção religiosa específica, mas desposam a verificação científica, filosófica e experimental aberta de todas as reivindicações da verdade e geralmente partem do princípio de que as experiências transpessoais podem ser interpretadas religiosa ou não religiosamente, de acordo com a preferência de cada um. A religião e as disciplinas transpessoais devem, portanto, ser consideradas áreas que possuem interseções parciais de interesses, mas que possuem também diferenças significativas. Da mesma forma, apesar de possuírem alguns interesses comuns, a psicologia e a antropologia transpessoais são claramente distintas da psicologia e da antropologia da religião.

O CARÁTER MULTIESTADUAL DAS DISCIPLINAS

É de vital importância lembrar que as disciplinas transpessoais têm caráter multiestadual. Na cultura ocidental, certas disciplinas, como a psicologia e a antropologia, são predominantemente uniestaduais, isto é, concentram-se num único estado de consciência — a saber, nosso estado habitual de vigília — e conferem atenção e importância significativamente menores aos estados alternativos.

Em contraste, as culturas multiestaduais dão mais atenção e valor aos estados oníricos e contemplativos, por exemplo. Por isso, suas visões de mundo derivam em grande parte de estados múltiplos. As culturas tribais xamânicas, a psicologia budista e a filosofia taoísta ilustram esse tipo de abordagem multiestadual.

As disciplinas transpessoais tradicionais, como a ioga e a contemplação, junto com suas filosofias e psicologias, destinam-se não só a induzir como também a esclarecer os estados múltiplos. Por conseguinte, constituem inequivocamente disciplinas multiestaduais. As disciplinas transpessoais contemporâneas tentam promover, por meio de disciplinas multiestaduais modernas, a compreensão, expressão e indução dos fenômenos e experiências transpessoais no mundo moderno, além de tentar aliar as disciplinas contemporâneas ao que há de melhor na antiga sabedoria transcultural.

Pelo fato de serem sistemas multiestaduais, as disciplinas transpessoais podem ser intrinsecamente mais abrangentes que as disciplinas convencionais, abarcando e legitimando uma faixa mais ampla de possibilidades e experiências humanas. Essa abordagem abrange, inclusive, as contribuições advindas de várias outras linhas de pensamento. Observando a maneira pela qual uma determinada escola ou teoria favorece uma perspectiva que lança luz sobre alguns aspectos do comportamento humano e negligencia ou obscurece outros, os transpersonalistas interessam-se especialmente pela contribuição e integração das diversas escolas.

Por exemplo, em vez de advogar o domínio exclusivo de uma perspectiva, a psicologia transpessoal afirma que as escolas aparentemente conflitantes podem estar se dirigindo a perspectivas, dimensões e estádios diferentes da experiência humana, sendo possível que sejam parcialmente complementares. Assim, a psicologia freudiana volta-se para questões importantes do desenvolvimento infantil, ao passo que a psicologia existencial fala de questões universais que dizem respeito a pessoas adultas e maduras. A terapia behaviorista demonstra a importância do reforço ambiental no controle do comportamento, enquanto as terapias cognitivas esclarecem o poder dos pensamentos e crenças não reconhecidos como tal. A psicologia junguiana nos faz lembrar a profundidade das raízes arquetípicas, a força do inconsciente coletivo e a potência terapêutica das imagens e símbolos. Certos sistemas asiáticos, como o Budismo, a ioga e as psicologias vedânticas, complementam as abordagens ocidentais na descrição de estádios de desenvolvimento transpessoal e no fornecimento de técnicas para sua realização.

Embora a psicologia transpessoal inclua áreas que estão situadas além do âmbito convencional das escolas ocidentais, ela valoriza a contribuição feita por essas escolas. Essa psicologia não busca substituí-las, mas integrá-las numa visão mais ampla das possibilidades do ser humano. Isso constitui a visão transpessoal.

Naturalmente, a visão transpessoal aqui apresentada não é completa nem definitiva. Sem dúvida também ela irá, por sua vez, dar lugar a um ponto de vista ainda mais abrangente.

> Se apenas pudéssemos compreender que o abandono de um ponto de vista representa um progresso e que a vida muda quando se passa do estádio da verdade fechada ao da verdade aberta — uma verdade igual à própria vida, grande demais para ser aprisionada em pontos de vista, pois abarca a todos eles — uma verdade grande o suficiente para negar-se a si mesma e passar perpetuamente a uma verdade mais elevada.[5]

A IMPORTÂNCIA DA VISÃO TRANSPESSOAL

Ao longo de séculos e em várias culturas, as experiências transpessoais foram consideradas de vital ou mesmo de suprema importância. Em nosso tempo, a visão e as disciplinas transpessoais são importantíssimas por muitas razões. Elas chamam a atenção para uma família de experiências negligenciada ou incompreendida; propiciam nova compreensão de antigas idéias, tradições religiosas e práticas contemplativas; oferecem visões mais generosas da natureza humana e apontam em direção a possibilidades humanas insuspeitadas.

As disciplinas transpessoais visam pesquisar e reabilitar aquelas experiências transpessoais por muito tempo consideradas irracionais ou patológicas. Conforme demonstram amplamente os capítulos deste livro, é mais correto vê-las como progressões saudáveis que como regressões patológicas. Segundo a lúcida argumentação de Ken Wilber, elas não são uma "regressão a serviço do ego, mas uma evolução e uma transcendência deste".[6]

A reabilitação e a tentativa de compreensão das experiências transpessoais possuem enorme importância do ponto de vista transcultural, pois nos permitem entender melhor não só as diversas culturas como também as suas filosofias, religiões e artes, promovendo a integração entre dados históricos e transculturais.

Na primeira metade deste século, muitos antropólogos adotaram a orientação psicanalítica, promovendo assim uma desvalorização das experiências transpessoais. Uma vez que tais experiências eram tão difundidas e valorizadas entre outras culturas, a tendência natural foi o fortalecimento do preconceito ocidental que desvalorizava as demais culturas. Assim, acadêmicos eminentes puderam, sem pestanejar, chegar a conclusões como: "As semelhanças óbvias entre a regressão esquizofrênica e as práticas do Zen e da Ioga indicam claramente que a tendência geral entre as culturas orientais é a busca de refúgio no eu em face de uma realidade cultural, física e social extremamente difícil."[7]

Agora que os processos e as experiências transpessoais são melhor compreendidos, podemos fazer uma avaliação mais justa das outras culturas e aprender um pouco da sabedoria transpessoal que elas vêm acumulando ao longo de milênios. Podemos, com efeito, reclamar aquilo que é conhecido como "a Grande Tradição": o somatório da sabedoria religiosa, filosófica e transcultural da humanidade.

A razão pela qual as experiências transpessoais foram tidas em tão alta conta através da história está se tornando mais clara à medida que as pesquisamos mais de perto. Elas oferecem significativos benefícios psicológicos e sociais. As experiências transpessoais podem com freqüência — embora nem sempre — produzir drásticas e duradouras mudanças psicológicas de caráter benéfico. Elas podem proporcionar uma noção de sentido e de finalidade, resolver dilemas existenciais e inspirar um interesse compassivo em relação à humanidade e ao planeta. Uma única experiência transpessoal pode, com efeito, mudar para sempre a vida de uma pessoa. Além disso, como se discute em vários pontos deste livro, há indícios cada vez mais fortes de que a ausência de tais experiências esteja por trás de uma parte considerável das patologias individuais, sociais e globais que nos cercam e ameaçam.

As experiências transpessoais apontam na direção de miríades de possibilidades humanas. Elas dão a entender que certas emoções, motivações, capacidades cognitivas e estados de consciência podem ser cultivados e depurados a um grau muito além da norma.

As tradições contemplativas, por exemplo, indicam que as emoções benevolentes, como o amor e a compaixão, podem expandir-se para abarcar não apenas as pessoas como também todas as formas de vida. Da mesma forma, elas afirmam — e as primeiras pesquisas o confirmam — que a atenção pode ser estabilizada; as percepções, sensibilizadas; e as motivações, como o altruísmo e a transcendência, fortalecidas. A possibilidade de ampliar capacidades como essas é um sinal de que o desenvolvimento psicológico pode ultrapassar em muito o que imaginávamos ser o teto das possibilidades humanas.

As experiências transpessoais se dão em estados alterados de consciência, e o estudo de ambos deixou bem claro o quanto subestimamos a plasticidade da consciência humana e sua gama de estados potenciais. Até a segunda metade do século XX, a psicologia ocidental reconhecia apenas uns poucos desses estados: a maioria dos que não se situassem dentro da esfera dos estados normais de sono e vigília — como a intoxicação, o delírio e a psicose — era classificada como patológica. Entretanto, agora, as pesquisas demonstraram a existência de diversos estados alternativos, e o número e variedade de estados reconhecidos continuam a aumentar.

A diversidade de técnicas para indução desses estados é imensa a inclui métodos tanto modernos quanto antigos. Alguns deles são ancestrais e consistem em estratégias fisiológicas como o jejum, a abstinência, a privação de sono e a exposição ao frio ou ao calor. Outros métodos são psicológicos, como a solidão, o canto, a música, a dança, a meditação e a ioga. Os acréscimos modernos vão desde os tanques de isolamento até o *biofeedback*.

Enquanto muitos dos estados alternativos podem não oferecer nenhuma vantagem específica ou até ser desvantajosos, outros se associam à ampliação de capacidades como as anteriormente apresentadas. Seguem-se duas implicações cruciais: os estados mais elevados de consciência — nos quais as pessoas atingem capacidades acima e além das normais — estão disponíveis a todos nós; e o nosso estado habitual de consciência — que geralmente se presume ser o melhor — na verdade não expressa o máximo do potencial humano.

Uma das novas descobertas tem conseqüências extensas e profundas: os estados de consciência podem apresentar aquilo que se conhece por especificidade de estado ou limitações específicas de estado. Isso significa que o que se compreende e aprende num estado de consciência pode ser mais difícil de compreender em outro. Assim, mesmo o mais profundo entendimento adquirido num estado alternativo pode ser incompreensível para quem jamais atingiu aquele estado.

Isso quer dizer que a capacidade de compreender e respeitar as experiências transpessoais — e as disciplinas e estilos de vida correlatos — pode depender da extensão do conhecimento que se tem desses estados alternativos. A especificidade de estado sugere uma importante explicação para o fato de as tradições e experiências transpessoais terem sido subestimadas. Além disso, ela indica que talvez seja necessária a adoção de práticas que cultivem tais experiências para que se possa compreendê-las.

As disciplinas transpessoais oferecem reinterpretações e elucidações radicais de certos aspectos inerentes às religiões e práticas contemplativas. A partir dessa perspectiva, os cernes místicos e contemplativos das grandes religiões do mundo podem ser vistos como tradições multiestaduais de indução de estados específicos de consciência transpessoal, principalmente aqueles que proporcionam o que se convencionou chamar de iluminação, libertação ou salvação. As filosofias e psicologias derivadas dessas tradições podem ser consideradas como expressões do conhecimento adquirido com a obtenção de tais estados. As práticas contemplativas através das quais esses estados são induzidos podem ser encaradas em parte como tecnologias transpessoais ou tecnologias de transcendência. Essa perspectiva oferece uma compreensão nova e esclarecedora de disciplinas que muitas vezes nos pareceram misteriosas.

Quase sempre, as pessoas que passam por experiências transpessoais profundas adotam uma visão mais ampla do cosmo e da natureza humana. Elas descobrem um universo interior tão vasto e insondável quanto o exterior, além de esferas de experiências inacessíveis aos instrumentos físicos: as esferas da mente e da consciência. Aqueles que as descobrem têm condições de concluir que nós existimos nelas tanto quanto (ou até mais) existimos na esfera dos sentidos e do universo físico.

Assim como isso se processa em relação à natureza humana, processa-se em relação ao cosmo. As experiências transpessoais muitas vezes sugerem a presença de domínios não-físicos de existência cujo âmbito é imenso. A partir desse ponto de vista, a existência é vista como uma sucessão de camadas e o universo físico, que tantas vezes se presumiu constituir a totalidade da existência, surge agora como apenas um dentre vários domínios possíveis.

Qualquer que seja a compreensão do cosmo e da humanidade que afinal desvelem, as disciplinas transpessoais não têm paralelo, por enquanto, no que diz respeito à abrangência de seu campo de estudos. Elas advogam uma busca eclética e integradora que inclua o pessoal e o transpessoal, o antigo e o moderno, o Oriente e o Ocidente, a introspecção e a contemplação. É só a partir de uma abordagem tão ampla quanto esta que podemos esperar chegar a uma visão que reflita as extraordinárias possibilidades da humanidade e do cosmo: uma visão transpessoal.

I PARTE

A Variedade das Experiências Transpessoais

SEÇÃO UM

O ENIGMA DA CONSCIÊNCIA

Assim na história da coletividade como na história do indivíduo, tudo depende do desenvolvimento da consciência.

— Carl Jung[1]

O estudo da consciência e de seus estados alterados é fundamental para a psicologia transpessoal. Apesar disso, há pouquíssima discussão acerca do que é a consciência. Essa escassez de discussão reflete o estado da psicologia em geral, a qual, sob a influência do behaviorismo e da demanda de objetividade, há muito tempo vem considerando a consciência como um assunto do qual não se deve falar em público. Embora este assunto tenha voltado a ganhar uma parcial respeitabilidade nos anos 80, a confusão acerca da natureza, da importância e até mesmo da existência da consciência continua, assim como as dúvidas em relação ao melhor meio de estudá-la.[2]

Essa confusão na psicologia é reflexo de séculos de confusão na filosofia. De fato, a naturéza da consciência é uma das mais básicas e árduas questões filosóficas. Num extremo, a consciência foi considerada fictícia, "o nome de uma não-entidade", conforme William James. No outro, ela foi louvada como o substrato fundamental da realidade (uma posição filosófica conhecida como idealismo absoluto). Além disso, a consciência foi considerada um mero epifenômeno da matéria (materialismo) ou um aspecto de uma realidade mais básica, que fundamentalmente não é nem mental nem física, mas pode apresentar características de ambos os teores (teoria do aspecto dual ou monismo neutro). A consciência foi menosprezada como uma enfermidade da vida (Nietzsche) e sobrevalorizada como a felicidade infinita do ser: o *Sat-chit-ananda* (ser-consciência-felicidade) do Vedanta. Portanto, não é de admirar que "até o momento não haja uma boa teoria da consciência. Não há sequer um acordo acerca do que deveria ser uma teoria da consciência".[3]

Para boa parte da ciência e da psicologia, a consciência é um epifenômeno não prontamente acessível à pesquisa científica, ao passo que, para grande parte da filosofia ocidental, a consciência representa um enigma clássico, que não cede à análise conceitual. De alguma maneira, a consciência consegue escapar à pesquisa e à análise conceitual como a água a uma rede.

No entanto, de acordo com a perspectiva de várias tradições religiosas e filosóficas orientais e ocidentais, isso é algo que se deve esperar. Ao passo que boa parte da psicologia ocidental presume que a consciência seja produto ou propriedade do cérebro e da mente do indivíduo, essas tradições partem do princípio de que a consciência é um aspecto do Absoluto, *Atman-Brahman*, Deus, o Vazio ou a Mente.

De acordo com essas tradições, nosso estado mental habitual é obnubilado, ilusório, onírico ou comparável ao do transe. Nele, presumimos que a psique individual seja a fonte da consciência em vez de uma criação ou componente desta. Eis as palavras de Patanjali, que compilou o texto clássico da ioga:

A mente não brilha com luz própria.
Ela também é um objeto, iluminada pelo Si-mesmo .(...)
Porém o Si-mesmo é ilimitado.
É a pura Consciência que ilumina o conteúdo da mente. (...)
O egoísmo, a noção limitadora do 'eu',
decorre de o intelecto individual atribuir
a si o poder da consciência.[4]

Segundo essa visão, a consciência não é pessoal, mas transpessoal; não é mental, mas transmental. Diz-se, com efeito, que ela, enquanto aspecto do Absoluto, está além do tempo, do espaço, das qualidades, dos conceitos, das categorias e limites de qualquer tipo. Por conseguinte, a natureza última da consciência é considerada intangível e inconcebível. A mera tentativa de descrever essa realidade resulta num paradoxo no qual, como descobriu Kant, o contrário de uma afirmação qualquer e aparentemente válida também é válido. Quase mil e quinhentos anos antes de Kant, Nagarjuna — o fundador do Budismo *Madhyamaka* — chegou praticamente à mesma conclusão, "uma conclusão que se propagou e amplificou, com a sucessão das gerações em todas as principais escolas orientais de filosofia e psicologia: a razão não pode captar a essência da realidade absoluta. Por isso, quando tenta fazê-lo, produz apenas incompatibilidades dualistas".[5]

A partir de tal perspectiva, não é de surpreender que a maioria das escolas ocidentais de filosofia, psicologia e ciência não tenham conseguido apreender a natureza da consciência, pois, nas palavras do Terceiro Patriarca Zen:

Buscar a Mente com a mente (discriminadora)
é o maior de todos os erros. (...)
Quanto mais se fala sobre ela,
Mais longe se fica da verdade.[6]

Trata-se de um erro que, para usar a linguagem contemporânea, consiste num "erro de categoria". Quer dizer, é uma tentativa de usar o que São Boaventura chamou de "olho da carne" (a percepção sensorial) e "olho da mente" (a filosofia e a lógica) e sua combinação (a ciência) para ver o que só pode ser visto com o olho da contemplação.[5]

As tradições asiáticas estão de acordo com São Boaventura. A consciência não pode ser percebida nem propriamente concebida; só pode ser conhecida através da intuição direta. Afirma-se que essa intuição direta da consciência e do domínio transmental desenvolve a sabedoria (*prajna*) que permite escapar à nossa visão distorcida da consciência, do eu e do mundo.

O remédio contra essa distorção é obviamente a mudança de nosso estado mental. De fato, é intrigante que os seres humanos possam não saber o que é a consciência e, apesar disso, tenham se esforçado tanto para alterar a experiência que têm dela. Uma pesquisa transcultural revela que 90% de várias centenas de sociedades humanas institucionalizaram um ou mais estados alterados.[7] Quase sempre, as sociedades tradicionais vêem tais estados como sagrados. Andrew Weil concluiu que "o desejo de alterar periodicamente a consciência é um impulso inato e normal, como a fome e o desejo sexual".[8]

De uma perspectiva que vê a consciência como imutável e inqualificável, a idéia de alterar os estados da consciência não faz sentido algum. O que realmente está sendo mudado são os estados mentais. Contudo, a maioria dos psicólogos ocidentais parte do pressuposto implícito de que a consciência é uma função da psique individual e, conseqüentemente, fala de "estados de consciência". Como essa expressão é tão comum na literatura, nós a usaremos aqui quando necessário.

Uma das primeiras suposições acerca dos estados alterados de consciência (EACs) provocados por práticas como a ioga e a meditação foi a de que eles fossem mais ou menos equivalentes. Isso era reflexo de nossa ignorância em relação à imensa variedade de EACs possíveis. A diversidade de EACs identificados apenas pelas práticas indianas de ioga e meditação, por exemplo, inclui estados de alta concentração, como os *samadhis* iogues e os *jhanas* budistas; estados testemunhais de consciência, nos quais a equanimidade é tão forte que os estímulos têm pouco ou nenhum efeito sobre o observador; e estados em que estímulos interiores extremamente sutis se tornam objeto de atenção, tais como os débeis sons interiores da *shabd yoga*. Certas práticas conduzem a estados unitivos nos quais o senso de separação entre o eu e o mundo se dissolve, como em certos *satoris* zen. Em alguns estados, todos os objetos e fenômenos desaparecem, como no *nirvana* budista e no *nirvikalpa samadhi* védico. Em outros, todos os fenômenos são percebidos como expressões ou modificações da consciência, como o *sahaj samadhi*.[9,10]

Até pouco tempo atrás, muitos desses estados eram considerados patológicos. Há muitas razões para isso. O Ocidente, por tradição, reconhecia apenas um número limitado de estados de consciência — a vigília, o sono, a intoxicação, por exemplo — e tendia a negar ou patologizar os demais. Lembre-se, a propósito, o episódio no qual cirurgiões do século XIX testemunharam uma amputação indolor de perna, feita sob hipnose, e concluíram que o paciente era um velhaco calejado, subornado para fingir que não sentia dor. Como comentou o psicólogo Charles Tart, "devia haver velhacos muito calejados naquela época".[11] Isso combina perfeitamente com a tendência da antropologia e da psiquiatria clínica de considerar as experiências invulgares como patológicas, principalmente as de pessoas de outras culturas, partindo do princípio de que o nosso estado habitual seja o ótimo.

A maioria dos pesquisadores tem pouca experiência direta dos EACs que investigam. Apesar disso, as descrições clássicas, as discussões filosóficas e psicológicas e muitos relatórios de tarimbados pesquisadores ocidentais[11, 12] dão a entender que talvez seja bastante difícil compreender os estados alterados sem experimentá-los diretamente. Com efeito, essas experiências podem mudar radicalmente a visão de mundo das pessoas, e os que as vivenciam tendem particularmente a considerar a consciência como elemento primário da realidade.[2]

Assim, as avaliações acadêmicas ocidentais dos estados alterados de consciência induzidos por disciplinas de meditação e ioga sofreram uma mudança drástica. Muitas das análises iniciais presumiam que tais estados fossem patológicos, enquanto centenas de estudos feitos agora comprovam seu benefício potencial. Historicamente, seu objetivo de união mística foi considerado o *summum bonum*, o bem supremo e a mais elevada aspiração da existência humana.

A existência de uma ampla gama de estados levanta quatro questões cruciais: (1) Que estados são benéficos e transformadores e que estados são perniciosos e destrutivos? (2) Como fortalecer os estados saudáveis e transformar os destrutivos? Estas duas questões serão discutidas em outras partes do livro. (3) Como identificar, caracterizar, mapear e comparar estados diferentes? (4) Como desenvolver uma estrutura ou teoria abrangente o bastante para representar o espectro da consciência em sua totalidade e o lugar em que nele se situam os estados individuais? As duas últimas questões são objeto dos ensaios seguintes.

Em "Psicologia, realidade e consciência", Daniel Goleman afirma que a psicologia ocidental é uma dentre muitas psicologias, algumas das quais existem há milênios. Cada psicologia e, com efeito, cada cultura, constrói uma visão de mundo e codifica a experiência de determinada maneira. Goleman opina que a cultura e a psicologia ocidentais têm sido em grande parte uniestaduais, concentrando-se basicamente em nosso estado de vigília. Por isso, nossa abordagem dos estados alterados e dos meios para induzi-los é relativamente rudimentar e, além disso, os vemos com suspeita.

Por outro lado, várias culturas e psicologias orientais são multiestaduais. Elas reconhecem o valor dos estados alterados, tendo desenvolvido técnicas sofisticadas para sua indução e esquemas que as descrevem. Goleman conclui que a integração de diferentes psicologias poderá enriquecer tanto o Oriente quanto o Ocidente.

Em *Psychologia perennis*, Ken Wilber revela que ao longo da história uma filosofia e uma psicologia perenes descreveram muitos estados de consciência disseminados num espectro. Diferentes psicologias e terapias se voltam para níveis diversos desse espectro, podendo portanto ser vistas como complementares, em vez de contrárias. Cada nível se associa a experiências específicas e a um senso de identidade específico, variando desde a identidade drasticamente estreita relacionada com egocentrismo até aquela que se conhece por Identidade Suprema ou consciência cósmica, considerada tanto a fonte como a meta das grandes religiões.

Charles Tart fornece um valioso método de compreensão dos estados alterados em "Uma abordagem sistêmica da consciência". Ele afirma que um estado de consciência é um sistema altamente complexo, formado por componentes como a atenção, a percepção, a identidade e a fisiologia. Diferentes padrões de interação dinâmica entre esses componentes resultam em diferentes estados, e as técnicas para alterar a consciência mudam os padrões através da modificação de um ou mais componentes.

Em “Mapeamento e comparação de estados”, Roger Walsh responde a duas questões que vêm desnorteando os pesquisadores ocidentais desde que se aperceberam da possibilidade de indução de EACs por meio de práticas de contemplação: (1) Os estados induzidos por práticas diversas são idênticos ou apresentam diferenças? (2) São eles patológicos e regressivos ou saudáveis e transcendentes? O debate continua, pois até agora não há um modo preciso de descrever e comparar os estados de consciência. Walsh compara os que ocorrem no xamanismo, Budismo, ioga e esquizofrenia aguda, demonstrando que eles divergem significativamente em várias dimensões fundamentais da experiência.

Psicologia, realidade e consciência

Daniel Goleman

As tentativas de promover uma compreensão sistemática e abrangente do comportamento humano não apareceram, de modo algum, com a psicologia ocidental contemporânea. Nossa psicologia formal, enquanto tal, tem menos de cem anos de idade, representando assim uma versão recente de um esforço que provavelmente é tão antigo quanto a história da humanidade. Além disso, ela é produto da cultura, sociedade e história intelectual de europeus e norte-americanos e, por isso, é apenas uma dentre inúmeras "psicologias" (embora para nós seja, de longe, a mais cômoda e familiar), as quais foram propostas como parte implícita ou explícita do tecido da realidade em todas as culturas, atuais ou passadas. Se quisermos chegar à maior compreensão possível da psicologia humana, cabe a nós encarar esses outros sistemas de psicologia não como curiosidade a estudar partindo de nosso ponto de vista, mas sim como lentes alternativas através das quais podemos vislumbrar coisas que nossos próprios pontos de vista podem tornar obscuras. Se, por um lado, podemos em seguida concluir que certos pontos de vista não têm nada em comum com nossa própria contingência, por outro podemos descobrir muitos de grande valor.

Dorothy Lee (1950) observa que os indivíduos pertencentes a cada cultura codificam a experiência em termos das categorias de seus sistemas lingüísticos, apreendendo a realidade apenas como esta se apresenta em código. Toda cultura pontua e categoriza a experiência de forma própria. O antropólogo reconhece que o estudo de um código diferente do nosso pode nos levar a conceitos e aspectos da realidade dos quais a nossa forma de ver o mundo nos exclui.

Talvez a abertura por parte da psicologia contemporânea seja um requisito para a obtenção do conhecimento e da sabedoria porventura contidos nas psicologias tradicionais. Cada cultura possui um vocabulário especializado para aquelas áreas da existência que são mais relevantes para seu próprio modo de ver e viver no mundo. Diante disso, é intrigante que o principal vocabulário técnico que a nossa cultura usa para descrever a experiência interior seja uma nosologia psicopatológica altamente especializada, ao passo que as culturas asiáticas, como a indiana, têm vocabulários igualmente intricados para descrever os estados alterados da consciência e os estágios de desenvolvimento espiritual.

LaBarre (1947) declara que a expressão exterior da emoção é suscetível de grande variação transcultural, inclusive a do riso e a do choro, geralmente vistas como biologicamente determinadas. O mesmo ocorre com a experiência e a comunicação dos estados de consciência: a cultura molda a consciência para conformá-la a certas normas, limita os tipos ou categorias de experiência acessíveis ao indivíduo e determina a adequação ou aceitabilidade de um dado estado de consciência ou sua comunicação em meio à situação social.

Nossa realidade cultural normativa é sujeita à especificidade de estado. Na medida em que a "realidade" é uma convenção validada por consenso, apesar de arbitrária, um estado alterado de consciência pode representar um modo anti-social, rebelde, de ser. Esse medo do imprevisível pode ser uma das principais motivações por trás da repressão dos meios de indução de estados alterados em nossa cultura — por exemplo, as drogas psicodélicas — e da suspeita mais genérica em relação a técnicas como a meditação.

Embora o sistema de valores culturais que levou à preeminência do estado de vigília em detrimento dos estados alterados (exceto a intoxicação alcoólica) tenha se demonstrado funcional em termos de crescimento econômico — por exemplo —, ele também condenou a nossa cultura a uma relativa falta de sofisticação em termos de estados alterados de consciência (EACs). Outras culturas tradicionais e "primitivas", apesar de materialmente menos produtivas que a nossa, têm conhecimentos bem maiores acerca dos intricados meandros da consciência. Algumas delas inclusive ensinam parte de seus membros ou todos eles a alterar a consciência, tendo diversas chegado a desenvolver "tecnologias" destinadas a isso, como por exemplo uma comunidade silvícola que é treinada a entrar em transe através da dança, usando o estado de transe para a promoção de curas (Katz, 1973).

Os ensinamentos religiosos do Oriente contêm teorias psicológicas, do mesmo modo que nossas psicologias refletem cosmologias. No contexto de suas respectivas cosmologias, essas psicologias orientais tradicionais equivalem às nossas em termos de uma adequação "empírica", determinada não pelos cânones da ciência empírica, mas como esquemas de interpretação aplicáveis à vida cotidiana. Berger e Luckmann (1967, p. 178) observam que:

> Na medida em que as teorias psicológicas são elementos da definição social da realidade, sua capacidade de gerar realidade é uma característica que partilham com outras teorias legítimas. (...) Se uma psicologia se estabelece socialmente (isto é, passa a ser amplamente reconhecida como uma interpretação adequada da realidade objetiva), ela tende a se impor forçosamente aos fenômenos que pretende observar. (...) As psicologias produzem uma realidade, a qual, por sua vez, serve para corroborá-las.

O domínio de muitas psicologias tradicionais abrange o território familiar do estado normal de vigília, porém se estende também a estados de consciência dos quais o Ocidente só há pouco tomou conhecimento (e cuja existência pode ainda representar um mistério para a maioria dos leigos e psicólogos ocidentais que jamais os tenham vivido ou deles tenha ouvido falar). Os modelos da psicologia contemporânea, por exemplo, se fecham ao reconhecimento e à investigação de um modo de existência que é a premissa central e o *summum bonum* de praticamente todos os sistema psicoespirituais orientais. Chamado de "iluminação", "estado de Buda", "libertação", "estado desperto" e assim por diante, simplesmente não há uma categoria totalmente equivalente a ele na psicologia contemporânea.[1] Os paradigmas das psicologias asiáticas tradicionais, contudo, são capazes de abarcar não apenas as principais categorias da psicologia contemporânea como também esse outro modo de consciência.

Freud não viu outra saída para o sofrimento senão suportá-lo; a psicologia budista fornece uma alternativa: alterar o processo normal da consciência e assim dar fim ao sofrimento. O estado de consciência que transcende todos os domínios normais do ser é o "reino de Buda". A condição de Buda é atingida por meio da transformação da consciência comum, principalmente através da meditação. Uma vez atingida, ela se caracteriza pela extinção de todos aqueles estados — a ansiedade, a carência e o orgulho, por exemplo — que marcam os domínios normais da existência. A condição de Buda é a integração numa ordem mais elevada que qualquer uma das sugeridas pelo esquema de desenvolvimento das psicologias contemporâneas.

Algo particularmente intrigante no esquema budista de desenvolvimento é que, além de expandir os construtos da visão psicológica contemporânea em relação ao que é possível, ele também indica em detalhes como promover essa expansão — isto é, sustenta que através da meditação (uma espécie de manipulação da atenção) se pode atingir um estado alterado e que, com um treinamento sistemático dos hábitos de atenção, o indivíduo pode alterar a consciência enquanto traço do ser. Uma alteração assim duradoura da estrutura e processo da consciência já não é um EAC, mas representa um *traço* alterado da consciência (ou TAC), onde os atributos de um EAC são assimilados em estados ordinários de consciência.

Embora as psicologias tradicionais e contemporâneas possam sobrepor-se parcialmente — por exemplo, no interesse comum pelos processos de atenção ou na compreensão do caráter inescapável do sofrimento humano —, cada uma explora em profundidade territórios e técnicas que as demais ignoram ou mal conhecem. O pensamento psicanalítico, por exemplo, estudou aspectos daquilo que no Oriente se chamaria "karma" com mais detalhe e cuidado do que qualquer escola oriental de psicologia. As escolas orientais desenvolveram um sem-número de técnicas para a alteração voluntária da consciência e estabilização de um TAC, estabelecendo assim uma tecnologia para o tratamento de realidades além da mente tal qual é conceituada pela psicologia contemporânea ou sentida em nosso estado habitual de consciência.

Na medida em que a biografia é a avó da psicologia, essas diferenças paradigmáticas entre a psicologia tradicional do Oriente e a psicologia contemporânea do Ocidente refletem diferentes experiências do estar-no-mundo. O pensamento psicanalítico, por exemplo, dá lugar de destaque ao conceito de "comprovação da realidade", o qual, do ponto de vista da relatividade dos estados de consciência, é uma prova da "realidade" indissociável do estado em que se encontra o sujeito. A patologia da visão ocidental é igualar a "realidade" ao mundo tal como é percebido no estado de vigília, negando assim acesso ou credibilidade à realidade percebida em outros estados de consciência. A patologia oriental complementar é ver a realidade como totalmente diversa da percebida no estado de vigília, descartando o universo físico como ilusório.

Como na evolução da ciência em geral, um esforço de integração poderia ajudar a resolver os evidentes conflitos de paradigma e visão de mundo entre as psicologias orientais e ocidentais. Esse esforço poderia gerar formulações capazes de oferecer uma compreensão dos estados de consciência e das realidades dependentes desses estados ao mesmo tempo mais complexa e mais embasada que qualquer uma das existentes atualmente. A chave para uma transição progressiva para modos mais amplos de apreensão, tanto para a psicologia como um todo quanto para o indivíduo, é reconhecer, como disse William James, que "sempre há mais..."

Psychologia perennis: *o espectro da consciência*

Ken Wilber

Nas últimas décadas, o Ocidente assistiu a uma explosão de interesse por parte de psicólogos, teólogos, cientistas e filósofos pelo que Huxley (1970) chamou de *philosophia perennis*: a "filosofia perene", uma doutrina universal sobre a natureza da humanidade e da realidade existente no âmago de todas as principais tradições metafísicas. Entretanto, freqüentemente se omite que, correspondendo à filosofia perene, existe aquilo que eu gostaria de chamar de *psychologia perennis* — uma psicologia perene ou visão universal da natureza da consciência humana, a qual expressa exatamente o mesmo conhecimento da filosofia perene, só que em linguagem mais nitidamente psicológica. O objetivo deste ensaio — além de descrever os fundamentos da psicologia perene — é delinear um modelo de consciência que se mantenha fiel ao espírito dessa doutrina universal e, ao mesmo tempo, leve em consideração as conclusões de disciplinas tipicamente ocidentais, como a psicologia do ego, a psicanálise, a psicologia humanista, a análise junguiana e a transacional, entre outras.

No cerne desse modelo — o "Espectro da Consciência" — jaz a percepção de que a personalidade humana é uma manifestação ou expressão em diversos níveis de uma única Consciência, da mesma forma que na física o espectro eletromagnético é visto como uma expressão em diversas faixas de uma única onda eletromagnética típica. Falando mais especificamente, o Espectro da Consciência é uma visão pluridimensional da identidade humana, ou seja, cada nível do Espectro é marcado por sensos de identidade individual diferentes e facilmente reconhecíveis, que vão desde a Identidade Suprema da consciência cósmica até o estreito senso de identidade que se associa à consciência egóica, passando por diversas gradações ou faixas. Dentre todos esses níveis de consciência, selecionei cinco para trazer à discussão acerca da *psychologia perennis* (ver Figura 1).

FIGURA 1
O Espectro da Consciência

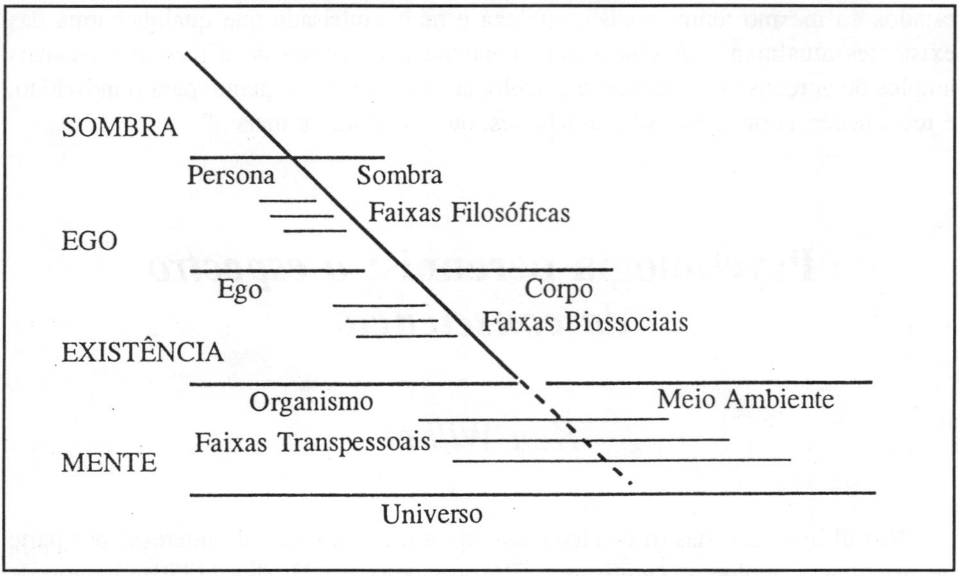

Alguns nódulos proeminentes no Espectro da Consciência. Os principais níveis de identidade são indicados pelas linhas largas. Os grupos de três linhas representam as faixas auxiliares. A linha diagonal representa o limite entre o eu e o não-eu. Assim, para um indivíduo identificado com sua persona, a sombra, o corpo e o meio ambiente parecem estar fora do eu, como elementos externos, exteriores e estrangeiros, parecendo-lhe portanto potencialmente ameaçadores. O limite eu/não-eu rompe-se nas Faixas Transpessoais e desaparece no Nível da Mente.

NÍVEIS DO ESPECTRO

O Nível da Mente

O discernimento essencial da psicologia perene é que nossa consciência "mais íntima" é idêntica à realidade absoluta e final do universo, chamada Brahman, Tao, Dharmakaya, Alá, Deus (entre inúmeras outras designações), a qual, por conveniência, chamarei de "Mente", com M maiúsculo para distingui-la da aparente pluralidade de "mentes". De acordo com essa tradição universal, Mente é o que existe e tudo o que existe, fora do espaço e portanto infinita, fora do tempo e portanto eterna, além da qual nada existe.

Neste nível, estamos identificados com o universo, o Todo — ou melhor, nós somos o Todo. Segundo a psicologia perene, este nível não é um estado anormal de consciência nem sequer um estado alterado de consciência, mas antes o *único estado real* de consciência, todos os demais constituindo essencialmente ilusões. Em resumo, nossa consciência mais íntima — chamada Atman, Cristo, Tathagatagarbha — é idêntica à realidade última do universo. Este, então, é o Nível da Mente, da consciência cósmica, da Suprema Identidade da humanidade.

As Faixas Transpessoais

Estas faixas representam a área supra-individual do Espectro. Nela, embora não se tenha consciência da própria identidade com o Todo, a identidade não está confinada aos limites do organismo individual. É nestas faixas que os arquétipos ocorrem. No Budismo Mahayana (Suzuki, 1968), o conjunto dessas faixas é conhecido como "consciência repositória supra-individual", ao passo que o Hinduísmo (Deutsch, 1969) as conhece por *karana-sairia* ou "corpo causal".

O Nível da Existência

Aqui os seres humanos se identificam unicamente com a totalidade do organismo psicofísico tal qual o existente no espaço e no tempo, pois este é o primeiro nível em que a linha entre o eu e o outro, entre organismo e meio ambiente, é traçada com firmeza. Este é também o nível em que os processos de pensamento racional, bem como o livre-arbítrio, começam a se desenvolver.

Vale a pena lembrar que os "limites superiores" do Nível da Existência contêm as Faixas Biossociais, a matriz internalizada das premissas culturais, relações familiares e vernizes sociais, como também as instituições sociais onipresentes da linguagem, lógica, ética e lei. Seu efeito é influenciar e moldar profundamente o senso elementar de existência do organismo. Como explica o antropólogo Edward Hall (White, 1972, p. x), "a apreensão seletiva de dados sensoriais assimila certas coisas enquanto filtra outras, de forma que a experiência, tal como é percebida através de um dado conjunto de 'telas' sensoriais culturalmente determinadas — é bem diversa da experiência percebida através de outro conjunto".

O Nível do Ego

Neste nível, a pessoa não se sente diretamente identificada com o organismo psicossomático. Em vez disso, por uma série de razões, ela se identifica unicamente com um quadro ou representação mental mais ou menos preciso da totalidade do organismo. Em outras palavras, identifica-se com o Ego ou auto-imagem. A totalidade do organismo divide-se assim numa "psique" desencarnada, o fantasma na máquina, e num "soma", pobre "burro de carga". A pessoa se identifica de modo pleno com a psique, a mente e o ego — fato que se revela quando ela diz "Eu *tenho* um corpo" e não "Eu *sou* um corpo". O indivíduo se sente existir *no* corpo e não *como* o corpo. Este nível identifica-se quase que exclusivamente com um quadro mental do todo do organismo psicofísico e, por isso, os processos intelectuais e simbólicos predominam. Por conseguinte, os budistas chamam-no de "intelecto", enquanto os hindus se referem a ele como o nível do ego separado do corpo carnal e nele aprisionado.

O Nível da Sombra

Em certas circunstâncias, é possível que o sujeito aliene vários aspectos de sua própria psique e, perdendo sua identificação com eles, reduza a esfera de sua identidade a meras *partes* do ego, que podemos chamar de "persona". Este nível é o da Sombra: identificação com uma auto-imagem imprecisa e empobrecida (a persona), enquanto o restante das tendências psíquicas — consideradas demasiado penosas, "más" ou indesejáveis — é alienado como pertencente à Sombra.

O modelo acima apresentado é uma descrição muitíssimo abreviada do Espectro. Como tal, ele não representa totalmente o fluxo e a interação entre as várias faixas. Contudo, fica claro que cada nível do Espectro representa uma esfera de identidade cada vez mais estreita: do universo até uma faceta deste chamada organismo, do organismo até uma faceta deste chamada psique e da psique até uma faceta desta chamada persona. (Cada um dos principais níveis do Espectro se caracteriza ainda por um modo diferente de conhecimento, um diferente dualismo ou conjunto de dualismos, uma diferente classe de processos inconscientes e assim por diante. Para fins deste ensaio, optei por concentrar-me no caráter pluridimensional da identidade.)

EVOLUÇÃO DO ESPECTRO

Se é verdade que o Nível da Mente é a única realidade, podemos nos perguntar como é que os outros níveis parecem existir. A psicologia perene dá a resposta sob a forma da doutrina de *maya*. *Maya* é qualquer experiência constituída pelo dualismo ou dele decorrente (especificamente, o dualismo primário: sujeito *versus* objeto). De acordo com Deutsch (1969, p. 28), "*Maya* é toda experiência formada pela distinção entre sujeito e objeto, entre eu e não-eu e dela derivada." A psicologia perene declara que todo dualismo é mais *ilusório* que irreal. A divisão do mundo em observador e observado é apenas *aparente*, e não real, pois o mundo continua sendo indistinto de si mesmo. Em outras palavras, o dualismo é ilusório: ele parece existir, mas permanece desprovido de realidade. Conforme o mesmo princípio, tendo em vista que os diversos níveis de consciência (exceto o da Mente) são produtos do dualismo ou *maya*, (como explicaremos resumidamente), a psicologia perene reza que eles devem existir apenas de modo ilusório, com a *realidade* de cada nível permanecendo sempre a Mente.

A filosofia perene refere-se mitologicamente ao dualismo ou ato de divisão *original* como separação entre Céu e Terra, entre Masculino e Feminino, entre Sol e Lua. Epistemologicamente, essa é a separação entre sujeito e objeto, entre conhecedor e conhecido, entre observador e observado. Ontologicamente, é a separação entre o eu e o outro, entre organismo e ambiente. Para nossos fins, os rótulos mais adequados para as duas metades desse dualismo original são sujeito e objeto, eu e outro ou simplesmente organismo e ambiente, pois, com sua ocorrência, a identidade humana aparentemente (e não na realidade) deixa de ser o Todo não-dual para tornar-se organismo. Nossa Suprema Identidade não se perde, mas é toldada, e assim se cria — "fora da Unidade da Mente" — o nível que vem em seguida no Espectro: o Nível da Existência. Nele, o indivíduo identifica-se com o organismo em oposição ao ambiente. Vale a pena mencionar que, por separar o observador do observado, o sujeito do objeto, esse dualismo primário simultaneamente cria o *espaço*.

Tão logo o indivíduo se identifica exclusivamente com o organismo, levanta-se a questão do ser *versus* o nada — a questão da vida *versus* a morte. A criação do dualismo "vida *versus* morte" é simultaneamente a criação do *tempo*, pois na atemporalidade da Mente eterna não há nascimento nem morte, começo nem fim, passado nem futuro. Em outras palavras, nascimento e morte, passado e futuro são um só no eterno. Agora, pois, é separando o nascimento da morte que os seres humanos separam o passado do futuro, e assim são lançados para fora do Agora atemporal e adentram o tempo histórico. E isso é o Nível da Existência: a pessoa identificada exclusivamente com o organismo tal como existe no *espaço* e no *tempo*.

Porém, o rompimento da união entre vida e morte — a criação do tempo em si — tem ainda outra conseqüência. Quando presos ao Nível da Existência, os seres humanos fogem em pânico da morte, e essa fuga resulta na criação de uma imagem idealizada do eu chamada "ego". Este, sendo composto essencialmente de símbolos fixos e estáveis, *parece* prometer algo que a pura e simples carne não pode: a fuga da morte para sempre, personificada nas imagens estáticas. "A verdade, de acordo com a teoria posterior de Freud, é que a estrutura peculiar do ego humano resulta da sua incapacidade de aceitar a realidade, especificamente a suprema realidade da morte" (Brown, 1959, p. 159). Fugindo da morte, o homem foge do corpo perecível e se identifica com a idéia aparentemente imortal do eu. Por conseguinte, a identidade deixa de ser como o *todo* do organismo psicofísico para vincular-se à representação mental daquele organismo, criando assim o nível que vem a seguir no Espectro: o Nível do Ego, no qual a pessoa se identifica com um quadro simbólico do eu em oposição ao corpo mortal.

Finalmente, no derradeiro ato de dualismo, a pessoa rompe a unidade das tendências egóicas e se identifica com apenas uma fração dos processos psíquicos. O indivíduo nega, aliena, repudia os aspectos indesejáveis do ego (porém, por meio do processo de repressão, não desaparecem). Numa tentativa de criar uma auto-imagem aceitável, a pessoa a torna imprecisa, dando origem assim ao nível final do espectro: o Nível da Sombra, no qual o sujeito se identifica com uma imagem pobre e pouco precisa do eu — a persona —, ao mesmo tempo em que projeta como Sombra os aspectos indesejáveis desse eu.

Assim, através de sucessivos dualismos (como os de organismo *versus* meio ambiente, vida *versus* morte, mente *versus* corpo, persona *versus* sombra), os diversos níveis do Espectro da Consciência vão evoluindo. Além disso, o "nível" da Mente na verdade não é um dentre muitos, mas um nível que não tem sucessor. Portanto, falamos de "Nível da Mente" apenas por conveniência. Os níveis do Espectro da Consciência não são de modo algum descontínuos — como em qualquer espectro, eles se fundem infinitamente entre si. Segundo a psicologia perene, esses níveis do

Espectro existem, mas apenas de modo ilusório: são muito semelhantes às imagens vistas numa tela de TV, irreais enquanto fatos e existentes como meros quadros. Portanto, a realidade de cada nível nunca é outra que não a Mente. Os níveis em si parecem ter existência real independente apenas para os que estão demasiado deslumbrados para enxergar através da ilusão, para os que não têm condições de perceber que o mundo sempre é indistinto de si mesmo, a despeito dos dualismos.

TERAPIAS DIRIGIDAS AOS VÁRIOS NÍVEIS

A descrição acima é um resumo extremamente sucinto da psicologia perene e sua interpretação de acordo com o Espectro da Consciência. De modo geral, cada uma das principais linhas da psicoterapia no Ocidente se volta para um único nível do Espectro. Não é necessário que seus representantes se preocupem em saber qual seria a abordagem "correta" da consciência humana, pois todas as escolas são mais ou menos corretas quando se dirigem a seu próprio nível. Uma psicologia verdadeiramente integrada e abrangente pode e deve fazer uso das informações complementares fornecidas por cada uma das escolas de psicologia.

Terapias para o Nível do Ego

É comum a este grupo de terapias a crença de que a patologia decorre de uma espécie de colapso na comunicação entre os processos psíquicos conscientes e inconscientes, de uma clivagem entre a persona e a sombra (seja qual for a concepção desta). A patologia se instala quando a *auto-imagem da pessoa se distorce*, tornando-se imprecisa. A "cura" consiste no estabelecimento de uma auto-imagem precisa e, portanto, aceitável.

Se alguém aliena certas facetas de si mesmo, falseia sua auto-imagem. As facetas alienadas (isto é, a sombra "inconsciente") permanecerão apesar de tudo, mas serão projetadas de forma a parecer ter existência "exterior", no ambiente ou em outras pessoas. A terapia consiste em promover o contato com a sombra e finalmente reavê-la, a fim de que o senso de identidade da pessoa se amplie, por assim dizer, e inclua todos os aspectos anteriormente alienados. Desse modo, a clivagem entre a persona e a sombra é sanada e o indivíduo conseqüentemente elabora uma auto-imagem precisa e aceitável, uma representação mental mais ou menos correta da totalidade do organismo psicofísico. Esse é precisamente o objetivo das terapias para o Nível do Ego.

Terapias para o Nível da Existência

Como o Nível da Existência é o nível do organismo como um todo não caracterizado pelo dualismo entre soma e psique, essas terapias buscam antes de mais nada dar existência concreta ao ser humano inteiro: o ser não dividido em um ego e um corpo. Seu objetivo, mais que desenvolver uma imagem precisa da totalidade do organismo, *é ser* esse organismo total. Enquanto as terapias para o Nível do Ego visam à "expansão da identidade" até abarcar todas as facetas da psique, as terapias para o Nível da Existência visam à expansão da identidade até que sejam abarcadas *todas as facetas do organismo como um todo*. Isso é explicado com clareza por Perls (Perls *et al*., 1951): "O objetivo é ampliar o limite do que você aceita como sendo você mesmo até a inclusão de *todas as atividades orgânicas*." Ou, conforme disse o mesmo Perls posteriormente, "perca a cabeça e recobre os sentidos!" — isto é, viva o organismo total.

Entretanto, convém lembrar que o Nível da Existência é também o lar dos dois dualismos básicos, ou seja, sujeito *versus* objeto (ou eu *versus* o outro) e vida *versus* morte (ou o ser *versus* o nada). Por conseguinte, eles constituem o principal interesse de muitas terapias para o Nível da Existência. "Adoecer até a morte", "o ser e o nada", "o inferno são os outros", "o estar-no-mundo", "a dialética da crise" — todos esses são temas comuns para algumas formas de terapia existencial, refletindo com precisão a fenomenologia do nível para o qual se voltam.

Portanto, de forma geral, as terapias para o Nível da Existência se preocupam com o organismo psicofísico como um todo e com as crises que possam afligi-lo, como também com os incríveis potenciais que ele pode demonstrar. Este grupo de terapias incluiria tanto as abordagens mais intelectuais — como a psicologia existencial, a terapia da Gestalt, a logoterapia, a psicologia humanista e a bioenergética — quanto as mais somáticas (como a *hatha yoga*, a integração estrutural, a terapia das polaridades e a consciência sensorial). Apesar de suas muitas diferenças, todas elas buscam a legitimação do organismo humano concreto e total.

Terapias para as Faixas Biossociais

Chamamos os limites superiores do Nível da Existência de "Faixas Biossociais". Essas faixas representam a intensa projeção dos padrões culturais sobre o organismo em si, exercendo assim uma influência profunda e difusa sobre a orientação e o comportamento do organismo inteiro. Entre outras coisas, elas moldam a estrutura do ego do indivíduo (Mead, 1964) e o padrão dos processos de raciocínio (Whorf, 1956). O mais importante, considerando-se a patologia, é que essas faixas agem como uma tela ou filtro para a realidade. Nas palavras de Erich Fromm (1970, pp. 98-99, 104):

> O efeito da sociedade é não só fornecer ficções à nossa consciência, mas também impedir a apreensão da realidade. (...) Cada sociedade — através de sua prática de vida e de seu modo de relacionamento, sentimento e percepção — desenvolve um sistema de categorias que determina as formas de apreensão. Esse sistema funciona, por assim dizer, como um *filtro socialmente condicionado*. (...) As experiências que não podem ser filtradas permanecem exteriores à apreensão, isto é, permanecem inconscientes (...).

As terapias para as Faixas Biossociais preocupam-se, portanto, com as formas fundamentais pelas quais os padrões sociais como a linguagem e a lógica alteram e distorcem a apreensão, trabalhando naturalmente num nível mais "profundo" que o da mera distorção ou repressão individual. Por conseguinte, o contexto social da patologia é de interesse primordial para tais terapias.

Terapias para as Faixas Transpessoais

As Faixas Transpessoais representam os aspectos ou níveis da consciência que são supra-individuais por sua própria natureza. Neste nível, o "indivíduo" ainda não está completamente identificado com o Todo. No entanto, a identidade também não está restrita aos limites convencionais do organismo. Entre outras coisas, as Faixas Transpessoais abrigam as "imagens primordiais" do "inconsciente coletivo".

Ora, esses arquétipos exercem uma profunda influência sobre todos os níveis do Espectro existentes "acima" das Faixas Transpessoais. É perfeitamente possível que este seja um fenômeno generalizado em todo o Espectro: as vicissitudes que atingem *um* dos níveis podem afetar drasticamente todos os níveis acima dele. Porém, o que se deve frisar é que as Faixas Transpessoais podem ser vivenciadas *diretamente*. O próprio Carl Jung (1968, p. 110) percebeu isso, pois afirmou que "os místicos são pessoas que têm uma experiência particularmente vívida dos processos do inconsciente coletivo. A experiência mística é a *experiência dos arquétipos*".

Uma das características comuns às Faixas Transpessoais é a suspensão de todos os dualismos (com exceção de uma certa forma do dualismo primário). Isso inclui necessariamente os dualismos persona *versus* sombra e ego *versus* corpo. Ao cortar esses dualismos pela raiz, destrói-se também o fundamento das neuroses individuais, tanto as egóicas quanto as existenciais.

Para dizer o mesmo de um modo um tanto diferente, reconhecendo que sua identidade pode ir além do ser individual e isolado, a pessoa pode superar mais facilmente as neuroses que apresentarem essas características, pois já não se identifica *exclusivamente* com a noção de que é um ser à parte e, assim, já não está presa exclusivamente a problemas meramente pessoais. De certo modo, o indivíduo pode abrir mão de medos e ansiedades, depressões e obsessões, começando a vê-los com imparcialidade. A terapia para a Faixa Transpessoal traz à luz — talvez pela primeira vez — uma transposição a partir da qual se pode *ver* de modo abrangente complexos emocionais e ideacionais distintos. Entretanto, para se poder *ver* tais complexos de maneira ampla é preciso que se pare de usá-los como algo *com que ver* — e, portanto, distorcer — a realidade. Além disso, o fato de que se pode vê-los significa que a pessoa já não se identifica exclusivamente com eles: sua identidade começa a tocar algo que jaz além.

Na qualidade de transpessoais, essas faixas às vezes são vivenciadas como a Testemunha supra-individual: aquela que é capaz de observar o fluxo do ser sem manipulá-lo. A Testemunha simplesmente observa a corrente das formas dentro e fora do corpo-mente de uma maneira criativamente imparcial, pois, com efeito, não se identifica exclusivamente nem com um nem com outra. Em outras palavras, *quando o indivíduo percebe que o corpo e a mente podem ser vistos objetivamente, ele espontaneamente verifica que estes não podem constituir um verdadeiro eu subjetivo*. Essa postura da Testemunha ou, poderíamos dizer, este estado de Testemunho é a base da iniciação à prática budista ("atenção") e da Psicossíntese ("desidentificação e o Eu transpessoal").

Além disso, ela aparentemente lembra muito as experiências que Maslow chamou de experiências-platô, as quais "representam um testemunho do mundo. A experiência-platô é um testemunho da realidade. Ela implica a visão do simbólico ou do mítico, do poético, do transcendente, do milagroso. (...) A transcendência do tempo e do espaço passa a ser algo natural, por assim dizer". É expressamente através deste tipo de experiência que alguém pode ser completamente iniciado no mundo das metamotivações, dos valores B, dos valores transcendentes, da consciência mitológica e supra-individual — enfim, na dimensão espiritual das Faixas Transpessoais.

Terapias para o Nível da Mente

Essa distinção entre o que — por falta de melhores palavras — chamo de misticismo "verdadeiro" e misticismo "inferior" é de novo a distinção entre a Mente e a Testemunha transpessoal. A Testemunha transpessoal é uma "posição" de testemunho da realidade. Observe-se porém que esse estado da Testemunha transpessoal ainda contém uma forma sutil do dualismo primário, a saber: a testemunha *versus* o que é testemunhado. É quando esse último vestígio de dualismo é por fim completamente eliminado que se dá o despertar para a Mente, pois é nesse momento (que é *este* momento) que testemunha e testemunhado são uma e a mesma coisa.

Isso de modo algum denigre a posição da Testemunha ou eu transpessoal, pois este pode não apenas ser altamente terapêutico em si, mas também funcionar muitas vezes como uma espécie de trampolim para a Mente. Contudo, deve-se evitar a confusão entre os dois.

Então, essa é a principal diferença entre os estados místicos inferiores do eu transpessoal e o verdadeiro estado místico, que é a Mente. Nos primeiros, a pessoa pode testemunhar a realidade, ao passo que no segundo ela é a realidade. Enquanto os primeiros estados invariavelmente conservam alguma forma do dualismo primário, no segundo isso não ocorre. O indivíduo vai diretamente ao próprio fundo de seu ser para ver quem ou o que é o sujeito da visão e descobre *finalmente* — em vez de um eu transpessoal — nada mais que aquilo que é visto. A isso, Blyth chamou de "experiência do universo pelo universo".

As terapias dirigidas a este nível — como de resto as que se voltam para outros níveis — tentam sanar um dualismo específico, neste caso o dualismo primário entre sujeito e objeto. O colapso desse dualismo é ao mesmo tempo o colapso do dualismo entre passado e futuro, vida e morte, de forma que a pessoa desperta (como de um sonho) para o mundo sem tempo nem espaço da consciência cósmica. Entre as terapias — e neste nível essa palavra é usada apenas como concessão à linguagem — voltadas para este nível incluem-se o Budismo Mahayana, o Taoísmo, o Vedanta, o Hinduísmo, o Sufismo e certas formas de misticismo cristão.

OBSERVAÇÕES FINAIS

Para finalizar o esboço bastante resumido e abstrato que fizemos, devemos tocar ao menos em alguns pontos. Em primeiro lugar, os níveis do Espectro da Consciência, como os de qualquer espectro, se interpenetram e se transfundem infinitamente uns nos outros, não havendo forma de separá-los definitivamente. O que fizemos foi simplesmente selecionar alguns "nódulos" proeminentes do Espectro para discussão. Por conseguinte, a consignação de diferentes escolas de psicoterapia a um determinado nível ou faixa não passa de uma aproximação rudimentar. Em segundo lugar, quando associamos uma determinada escola a um nível do Espectro, nós o fazemos com base no nível "mais profundo" que essa escola reconhece — o que é um tanto arbitrário. De modo geral, as terapias para qualquer dos níveis reconhecem e até utilizam as disciplinas psicoterapêuticas de níveis situados "acima" do delas. Assim, ao colocarmos a psicologia junguiana nas Faixas Transpessoais, não queremos dizer que Jung não tinha nada a dizer acerca do Nível da Sombra ou das Faixas Biossociais. Na verdade, ele tinha muito a oferecer em relação a esses níveis. Em terceiro lugar, entretanto, geralmente *é* verdade que as terapias de um dado nível tendem a ver as experiências de *qualquer* nível "abaixo" do seu como patológicas, encontrando rapidamente justificativas para desvalorizar todos os níveis inferiores com uma fúria diagnóstica, como foi o caso da postura da psicanálise ortodoxa diante do misticismo. Em quarto lugar, já que a descida no Espectro da Consciência é, de um modo ou de outro, uma expansão da identidade da persona ao ego ou do organismo ao cosmo, podemos dizer que ocorre uma desidentificação ou *distanciamento* progressivo em relação a todas as identificações *exclusivas*. Quando se chega ao Nível da Mente, tanto faz dizer que o indivíduo se identifica com *tudo* ou que não se identifica com *nada* — de qualquer modo, ambas as coisas são destituídas de sentido. Falar de *tudo* apenas torna a complexa história do Espectro da Consciência um pouco mais fácil de contar. Em quinto lugar, como cada nível do Espectro é marcado por um senso de identidade diferente, terá características específicas associadas a si próprio. Por exemplo, os diversos níveis aparentemente dão ensejo a diferentes sonhos, necessidades e sintomas, entre outras coisas. Assim, a ansiedade da sombra, a existencial e a transpessoal são realmente diferentes e, por isso, não podem ser tratadas da mesma forma. O uso indiscriminado de uma única técnica terapêutica para todos os sintomas pode ter os mais lamentáveis efeitos.

A esse respeito, pode-se levantar a seguinte questão: quais os efeitos (se é que existem) que as medidas terapêuticas dos níveis superiores (Sombra, Ego, Existência) podem ou poderiam ter no desenvolvimento de uma pessoa que caminhe para — ou esteja em algum nível inferior (Transpessoal, da Mente). Embora a discussão mais aprofundada deste tópico se situe bem além do âmbito deste ensaio, pode-se dizer o seguinte: a descida no Espectro da Consciência pode ser definida como um processo em que se abandonam as identificações exclusivas, estreitas e parciais para descobrir outras mais vastas e abrangentes na parte inferior do Espectro. Na medida em que o indivíduo consegue abrir mão de vínculos exclusivos nas faixas superiores do Espectro — e esse é em essência o objetivo das terapias dos níveis superiores —, a descida vai se tornando mais fácil.

Teoricamente, tendo sanado por completo o principal dualismo de um determinado nível, pode-se esperar que o indivíduo necessária e espontaneamente desça ao nível seguinte. Assim, ao curar a divisão entre a persona e a sombra, o indivíduo por definição terá descido ao Nível do Ego. Ao superar a divisão entre ego e corpo, ele terá descido ao Nível da Existência, e assim por diante. Uma vez atingido um novo nível, o indivíduo provavelmente se tornará mais sensível às características daquele nível — seus sonhos, dualismos, sua classe de "dis-funções", seus potenciais de crescimento, suas necessidades. Esse fenômeno de descida espontânea, que é *potencialmente* intrínseco a todos, é quase que exatamente análogo às necessidades hierárquicas de Maslow (1968), isto é, necessidades neuróticas (Nível da Sombra), necessidades básicas (Níveis do Ego e da Existência) e metanecessidades (Faixas Transpessoais; a Mente não tem necessidades, pois nada existe fora dela). Assim que o indivíduo resolve um conjunto de necessidades, o conjunto seguinte emerge espontaneamente, sendo que a não-satisfação dessas necessidades emergentes resultará num diferente conjunto de problemas.

Assim, no Nível da Sombra as necessidades básicas não são satisfeitas. Graças à repressão, à alienação ou a algum outro mecanismo de proteção, as pessoas não conseguem reconhecer qual a natureza de suas necessidade básicas. Como bem se sabe, mesmo a maior quantidade de bens supérfluos jamais será suficiente; por isso, surge daí toda uma bateria de desejos neuróticos insaciáveis. Se, por outro lado, essas necessidades neuróticas puderem ser compreendidas e deslocadas a fim de que as necessidades básicas subjacentes possam vir (hierarquicamente) à tona, o indivíduo pode começar a trabalhar sobre elas para encontrar o acesso a uma maior realização. E encontra também — de novo, por definição — o caminho rumo a um nível mais baixo no Espectro. Quando ele atinge o Nível da Existência, surge um conjunto de necessidades inteiramente novo, as metanecessidades, que trazem consigo um apelo (e às vezes uma exigência) de transcendência. Agindo a partir dessas metanecessidades, o indivíduo se inicia no mundo das Faixas Transpessoais; evitando-as, ele se prende nas grades de uma metapatologia.

À luz do que acima se expôs, não é precipitação concluir que as medidas terapêuticas nos níveis superiores do Espectro podem realmente facilitar a descida para os níveis inferiores. Isso não quer dizer que a descida rumo às Faixas Transpessoais ou ao Nível da Mente sempre *exija* alguma terapia voltada para os níveis superiores, mesmo nos casos em que ela é indicada. Ela pode certamente ajudar, mas pode não ser imperativa, já que as terapias dos níveis inferiores de fato podem reduzir o trabalho a ser feito nos níveis superiores. Se não fosse assim, as práticas de meditação provavelmente jamais seriam de alguma utilidade para um neurótico, a menos que ele tivesse sido submetido a alguma prática análoga à psicanálise.

O que fiz até aqui foi apenas ampliar o conceito de psicologia perene com a sugestão de que esses níveis não só existem, mas também de que a patologia pode ocorrer em qualquer um deles (exceto, é claro, no Nível da Mente). Por conseguinte, a grande contribuição das psicologias ocidentais deriva precisamente do fato de elas se voltarem para *essas* patologias.

Assim, é possível vislumbrar a grande complementaridade existente entre as abordagens orientais e ocidentais da consciência e da "psicoterapia". Por um lado, o interesse preponderante dos investigadores orientais da consciência (e ao dizer "orientais" na verdade nos referimos à psicologia perene de modo geral, não importando sua localização geográfica) foi sempre o Nível da Mente, e por isso eles deram pouca ou nenhuma atenção às patologias que podem se desenvolver nos demais níveis. Isso é compreensível, já que a psicologia perene afirma que *todas* as patologias decorrem da ignorância da Mente. Assim, embora tivessem perfeita noção dos vários níveis do Espectro e apesar de haverem feito seu mapeamento detalhado, sentiram que a "cura" da patologia de algum desses níveis não era senão uma perda de tempo, pois a ignorância acerca do dualismo entre sujeito e objeto se mantém. O Ocidente, por outro lado — ao menos desde o século XVII — se viu quase completamente desprovido mesmo da menor noção da filosofia perene. Conseqüentemente, quando o estudo da psicopatologia começou a desenvolver-se nesse vazio metafísico, os cientistas ocidentais não tiveram opção a não ser procurar as origens das neuroses e psicoses em algum ou alguns dos níveis "superiores" do Espectro (como o Nível do Ego ou os Biossociais). Minha opinião é a de que, em seus próprios níveis, *todas* as terapias são corretas; e, juntas, elas compõem uma abordagem complementar da consciência que abrange todo o Espectro.

A abordagem sistêmica da consciência

Charles Tart

Nosso estado normal de consciência não é algo natural ou dado, mas uma construção extremamente complexa, um instrumento especializado para lidar com o nosso meio ambiente e com as pessoas que nele se encontram, um instrumento útil para certas coisas, mas inadequado e até pernicioso para outras. Quando examinamos a consciência mais de perto, vemos que ela pode ser decomposta em muitas partes. Entretanto, essas partes funcionam conjuntamente, formando um padrão ou sistema. Embora os componentes da consciência possam ser estudados isoladamente, eles existem enquanto partes de um sistema complexo — a consciência — e só podem ser completamente compreendidos quando se percebe sua função dentro do sistema geral. De modo análogo, para compreender a complexidade da consciência é preciso vê-la como um sistema e compreender suas partes. Por essa razão, considero a minha abordagem dos estados de consciência uma abordagem sistêmica.

Para compreender o sistema que chamamos estado de consciência, começaremos com alguns postulados teóricos baseados na experiência humana. O primeiro postulado é a existência de uma percepção básica. Graças à possibilidade de controle volitivo do foco da percepção, nós geralmente nos referimos a ela como *atenção/percepção*. Devemos admitir também a existência de uma autopercepção, a percepção de que se está atento.

Outros postulados básicos referem-se a *estruturas* — as estruturas/funções/subsistemas relativamente permanentes da mente/cérebro, que atuam sobre a informação para transformá-la de várias formas. A capacidade de executar cálculos aritméticos, por exemplo, constitui uma estrutura (ou conjunto de estruturas relacionadas). De particular interesse para nós são as estruturas que exigem um certo montante de atenção/percepção para sua ativação. A atenção/percepção funciona nesse caso como uma *energia psicológica*. A maioria das técnicas de controle da mente são formas de direcionar a energia da atenção/percepção a fim de ativar estruturas desejáveis (traços, capacidades, atitudes) e desativar as indesejáveis.

As estruturas psicológicas possuem características próprias que delimitam e modelam as formas pelas quais elas interagem umas com as outras. Assim, as possibilidades de qualquer sistema criado a partir de estruturas psicológicas são formadas e limitadas tanto pelo direcionamento da atenção/percepção e outras energias quanto pelas características das estruturas compreendidas no sistema. Em outras palavras, o biocomputador humano possui um número grande, porém finito, de modos possíveis de funcionamento.

Como somos criaturas com um certo tipo de organismo e sistema nervoso, em princípio dispomos de uma grande variedade de potenciais. Porém, cada um de nós nasce dentro de uma determinada cultura, a qual seleciona e cultiva uns poucos desses potenciais, rejeita outros e ignora muitos deles. O pequeno número de potenciais de experiência selecionado pela nossa cultura, mais alguns fatores aleatórios, constituem os elementos estruturais a partir dos quais se constrói o nosso estado de consciência habitual. Somos ao mesmo tempo os beneficiários e as vítimas da seleção específica operada pela nossa cultura. Na possibilidade de detectar e desenvolver potenciais latentes que jazem à margem da norma cultural — através da entrada num estado de consciência alterado e da *reestruturação* temporária da consciência — reside o grande interesse que atualmente despertam esses estados.

As expressões *estado de consciência* e *estado alterado de consciência* começaram a ser usadas com excessiva liberdade para significar qualquer coisa que venha à cabeça de quem fala naquele momento. Para uma maior precisão, propõe-se o termo *estado de consciência descontínuo* (EC-d). Um EC-d é uma configuração ou padrão dinâmico e singular de estruturas psicólogicas, um sistema ativo de subsistemas psicológicos. Embora as estruturas/subsistemas componentes apresentem uma certa variação dentro de um EC-d, o padrão geral — as propriedades gerais do sistema — permanece inalterável. Se você, enquanto está sentado lendo, pensa "Estou sonhando" em vez de "Estou acordado", muda um pequeno elemento cognitivo na sua consciência, mas não afeta de modo algum o padrão básico que chamamos de estado de vigília. Apesar das variações do meio ambiente e dos subsistemas, um EC-d é estabilizado por uma certa quantidade de processos, de forma que mantém sua identidade e função. Da mesma forma, um automóvel continua sendo um automóvel, não importa se numa estrada ou numa garagem (mudança ambiental), qualquer que seja a marca das velas ou a cor do estofamento dos bancos (variação interna).

São exemplos de EC-ds o estado de vigília habitual, o sono (com e sem sonhos), a hipnose, a intoxicação alcoólica, a intoxicação por uso de maconha e os estados advindos da meditação.

Um *estado de consciência alterado e descontínuo* (ECA-d) é aquele EC-d que difere de um *estado de consciência base* (EC-b). Em geral, o estado habitual é tomado como estado-base. Um ECA-d é um novo sistema com propriedades singulares características, uma reestruturação da consciência. A palavra *alterado* é usada apenas a título descritivo, não implicando nenhum juízo de valor.

O conhecimento que atualmente temos a respeito da consciência humana e dos EC-ds é altamente caótico e fragmentado. O principal objetivo da abordagem sistêmica aqui apresentada é organizacional: ela nos permite relacionar entre si dados anteriormente incompatíveis e indica numerosas conseqüências metodológicas para futuras pesquisas. Sua previsão geral é a de que o número de EC-ds disponível aos seres humanos é definitivamente limitado, embora ainda não se saiba quais são esses limites. Além disso, essa abordagem fornece um paradigma para elaboração de previsões mais específicas, aprofundando o conhecimento acerca das estruturas e subsistemas que compõem a consciência humana.

Existem diferenças de enorme importância na estrutura dos EC-ds. Se mapearmos o espaço de experiência em que duas pessoas vivem, é possível que uma delas apresente duas regiões separadas, descontínuas, de funcionamento experiencial (dois EC-ds), ao passo que a outra não empenhe nenhum esforço especial e não distinga o contraste das diferenças de padrão e estrutura associadas às duas regiões (os dois EC-ds). Assim, aquilo que é um *estado* de consciência especial para uma pessoa pode ser uma experiência cotidiana para outra. Se não estivermos atentos a essas diferenças, estaremos sujeitos a uma grande confusão — infelizmente, muitas metodologias experimentais amplamente utilizadas são insensíveis a essas diferenças individuais.

A indução de um ECA-d envolve duas operações básicas que, se tiverem sucesso, levam ao ECA-d a partir do EC-b. Primeiro, expomos o EC-b a *forças de ruptura* — ações fisiológicas e/ou psicológicas que rompem os processos estabilizadores discutidos acima, seja interferindo sobre eles, seja retirando a energia de atenção/percepção ou outros tipos de energia que possam ter em si. Como o EC-b é um sistema complexo, com muitos processos de estabilização agindo simultaneamente, a indução pode não funcionar. Uma droga psicodélica, por exemplo, talvez não chegue a produzir um ECA-d pelo fato de os processos psicológicos de estabilização conseguirem manter a estabilidade do EC-b, apesar da ação de ruptura da droga no nível fisiológico.

Se a indução tiver sucesso, as forças de ruptura conduzem várias estruturas/subsistemas aos limites de seu funcionamento estável e, em seguida, para além destes, destruindo a integridade do sistema e rompendo a estabilidade do EC-b enquanto sistema. Então, na segunda parte do processo de indução, empregamos *forças padronizadoras* durante este desordenado período de transição — ações fisiológicas e/ou psicológicas que modelam as estruturas/subsistemas até criar um novo sistema: o ECA-d desejado. Esse novo sistema tem de desenvolver o seu próprio processo de estabilização para perdurar.

A retroindução ou retorno ao EC-b é um processo idêntico ao da indução. O ECA-d é desestabilizado, segue-se um período de transição e reconstrói-se o EC-b por meio de forças padronizadoras. O sujeito retorna a seu espaço habitual de experiência.

Os efeitos psicológicos das drogas psicodélicas, como o LSD e a maconha, não são invariáveis, embora muitas pesquisas mal-orientadas presumam isso. Nesta abordagem, essas drogas representam forças de ruptura e padronização cujos efeitos se dão em conjunto com outros fatores psicológicos, todos eles mediados pelo EC-d vigente. Lembre-se, a propósito, o assim chamado efeito de reversão da tolerância à maconha, o qual permite a novos usuários um alto consumo da droga sem nenhuma sensação de "barato" (um ECA-d), embora posteriormente possam consumir quantidades bem menores para atingir o ECA-d. Na abordagem sistêmica, isso não constitui um paradoxo, mesmo que a abordagem farmacológica padrão pense assim. A ação fisiológica da maconha não é suficiente para romper o EC-d habitual, a menos que fatores psicológicos adicionais perturbem os processos de estabilização do EC-b a ponto de possibilitar a transição para o ECA-d. Normalmente, essas forças psicológicas consistem no "empurrãozinho dos amigos": instruções para direcionamento da energia de atenção/percepção fornecidas por usuários experimentados, que sabem como é o funcionamento no ECA-d decorrente da intoxicação por maconha. Essas instruções valem também como forças de padronização para modelar o ECA-d, ensinando o novo usuário a canalizar os efeitos fisiológicos da droga para formar um novo sistema de consciência.

A abordagem sistêmica também pode ser empregada dentro do ECA-d habitual para lidar com *estados de identidade* — rápidas mudanças no âmago da identidade e dos interesses de uma pessoa que, por muitas razões, podem ser desconsideradas — e estados emocionais. Da mesma forma, a abordagem sistêmica indica que o potencial humano latente pode ser cultivado e usado em vários ECA-ds, de modo que o aprendizado da "ida" para o ECA-d apropriado para tratar de um determinado problema faça parte do crescimento psicológico. No extremo oposto, certos tipos de psicopatologia, como a personalidade múltipla, podem ser tratados como ECA-ds.

Uma das conseqüências mais importantes da abordagem sistêmica é a dedução de que precisamos cultivar *ciências que reconheçam a especificidade dos estados*. Na medida em que um ECA-d "normal" é um modo semi-arbitrário de estruturar a consciência, um modo que abre mão de certos potenciais humanos para poder cultivar outros, as ciências que desenvolvemos são ciências de um único estado. Elas são limitadas em aspectos importantes. As ciências que conhecemos tiveram muito êxito em lidar com o mundo físico, mas nem tanto no que se refere a certos problemas psicológicos inerentes ao ser humano. Se usarmos a metodologia científica para criar ciências que levam em consideração diversos ECA-ds, poderemos obter ciências baseadas em percepções, lógicas e linguagens radicalmente diferentes, ganhando assim novas visões complementares às que temos atualmente.

Mapeamento e comparação dos estados

Roger Walsh

O número de estados de consciência reconhecidos vem aumentando exageradamente, mas existe certa confusão no tocante à melhor forma de descrever e comparar esses estados. Este ensaio tem por objetivo (a) apresentar um método de descrição, mapeamento e comparação de estados alterados de consciência (EACs) através da identificação de dimensões cruciais da experiência, (b) localizar estados específicos nessas dimensões e (c) compará-los.

Adiante iremos comparar estados xamânicos, iogues, budistas e esquizofrênicos, por serem estados importantes e difundidos que às vezes são descritos como idênticos. Observe-se, por exemplo, a alegação de que "os xamãs, iogues e budistas atingem o mesmo estado de consciência"[1] ou a de que o xamã "vive a unidade existencial — o *samadhi* dos hindus ou aquilo que os místicos e espiritualistas ocidentais chamam de alumbramento, iluminação, *unio mystica*".[2]

Comecemos com os estados atingidos através do xamanismo. É importante que se reconheça que os xamãs empregam uma grande variedade de técnicas e que cada uma pode induzir um estado que a ela se associa especificamente. Aqui nos deteremos apenas nos estados que se verificam ao longo da viagem xamânica. Nela, os xamãs atingem inicialmente um estado alterado de consciência (EAC), talvez pelo emprego do jejum, de batuques em tambores, de danças ou drogas. Em seguida, eles geralmente sentem-se abandonar o corpo e fazer uma jornada como alma desencarnada ou espírito livre rumo a outros mundos, ao encontro de espíritos que lhes darão poder e informação com os quais ajudar seus companheiros de tribo.[3,4]

Como, então, descrever e mapear os estados atingidos na jornada xamânica? Podemos começar com uma cuidadosa descrição das experiências em si. As dimensões de experiência que parecem particularmente úteis para esse mapeamento incluem (1) o grau de controle, especialmente a capacidade de atingir e abandonar o EAC quando se quer e a de controlar as experiências enquanto se está nele; (2) o grau de consciência quanto ao ambiente; (3) a capacidade de comunicação; (4) a concentração; (5) a energia ou estimulação; (6) a tranqüilidade; (7) o estado emocional; (8) o senso de identidade; (9) a presença ou ausência de experiências fora do corpo (EFC); e (10) o tipo de experiência interior.[3]

MAPEAMENTO DE ESTADOS DA JORNADA XAMÂNICA

No momento, é possível mapear os estados das viagens xamânicas como se segue:

Controle: Uma das características que distinguem os xamãs é a capacidade de controlar seus estados de consciência. Os mestres xamãs podem atingir e abandonar a bel-prazer o estado de jornada, com a ajuda de batuques e outros rituais. Além disso, podem parcialmente controlar o tipo de imagens e experiências que surgem.

Consciência do ambiente e capacidade de comunicação: Durante as jornadas, a consciência do ambiente é significativamente reduzida. No entanto, apesar do caráter extramundano das aventuras que vivem, os xamãs são capazes de comunicar-se com as pessoas que os observam, prestando contas à sua "platéia" dos universos, espíritos e embates com que se deparam à medida que estes vão se apresentando.

Concentração: Os xamãs são famosos por sua excelente capacidade de concentração.[5] Durante a jornada, eles precisam se concentrar por longos períodos sem descanso, mas sua atenção não se fixa exclusivamente num único objeto, como a do iogue. Antes, ela é fluida e transita livremente de uma coisa para outra à medida que a jornada se desenrola.

Energia/estimulação, tranqüilidade e emoções: Por circularem entre mundos diversos, combaterem espíritos e intercederem junto a deuses, não é de admirar que os xamãs possam sentir-se energeticamente estimulados e que suas emoções possam transitar do pavor e desespero ao prazer e entusiasmo. A tranqüilidade não é uma palavra aplicável a muitas das jornadas xamânicas.

Senso de identidade e experiências fora do corpo: Uma das características das jornadas xamânicas é a experiência de estar fora do próprio corpo, a sensação de ser um espírito desencarcerado que se liberta do corpo e das limitações físicas, sendo essa a razão pela qual o estado atingido com a jornada é às vezes descrito como extático.

Conteúdo da experiência da jornada: As experiências dos xamãs são excepcionalmente ricas e altamente organizadas.[4] Ao contrário das imagens caóticas das perturbações esquizofrênicas, as xamânicas são coerentes e cheias de sentido, refletindo tanto o objetivo da jornada quanto a cosmologia xamânica.

São essas as experiências que compõem a jornada xamânica, as quais são sumariadas na tabela abaixo. Passemos agora a usá-la como mapa, a fim de comparar este estado com os estados verificados na esquizofrenia, por um lado, e na ioga e meditação budista, por outro.

Os estados xamânicos e os esquizofrênicos

Até pouco tempo atrás, a opinião consensual entre os pesquisadores ocidentais era a de que os xamãs são pessoas que sofrem perturbações psicológicas, sendo a esquizofrenia um dos diagnósticos mais comuns. Entretanto, existem várias razões que indicam a imprecisão desse diagnóstico.[3] Uma delas diz respeito às diferenças importantes entre os estados de consciência xamânicos e os esquizofrênicos, reveladas através do mapeamento fenomenológico.

Outra razão é que muitas pessoas que alegam equivalência entre os estados xamânicos e os esquizofrênicos presumem que haja apenas um estado alterado xamânico e um estado de esquizofrenia. No entanto, isso certamente é incorreto.

Para simplificar, deter-nos-emos no estado que se verifica num episódio de esquizofrenia aguda. Essa é uma das experiências mais devastadoras que um ser hu-

Comparação entre os estados de consciência verificados nas viagens xamânicas, na avançada meditação iogue e budista e na esquizofrenia

Dimensão	*Xamanismo*	*Meditação Perceptiva Budista (Vipassana)*	*Ioga de Patanjali*	*Esquizofrenia*
Controle				
Capacidade de atingir e abandonar um EAC	Sim	Sim	Sim	↓↓ Redução drástica do controle
Capacidade de controlar o conteúdo da experiência	↑ Parcial	↑ Parcial	↑↑ Extremo controle em certos *samadhis*	↓↓
Percepção do meio ambiente	↓	↓	↓↓ Percepção corporal e sensorial reduzida	↓ Freqüentemente diminuída e distorcida
Capacidade de comunicação	Às vezes	Freqüentemente	Nunca	↓ Geralmente distorcida
Concentração	↑ Fluida	↑ Fluida	↑↑ Fixa	↓↓
Estimulação	↑	↓ Freqüentemente	↓↓	↑↑ Agitação pode ser extrema
Tranqüilidade	↓	↑ Freqüentemente	↑↑ Extrema paz	↓

Emocional	+ (sentimentos positivos) ou – (sentimentos negativos)	+ ou – + Tende a aumentar com o aprofundar da prática	++ Bem-aventurança inefável	Em geral muito negativos, embora raramente positivos, muitas vezes distorcidos e inadequados
Senso do eu	Sensação de um eu à parte, pode ser uma "alma" não física	Sensação do eu é decomposta num fluxo mutável: "não-eu"	Eu transcendente e imutável ou *purusha*	Desintegrado, perda dos limites do ego. Incapacidade de distinguir o eu do outro
EFC	Sim, êxtase controlado ("ecstasis")	Não	Não. Perda da atenção quanto ao corpo ("enstasis")	Raras e fora de controle
Conteúdo	Imagens coerentes e ordenadas, determinadas pela cosmologia xamânica e pela finalidade da viagem	Decomposição de experiências complexas em seus estímulos constituintes. Os estímulos são decompostos num fluxo contínuo	Um só objeto ("*samadhi* com apoio") ou consciência pura ("*samadhi* sem apoio")	Em geral desordenado e fragmentário

mano pode ter. A desorganização psicológica é extrema e deforma as emoções, o raciocínio, a percepção e a identidade. As vítimas podem ficar totalmente assoberbadas, mergulhando num pesadelo de terror e confusão, perseguidas por alucinações, privadas de seu senso habitual de realidade e identidade, perdendo-se num mundo só delas.

Podemos mapear o episódio de esquizofrenia aguda e compará-lo ao estado xamânico da seguinte forma: perde-se o controle quase que por completo. A consciência do que se passa no ambiente pode se reduzir quando a pessoa se encontrar em meio a alucinações. O raciocínio pode fragmentar-se de tal forma que o indivíduo mal consegue se comunicar. A concentração se reduz drasticamente, tornando-se o paciente em geral altamente excitado e agitado. Com freqüência, as reações emocionais são distorcidas, bizarras e cheias de sofrimento.

O processo é tão destrutivo que a experiência do esquizofrênico é de hábito altamente desorganizada, a identidade se fragmenta e o paciente pode, conseqüentemente, sentir que está se desintegrando, se dissolvendo ou morrendo. Isso pode ocasionalmente levá-lo a uma sensação de que está fora do próprio corpo, mas a experiência é breve e descontrolada. O todo da experiência é um pesadelo fragmentário e incoerente. Esta experiência esquizofrênica é obviamente bastante diferente daquela da jornada xamânica, e as diferenças estão listadas na tabela já apresentada.

Além das diferenças em termos da experiência, existem diferenças no comportamento social. Os xamãs podem apresentar considerável capacidade intelectual, artística ou de liderança, porém essa contribuição é muito rara entre os esquizofrênicos.[4,5]

É evidente, portanto, que os episódios de esquizofrenia aguda e as jornadas xamânicas são muito diferentes e que os esquizofrênicos e os xamãs têm funções diferentes na sociedade. Embora os primeiros pesquisadores tenham algumas vezes visto os xamãs como esquizofrênicos, tal avaliação certamente é inadequada.

Comparações entre as práticas

Recentemente, vem se delineando a tendência para igualar os xamãs aos mestres de várias tradições espirituais, principalmente o Budismo e a ioga. Entretanto, ao se compararem cuidadosamente os estados xamânicos, budistas e iogues, detectam-se diferenças significativas.

Conforme já vimos, é provável que haja múltiplos estados xamânicos. No Budismo e na ioga, a situação é ainda mais complexa. O Budismo, por exemplo, possui literalmente dezenas de práticas de meditação, e os estados induzidos por elas podem ser muitíssimo diferentes. Além disso, cada prática de meditação pode evoluir através de vários estádios e estados distintos. Em decorrência disso, o praticante de uma tradição tal qual o Budismo tem condições de atingir não apenas um, mas literalmente dezenas de estados alterados ao longo de sua iniciação.[6]

Portanto, a comparação dos estados atingidos por meio do xamanismo e outras tradições é algo aparentemente complexo. Aqueles que afirmam que os xamãs e os mestres de outras tradições se equivalem e conseguem atingir estados de consciência idênticos precisarão estabelecer múltiplas comparações entre múltiplos estados em múltiplas dimensões. Isso simplesmente até agora não foi feito. Na verdade, quando realmente fazemos comparações diretas, não encontramos identidades, mas, ao contrário, grandes diferenças. Tracemos um breve resumo de algumas das práticas de meditação budistas e iogues para, em seguida, comparar alguns dos estados avançados que nelas se verificam com o estado atingido na jornada xamânica.

A ioga clássica é uma prática de concentração na qual a mente é tranqüilizada até que possa fixar-se com atenção inabalável numa experiência interior, como a respiração, uma imagem ou um mantra. Para fazer isso, o iogue retira sua atenção do corpo e do mundo exterior para se concentrar interiormente, "como uma tartaruga que recolhe seus membros para dentro da casca". Finalmente, todos os objetos desaparecem e o iogue vive o *samadhi* ou união mística e extática com o Si-mesmo.[7,8]

Enquanto a ioga clássica é uma prática de concentração, a prática budista mais importante, chamada meditação ou *Vipassana* ou perceptiva, é uma prática de atenção (*awareness*). Enquanto a ioga dá ênfase ao desenvolvimento da capacidade de atentar fixamente para objetos pertencentes ao mundo interior, a meditação perceptiva enfatiza uma atenção fluida e voltada para todos os objetos, tanto os interiores quanto os exteriores. Nela, todos os estímulos são examinados com a maior precisão e detalhe possível. O objetivo é examinar e compreender o funcionamento dos sentidos, do corpo e da mente tão integralmente quanto possível, evitando assim as distorções e mal-entendidos que normalmente obscurecem a atenção.[6]

Essas três práticas produzem experiências e estados com algumas semelhanças experienciais e funcionais (por exemplo, a intensificação da concentração), mas com diferenças significativas também. Em contraste com a esquizofrenia, na qual o controle é drasticamente reduzido, todas as três disciplinas promovem o autocontrole. Os praticantes se tornam aptos a atingir e abandonar seus respectivos estados quando quiserem, embora os xamãs algumas vezes possam valer-se de recursos exteriores, como drogas e batuques. Tanto os xamãs quanto os praticantes da meditação perceptiva exercem controle parcial sobre suas experiências durante o EAC, ao passo que os iogues que atingem o *samadhi* têm capacidade quase total de interromper o pensamento e certos processos mentais. Com efeito, o segundo versículo do texto clássico da ioga (Patanjali) afirma que "a ioga é o controle das ondas de pensamento na mente".

A sensibilidade na percepção do ambiente apresenta diferenças gritantes entre os três estados. Tanto as modernas quanto as antigas descrições, bem como recentes testes psicológicos, indicam que os praticantes da meditação perceptiva budista podem ter sua sensibilidade perceptiva ao ambiente exageradamente aumentada.[9] Na jornada xamânica, pelo contrário, a percepção do meio ambiente é em geral um tanto reduzida ao passo que nos estados avançados da ioga é imensamente reduzida, podendo atingir o ponto da não-percepção. Com efeito, Mircea Eliade define o *samadhi* como "um estado invulnerável no qual não existe percepção do mundo exterior".[7]

Essas diferenças na percepção do ambiente se refletem em diferenças na comunicação. Os xamãs podem comunicar-se com espectadores durante suas jornadas, assim como os praticantes da meditação budista, se necessário. Contudo, até mesmo a tentativa de falar pode ser o bastante para romper a férrea concentração unificada do iogue.

O treinamento da concentração parece ser algo difundido entre as práticas espirituais autênticas, inclusive no xamanismo, no Budismo e na ioga, mas o tipo e a profundidade da concentração podem variar muito. Tanto no xamanismo quanto na meditação budista, a atenção move-se fluentemente de um objeto para outro. Isso está em flagrante contraste com a prática iogue avançada, na qual a atenção se fixa inabalavelmente num único objeto.

Há diferenças marcantes também no que se refere aos níveis de estimulação ou energia. Em geral, os xamãs ficam estimulados durante suas viagens, podendo inclusive dançar ou agitar-se intensamente. Os praticantes da meditação budista gradualmente desenvolvem uma maior serenidade, ao passo que no *samadhi* iogue a tranqüilidade pode chegar a um nível tão profundo que muitos processos mentais podem temporariamente cessar.

O senso de identidade difere sensivelmente entre as três práticas. O xamã em geral retém a sensação de ser um indivíduo à parte, embora talvez em certos momentos identificável como uma alma ou espírito em vez de um corpo. Esse não é o caso do budista que medita, cuja atenção microscópica se torna tão sensível que é capaz de dissecar o senso de identidade até identificar os estímulos que o compõem. Assim, o indivíduo que medita percebe não um ego ou senso de sólida e imutável individualidade, mas, ao contrário, um fluxo incessante de pensamentos e imagens dos quais aquele ego se compõe. Essa é a experiência do "não-eu", na qual o senso de um eu egóico e permanente é reconhecido como um produto ilusório da percepção imprecisa, que surge, numa analogia, assim como um filme aparentemente contínuo surge de uma série de quadros fotográficos imóveis. A percepção precisa penetra essa ilusão egóica e assim liberta a pessoa que medita dos modos egocêntricos de ação e raciocínio.

A experiência iogue apresenta tanto semelhanças quanto diferenças em relação à experiência do xamã e do budista. É diferente na medida em que, nas esferas mais elevadas da meditação, a atenção se prende fixamente na consciência e, por conseguinte, o que o iogue sente como sendo ele mesmo é pura consciência. Isto assemelha-se à experiência budista na medida em que o senso egóico do eu é reconhecido como ilusório e é transcendido.

A experiência iogue da consciência pura contrasta vivamente com as complexas imagens da viagem que ocupam a percepção do xamã. Por sua vez, o praticante da meditação budista tem um terceiro tipo de experiência. Aqui, a atenção se torna tão sensível que todas as experiências por fim são desconstruídas e decompostas nas partes que as compõem, de modo que o praticante percebe um fluxo incessante de imagens microscópicas que surgem e desaparecem com extrema rapidez.[6]

Uma das características que definem o xamanismo é o vôo da alma, que é uma forma de experiência fora do corpo (EFC), êxtase ou "*esctasis*". Nem o iogue nem o budista que medita passam por isso. Com efeito, o iogue pode se concentrar tanto no seu interior que perde toda a percepção do corpo, absorvendo-se inteiramente na bem-aventurança íntima do *samadhi*, uma condição às vezes chamada de "*enstasis*". Eliade, cujo conhecimento teórico tanto do xamanismo quanto da ioga era tão bom quanto ou melhor que o de qualquer um de nós, foi muito claro acerca da diferença entre os dois. Em seu clássico livro sobre a ioga, ele afirma categoricamente:

> Não é possível confundir a ioga com o xamanismo nem classificá-la entre as técnicas que conduzem ao êxtase. O objetivo da ioga clássica continua sendo uma perfeita *autonomia*, 'enstasis', enquanto o xamanismo se caracteriza pelo (...) vôo extático.[10]

EXISTE UMA EXPERIÊNCIA MÍSTICA CENTRAL?

Uma das principais questões que vêm dominando a discussão acerca do misticismo desde a publicação de *The Varieties of Religious Experience**, o clássico livro de William James, é a existência ou não de alguma experiência mística central, que seja comum a todas as culturas e tradições. Alguns filósofos acham que sim, mas os "construcionistas" — que afirmam que toda experiência, inclusive a experiência mística, é construída e filtrada a partir de uma grande variedade de experiências culturais e pessoais inevitáveis — acham que não. Já que as comparações anteriormente traçadas neste ensaio indicam claramente a presença de diferenças significativas entre as experiências xamânicas, iogues e budistas, elas aparentemente favorecem a posição adotada pelos construcionistas, depondo contra a possibilidade de existência de uma experiência mística central e comum.

Entretanto, isso pode ser apenas parte da história, pois apesar de as experiências de meditação acima descritas serem realmente avançadas, elas ainda não são as mais avançadas. Nas mais elevadas esferas da meditação, relata-se a ocorrência de experiências transcendentais de um tipo inteiramente diferente, que não têm nenhuma relação com tudo o que as antecedeu. São elas o *samadhi* da ioga e o *nirvana* do Budismo.

Neste ponto, as descrições e comparações já não têm valor, pois experiências são ditas inefáveis, indescritíveis, além de tempo, espaço e limites de qualquer espécie. Nas palavras do Terceiro Patriarca Zen:

> *A este termo derradeiro*
> *nenhuma lei ou descrição se aplica (...).*
> *Quanto mais se fala e se pensa a seu respeito,*
> *mais longe se vai da verdade.*[11]

Serão o *samadhi* iogue e o *nirvana* budista uma só coisa? A questão não procede. Ao menos para a ioga e o Budismo, a resposta, no que se refere à existência de uma experiência mística central e comum, pode não ser nem "sim" nem "não". Para citar Wittgenstein, "Daquilo que não se pode falar, deve-se guardar silêncio."

E quanto ao xamanismo? Seus praticantes poderão acaso atingir estados semelhantes? A maioria das autoridades no assunto pensa que não.[12] Entretanto, existem indícios que indiretamente sugerem a possibilidade de ocorrência ocasional de uniões místicas, embora tais estados não constituam nem a prioridade nem o objetivo do xamanismo.[3]

---

* *As Variedades da Experiência Religiosa,* publicado pela Editora Cultrix, São Paulo, 1991.

SEÇÃO DOIS

MEDITAÇÃO: A VIA RÉGIA PARA O TRANSPESSOAL

É preciso fechar os olhos
e conjurar uma nova forma de ver (...)
um despertar que é direito inato de todos nós,
embora poucos dele façam uso.

— Plotino[1]

Quando os historiadores voltarem os olhos para o século XX, é possível que achem que os dois mais importantes avanços da psicologia ocidental não foram novas descobertas, mas sim reconhecimentos de antigas sabedorias.

Em primeiro lugar, o amadurecimento psicológico pode se estender para além de nossas arbitrárias definições culturais da normalidade. Existem possibilidades de desenvolvimento ulterior latentes em todos nós. Como disse William James, "A maioria das pessoas vive, seja física, intelectual ou moralmente, num círculo muito restrito de seu ser potencial. Elas utilizam apenas uma porção ínfima de sua consciência possível. (...) Todos nós possuímos reservas de vida às quais podemos recorrer, com as quais nem sonhamos."

Em segundo lugar, existem técnicas para tornar realidade os potenciais transpessoais. Essas técnicas fazem parte de uma arte ou tecnologia que vem sendo refinada há milhares de anos em centenas de culturas, constituindo o cerne contemplativo das grandes tradições religiosas do mundo. Essa é a arte ou tecnologia da transcendência, destinada a catalisar o desenvolvimento transpessoal. Como tal, ela se baseia em dois pressupostos fundamentais acerca da natureza e dos potenciais da mente.

O primeiro pressuposto é o de que nosso estado habitual de consciência é sub-ótimo. Na verdade, místicos e psicólogos tanto do Oriente quanto do Ocidente qualificaram a mente de obscurecida, distorcida, onírica, delirante e em grande parte fora de controle. O efeito devastador que tiveram sobre a cultura as palavras de Freud, "O homem não é senhor nem de sua própria casa ... de sua mente",[2] ressoa como um eco do grito desesperado do Bhagavad Gita dois mil anos antes:

Inquieta é a mente humana,
Tão violentamente sacudida
pelo grilhão
dos sentidos:
Brutal e endurecida
Pela obstinação do desejo (...)
Em verdade, penso
Que mais indomável não pode ser o vento.[3]

Nas palavras de Ram Dass, "Somos todos prisioneiros da nossa mente. A percepção disso é o primeiro passo rumo à libertação."[4] Pir Vilayat Khan o resume: "Mente é o que prende."

O segundo pressuposto é que, embora a mente destreinada esteja obscurecida e fora de controle, o treinamento pode esclarecê-la, e é esse treinamento que catalisa os potenciais transpessoais. Sábios orientais e ocidentais, no passado e no presente, concordam quanto a isso. Sócrates afirmou: "A fim de que a mente possa ver a luz em vez da escuridão, a alma deve dar as costas a esse mundo mutável até que seu olho possa suportar a contemplação da realidade e do supremo esplendor que chamamos Bem. Por conseguinte, é bem possível que haja uma arte cujo objetivo seja exatamente o de tornar isso possível."[5] Da mesma forma, segundo Ramana Maharshi, "Todas as escrituras, sem exceção, proclamam que a mente deve ser subjugada para que se atinga a salvação".[6]

Embora as práticas e técnicas variem muito, existem aparentemente seis elementos comuns que constituem o cerne da arte da transcendência: a formação ética; o desenvolvimento da concentração; a transformação emocional; o redirecionamento da motivação das necessidades egocêntricas e baseadas no temor para objetivos mais elevados, como a autotranscendência; o refinamento da atenção; e o cultivo da sabedoria.

A ética é em toda parte considerada uma base essencial para o desenvolvimento transpessoal. Entretanto, as tradições contemplativas não vêem a ética nos termos da moral convencional, mas como uma disciplina essencial ao treinamento da mente. A introspecção contemplativa torna dolorosamente evidente o quanto o comportamento antiético não só decorre de certos fatores mentais destrutivos, como a ganância e a raiva, como também os reforça. De modo inverso, o comportamento ético debilita esses fatores, cultivando outros como a bondade, a compaixão e a serenidade. Diz-se que, após o amadurecimento transpessoal, o comportamento ético flui espontaneamente como uma expressão natural da identificação com todas as pessoas e toda a vida. Para uma pessoa que chega a esse ponto, que corresponde ao mais elevado estado de desenvolvimento moral listado por Lawrence Kohlberg, "o que quer (...) que possa ser considerado necessário (...) acontece sempre por moto próprio".[7]

O treinamento da atenção e o cultivo da concentração são considerados essenciais à superação da caprichosa inquietude da mente não treinada. Conforme observou E. F. Schumacher a respeito da atenção, "Nenhum outro tópico ocupa lugar de tão grande destaque em todo o ensino tradicional e nenhum outro assunto sofre tanta negligência, incompreensão e distorção no pensamento do mundo moderno."[8]

O treinamento da atenção é certamente objeto de mal-entendidos por parte da psicologia ocidental, que aceitou sem questionamentos a centenária conclusão de William James de que "a atenção não pode ser mantida continuamente".[9] Entretanto, James foi mais longe: "A faculdade de voluntária e repetidamente trazer de volta uma atenção que insiste em vaguear é a própria base do julgamento, do caráter e da vontade. Ninguém é *compos sui* se não tiver essa capacidade. Uma educação que a implementasse seria a educação por excelência. (...) É mais fácil definir esse ideal que dar instruções práticas que o promovam."[10] Aqui se observa então um forte contraste entre a psicologia ocidental tradicional, que proclama que a atenção *não* pode ser mantida, e a arte da transcendência, para a qual a atenção pode e *deve* ser concentrada, se quisermos amadurecer para além dos limites convencionais de desenvolvimento.

A importância da capacidade de dirigir a atenção conforme a vontade se deve à tendência da mente para assumir as características dos objetos em que se detém. Por exemplo, se pensamos numa pessoa irada, tendemos a sentir raiva; se pensamos numa pessoa cheia de amor, tendemos a nos sentir amorosos. Portanto, aquele que consegue controlar a atenção pode controlar e cultivar emoções e motivações específicas. Em última análise, como disse o sábio indiano Ramakrishna, a mente de uma pessoa assim "está sob seu controle, e não o inverso".[11]

O comportamento ético e a estabilidade da atenção facilitam a ocorrência do terceiro elemento da arte da transcendência: a transformação emocional. Essa transformação tem três componentes.

O primeiro é a redução das emoções destrutivas e inadequadas, como o medo e a raiva, um processo bastante conhecido nas terapias ocidentais. Evidentemente, o que aqui se sugere não é a repressão nem a supressão dessas emoções, mas que conscientemente se abra mão delas quando apropriado.

O segundo componente é o cultivo de emoções positivas como o amor, a alegria e a compaixão. Embora contem com excelentes técnicas para reduzir emoções negativas, as terapias ocidentais convencionais praticamente não possuem nenhuma técnica para promover emoções positivas como essas. A arte da transcendência, por outro lado, contém todo um manancial de práticas para o cultivo dessas emoções, com intensidade e profundidade nem sequer sonhadas pela psicologia ocidental. Assim se diz, por exemplo, que a compaixão budista, o amor do praticante da *Bhakti* e o ágape cristão só desabrocham plenamente quando se estendem de modo constante e incondicional a todas as criaturas, sem exceção e sem reservas.

A assombrosa intensidade e abrangência das emoções positivas também é facilitada por um terceiro componente da transformação emocional: o cultivo da equanimidade, a capacidade de manter-se emocionalmente imperturbável, que permite que o amor e a compaixão sejam incondicionais e inalteráveis mesmo diante de adversidades. Essa capacidade é a *apatheia* dos estóicos, a *divina apatheia* dos Padres da Igreja, a equanimidade dos budistas, o princípio taoísta da "igualdade entre as coisas", que conduz à superação do "incômodo de preferir uma coisa a outra", e da "alta indiferença" do filósofo contemporâneo Franklin Merrell-Wolff.

O comportamento ético, a estabilidade da atenção e a transformação emocional agem em conjunto, ao lado de práticas tais como a meditação, para redirigir a motivação ao longo de caminhos mais saudáveis e transpessoais. O resultado é uma redução na intensidade e na compulsividade de motivação e uma mudança em seus rumos, características e prioridades. Acima de tudo, obtém-se uma redução do poder compulsivo tanto da dependência quanto da aversão.

À medida que a motivação se torna menos esparsa e mais concentrada, as coisas desejadas tornam-se mais sutis, mais interiores; o dar adquire maior importância que o receber. Os desejos aos poucos ficam menos egocêntricos e mais transcendentes.

Tradicionalmente, essa mudança na motivação era chamada de "purificação" ou "desapego do mundo". Na terminologia contemporânea, ela é o movimento ascendente na hierarquia das necessidades (Maslow), o processo de "eterealização" (Arnold Toynbee) ou o meio para se atingir o objetivo do filósofo Kierkegaard, para quem "a pureza do coração é desejar uma só coisa".

A redução da compulsividade é tida como causa de uma correspondente redução dos conflitos e sofrimentos intrapsíquicos, alegação hoje corroborada por estudos sobre adeptos avançados das práticas de meditação.[12] Nas palavras do filósofo ateniense Epicuro, "Se você quer fazer feliz um homem, não acrescente às suas riquezas, mas subtraia de seus desejos." Isso não quer dizer que o redirecionamento das motivações e o abandono dos desejos seja necessariamente algo fácil. Na avaliação de Aristóteles, "Mais valente é o homem que vence os próprios desejos que aquele que vence os inimigos, pois a vitória mais difícil é a vitória sobre si mesmo".[13]

As principais correntes de sabedoria tradicional concordam que, no nosso habitual estado mental falto de treinamento, a consciência do meio e a percepção estão anestesiadas e prejudicadas: são fragmentadas pela instabilidade da atenção, influenciadas por emoções obscurecedoras e distorcidas por desejos esparsos. Em decorrência disso, tomamos as sombras pela realidade (Platão) porque vemos tudo "como que num espelho" (São Paulo), através de uma "válvula redutora" (Aldous Huxley) ou de "estreitas fendas" (Blake). William Blake o diz poeticamente:

> *Se as portas da percepção fossem abertas,*
> *tudo pareceria ao homem como é, infinito.*
> *Mas o homem encerrou-se em si mesmo*
> *até ver todas as coisas através das estreitas fendas de sua caverna.*[14]

Portanto, o quinto elemento da arte da transcendência visa ao aprimoramento da percepção e da consciência do ambiente interno e externo, tornando-as mais abertas, acuradas e sensíveis ao frescor e à novidade de cada momento da experiência. Um dos instrumentos básicos para isso é a meditação.

Os praticantes de meditação observam um aumento na sensibilidade da percepção tanto interior quanto exterior: as cores parecem mais vivas e o mundo interior torna-se mais acessível por meio de um processo conhecido por "sensibilização introspectiva". A validade dessas experiências subjetivas ganhou recentemente o respaldo de pesquisas que indicam que o processamento da percepção daqueles que praticam a meditação torna-se mais rápido e preciso e sua empatia mais fiel à realidade.

Conforme observou Henri Ellenberger, historiador da psiquiatria, "A tendência natural da mente é vadear entre o passado e o futuro; exige-se do indivíduo um certo esforço para manter sua atenção no presente."[15] A meditação é um treinamento precisamente para esse esforço. O resultado é o reavivamento da percepção concentrada no presente, descrito como atenção (Budismo), *anuragga* (Hinduísmo), o "sacramento do momento presente" (Cristianismo), a "corrente do esquecimento" na qual se esquece o passado e se revive em cada momento presente (Steiner), uma característica das pessoas que se atualizam e se realizam (Maslow).

Quando vemos as coisas com clareza, precisão, sensibilidade e espírito inovador, podemos reagir com empatia e de modo apropriado. Portanto, tanto as antigas tradições de sabedoria como as modernas psicoterapias concordam com Fritz Perls, o fundador da terapia da Gestalt, quando afirma que "a consciência *per se* pode ser curativa".[16]

A sexta qualidade cultivada pela tecnologia da transcendência é a sabedoria, que constitui algo significativamente maior que o conhecimento. Ao passo que o conhecimento é algo que possuímos, a sabedoria é algo que somos. Seu cultivo requer a transformação de nós mesmos. Essa transformação é fomentada pela abertura sem defesas diante da realidade das "coisas como são", inclusive a imensidão do sofrimento que existe no mundo. Nas palavras dos Salmos, ela é o reconhecimento de que somos "como o pó (...) nossas vidas não são senão labuta e sofrimento; logo se vão, chegam ao fim como um suspiro" (Salmo 90); "qual o homem que pode viver sem jamais ver a morte?" (Salmo 89).

Em nossa época, o existencialismo impôs quase que forçosamente esse reconhecimento. Com sua descrição extremamente vívida dos inevitáveis desafios existenciais da ausência de objetivo, da liberdade e da morte, ele redescobriu aspectos da primeira nobre verdade do Buda, que prega que a insatisfação é uma parte inerente da existência. O existencialismo e as tradições da sabedoria estão de acordo no que Thomas Hardy afirmou da seguinte forma: "se há um caminho para o Melhor, ele exige um olhar demorado sobre o Pior".[17]

Enquanto o existencialismo nos abandona no beco sem saída do alerta quanto às limitações e ao sofrimento da existência, a arte ou tecnologia da transcendência nos abre uma porta. Para o existencialismo, a sabedoria consiste em reconhecer esses dolorosos fatos da vida e em aceitá-los com autenticidade, firmeza (Heidegger) e coragem (Tillich). Para as tradições contemplativas, a atitude existencialista é uma sabedoria preliminar e não final, sendo utilizada para redirigir a motivação para longe das buscas triviais ou egocêntricas, rumo às práticas contemplativas que conduzem a uma sabedoria mais profunda. Essa sabedoria mais profunda admite que a sensação de estar encurralado numa situação sem saída de sofrimento e limitações pode ser transcendida por meio da transformação do ser que aparentemente sofre. Tal sabedoria decorre do desenvolvimento da percepção intuitiva direta da natureza da mente, do eu, da consciência e do cosmo. Essa percepção amadurece e se torna a sabedoria direta e intuitiva — acima de palavras, pensamentos, conceitos e até imagens — que transforma e liberta. E com essa libertação, o objetivo da arte da transcendência se concretiza.

São esses, portanto, os seis elementos, processos ou características comuns e essenciais que constituem o cerne da arte da transcendência. Naturalmente, algumas práticas e tradições se concentram mais em determinados processos que outras. A filosofia hindu, por exemplo, divide as práticas em diferentes iogas. Todas elas reconhecem a ética como fundamento essencial. A Raja ioga enfatiza a meditação e o treinamento da atenção e da percepção; a Bhakti ioga é mais emocional, concentrando-se no cultivo do amor; a Karma ioga emprega o trabalho sobre o mundo para refinar a motivação; a Jnana ioga aprimora o intelecto e a sabedoria. Contudo, parece que na medida em que uma tradição é autêntica — isto é, capaz de fomentar a transcendência e o desenvolvimento transpessoal —, ela tem condições de incorporar todos os elementos da tecnologia da transcendência.

Quase todos os caminhos incluem alguma forma de meditação. A meditação é fundamental por agir diretamente sobre diversos processos essenciais ao desenvolvimento transpessoal. Dentre seus melhores efeitos, contam-se a estabilização da atenção, a transformação das emoções e da motivação, o cultivo da percepção, o aumento da sensibilidade aos comportamentos antiéticos e o fomento da sabedoria. Se os sonhos são a via real para o inconsciente, a meditação é a via real para o transpessoal.

O que, então, é a meditação? O termo se refere a uma família de práticas que treinam a atenção a fim de submeter os processos mentais a um maior controle da vontade, além de cultivar certas qualidades mentais como a atenção, a percepção, a concentração, a equanimidade e o amor. Ela visa ao desenvolvimento de estados ótimos de consciência e de bem-estar psicológico.

A palavra "ioga" refere-se a uma família de práticas com os mesmos objetivos da meditação. Contudo, além da meditação, a ioga abrange a ética, o estilo de vida, a postura corporal, a respiração e o estudo intelectual. As origens da meditação e da ioga se perderam na antiguidade, mas ambas têm pelo menos quatro mil anos e talvez muito mais, levando à evolução de práticas específicas ao longo dos séculos.

Existem muitas variedades de meditação e experiências meditativas. A mais conhecida exige o sentar-se em silêncio, porém outras práticas podem incluir a caminhada, a dança e o exercício da percepção consciente nas atividades do dia-a-dia. A meditação pode concentrar-se numa quase que infinidade de objetos, que variam desde cadáveres até a respiração e estados mentais sublimes. É desnecessário acrescentar que dessa diversidade de práticas resulta uma ampla variedade de experiências. Mesmo dentro de uma só tradição, como o Sufismo, pode haver diferentes práticas de meditação, com efeitos que por vezes se sobrepõem e por vezes se diferenciam.

Essas diferentes práticas com freqüência se subdividem em dois tipos principais: práticas de concentração e práticas de atenção. As primeiras tentam dirigir a atenção completa e continuamente para um único objeto, como a respiração. As segundas, por outro lado, abrem a atenção de modo não-seletivo e não-julgador a qualquer experiência que possa surgir.

A história da meditação no Ocidente teve muitas fases. Em diversos momentos de suas longas histórias, o Judaísmo, o Cristianismo e o Islamismo propuseram várias técnicas de meditação, as quais entretanto jamais ganharam o destaque ou a popularidade de que gozam nas tradições asiáticas, como o Hinduísmo e o Budismo.

No século XX, os primeiros relatórios acerca dos efeitos da meditação asiática foram vistos com ceticismo pelos psicólogos e psiquiatras ocidentais. Esse ceticismo era particularmente forte entre os membros da comunidade psicanalítica, que em sua maioria classificavam a meditação e outras práticas, como o xamanismo e a ioga, como primitivas ou regressivas, diagnosticando seus adeptos como portadores de patologias. O eminente psicanalista Franz Alexander, por exemplo, intitulou um de seus artigos "O Treinamento Budista como Forma de Catatonia Artificial".[19] Contudo, como afirma Ken Wilber, "a equação reducionista que iguala o místico ao psicótico só pode ser proposta por aqueles que ignoram todas as sutilezas envolvidas".[20] A proposição de Alexander hoje é considerada um exemplo clássico da "falácia pré/trans", uma confusão entre o pré-pessoal e o transpessoal.

Desde os anos 60, a meditação vem sendo amplamente aceita, tendo surgido uma verdadeira explosão de interesse popular, profissional e de pesquisa. Estima-se que por volta de 1980, mais de 6 milhões de pessoas só nos Estados Unidos haviam aprendido alguma forma de meditação.

De fato, a meditação ainda está se difundindo e influenciando a cultura ocidental. O historiador Arnold Toynbee previu que um dos principais acontecimentos do século XX seria a introdução do Budismo no Ocidente, mas a introdução de técnicas de meditação provenientes de diversas outras tradições asiáticas pode ter um efeito combinado e cumulativo expressivamente maior que o do Budismo por si só. A introdução — ou melhor, a reintrodução — da meditação no Ocidente realmente pode provar ser um dos fatos mais significativos deste século.

A variedade do impacto é imensa. Literalmente, milhões de pessoas meditam para fins de crescimento pessoal ou para mitigar distúrbios psicológicos ou psicossomáticos. Outras usam a meditação como parte de uma prática espiritual. Alguns dos que se dedicam às práticas asiáticas de meditação se sentem profundamente atraídos pelas filosofias e religiões correspondentes. Outros praticantes relatam um efeito mais paradoxal: o desenvolvimento de uma maior apreciação de sua herança judeu-cristã, principalmente de suas dimensões mais contemplativas.

Não é de surpreender que o Judaísmo e o Cristianismo também tenham sido afetados. O influxo da meditação asiática promoveu, por um lado, a renovação do interesse pelas formas ocidentais de meditação. Por outro, levou certos fundamentalistas a denunciar a meditação como obra do demônio, proclamando que a serenidade mental decorrente dela torna a entrada de Satã mais fácil. A reação tradicional tanto às críticas quanto às questões levantadas pela meditação é a sugestão de testá-la você mesmo.

Se a meditação influenciou a cultura ocidental, esta, por sua vez, também está influenciando a meditação. Tradicionalmente, a meditação foi praticada em contextos culturais e religiosos de fé muito forte e aceitação inquestionada por parte de pessoas com pouco conhecimento prévio de psicologia, ciência e pesquisas. Atualmente, a meditação é praticada também em cenários seculares (não religiosos) e submetida ao cético escrutínio de clínicos e pesquisadores. Conseqüentemente, novas questões se levantam. Os cientistas, por exemplo, perguntam como a meditação pode ser mais bem pesquisada, quais os efeitos precisos que ela provoca, como age e quais as práticas mais indicadas para diferentes tipos de pessoas.

Os clínicos procuram determinar a quais distúrbios psicológicos e psicossomáticos se deve prescrever a meditação, bem como as contra-indicações e riscos da prática. Ao longo da história, a questão das complicações quase nunca foi abordada, apesar de agora estar claro que a meditação, como qualquer outra terapia poderosa, pode ser um fator de estresse para algumas pessoas. Os clínicos ocidentais, portanto, estão sendo pioneiros na identificação das complicações advindas da prática da meditação e das formas de emprego da psicoterapia para seu tratamento.

Como a meditação é uma prática essencial ao desenvolvimento transpessoal, é de interesse tanto teórico quanto prático para os transpersonalistas. Pesquisas informais indicam que a maioria deles já fez uso da meditação e que boa parte a pratica regularmente.

Em seu aspecto prático, a meditação contribui de diversas maneiras para o bem-estar psicológico e somático. Os psicoterapeutas relatam que a prática da meditação — seja pelo paciente, pelo próprio terapeuta ou por ambos — pode complementar e catalisar a terapia. Além de promover o cultivo de qualidades saudáveis como a calma e a equanimidade, ela pode enriquecer o potencial de empatia e fornecer maior compreensão dos processos mentais e das origens da patologia. No aspecto teórico, a pesquisa e a prática da meditação propiciam um conhecimento mais profundo da natureza da mente, do amadurecimento e das experiências transpessoais.

A teoria e a prática se relacionam. Sem a experiência direta, os conceitos e sistemas transpessoais permanecem "vazios" no sentido que deu Immanuel Kant a essa palavra: privados de fundamento experiencial. A prática da meditação, por conseguinte, é essencial para a apreensão mais profunda das experiências meditativas. Segundo o filósofo Philip Novak, "mesmo as verdades mais profundas são plenamente *disponíveis* ao intelecto; mas só quando elas são descobertas e absorvidas por uma psique especialmente treinada e receptiva graças à longa familiaridade com a disciplina da meditação é que essas verdades podem ser realmente compreendidas e postas em prática".[21]

Recomendar a prática da meditação é fácil; difícil pode ser executá-la. Ficar sentado quieto por meia hora pode ser muito árduo no início. A maioria das pessoas que já procurou disciplinar a mente concorda que este é um dos mais gratificantes desafios que alguém pode enfrentar, tendo sido tal treinamento com propriedade chamado de "arte das artes e ciência das ciências".

Os ensaios constantes neste capítulo descrevem as experiências, estágios, benefícios e dificuldades da meditação. Jack Kornfield descreve "Os sete fatores da iluminação" — atenção, energia, investigação, êxtase, concentração, tranqüilidade e equanimidade — que representam qualidades mentais vistas pela psicologia budista como características da mente iluminada, devendo ser cultivadas pela meditação. Comparam-se diferentes terapias e tipos de meditação através de seus graus de promoção e equilíbrio desses fatores.

Em "A pesquisa sobre meditação: o estado da arte", Roger Walsh resume os resultados de centenas de pesquisas empreendidas até o momento.

A meditação certamente pode ensejar curas e experiências profundas, mas não existe uma técnica psicológica ou contemplativa que seja eficaz para todos os problemas. Uma das mais intrigantes questões levantadas pela pesquisa em nossa época é, portanto, saber quais as dimensões e os problemas que podem ser efetivamente tratados e transformados por determinados tipos de meditação e quais os que continuam relativamente intocados. Tomando uma atitude sem precedentes na história, professores e adeptos da meditação avançada começaram a recorrer à psicoterapia para tratar dificuldades não resolvidas através da meditação. Jack Kornfield, psicólogo e professor de meditação, opina que "até os melhores meditadores têm velhas feridas a curar" (em ensaio de igual título) e que uma criteriosa combinação de meditação e psicoterapia pode ser superior a ambas isoladamente.

Os sete fatores da iluminação

Jack Kornfield

Existem diversas categorias importantes na meditação. A distinção básica no que se refere à meditação se traça entre a concentração e a percepção. A meditação de concentração abrange toda uma faixa ou classe de tipos de meditação nos quais a ênfase recai no treinamento da mente através da fixação da concentração num determinado objeto. A concentração pode ter por foco a respiração, um mantra, a chama de uma vela e assim por diante, de modo a excluir a possibilidade de distração, de outros pensamentos ou estímulos. Sendo energia, a mente pode concentrar-se da mesma forma que um raio laser concentra energia luminosa. O poder da concentração se presta à transcendência ou à obtenção de uma grande variedade de estados mentais alterados, isto é, que apresentam percepções diferentes das normais. Em geral, esses estados são cheios de júbilo, no sentido de serem imperturbáveis, pacíficos ou tranqüilos. Além de dar acesso a muitos estados alterados, o poder da concentração pode ser empregado na dissecação de nós mesmos, de nossas experiências, e na compreensão daquilo que compõe o universo de nossa consciência e experiência.

O treinamento da percepção, a segunda principal categoria de meditação, não busca desviar a mente da experiência que se processa para fixá-la num único objeto e promover assim estados diferentes. Ao contrário, ele tem por base a experiência do presente, cultivando a percepção e a atenção para o fluxo momento a momento daquilo que compõe a vida — a visão, o som, o paladar, o cheiro, o pensamento e os sentimentos. O treinamento faz uso dessas coisas como objeto de meditação, como forma de ver quem nós somos. Durante o processo de treinamento da percepção, os praticantes da meditação começam também a responder perguntas acerca do modo de surgimento dos estados negativos e como trabalhar com eles em suas próprias mentes e experiências. Posteriormente, quando a percepção já se encontra aguçada, eles podem conseguir acesso a outros níveis de experiência que transcendem nossa consciência habitual.

A meditação que envolve a devoção ou a entrega também pode ser classificada neste segundo tipo, pois a atenção cuidadosa é em si uma prática de devoção. É uma entrega ao que está acontecendo em cada momento sem tentar alterá-lo, mudá-lo nem conceituá-lo. Neste segundo tipo de meditação, trabalha-se com um reino de experiência que jaz entre a supressão dos sentimentos, impulsos e idéias — não os pondo de lado de modo algum — e o extremo oposto, que é atuar necessariamente sobre eles. Isso promove o cultivo de um estado mental que nos permite ser abertos, observando e experimentando plenamente toda a gama de realidades físicas e mentais sem suprimi-las nem agir a partir delas. Por meio do procedimento de prestar atenção, podem desenvolver-se gradualmente maior percepção e concentração, além de uma nova compreensão.

Eu gostaria de apresentar aqui um modelo que provém da psicologia budista. Ele é chamado de Fatores da Iluminação e pode ajudar na compreensão da forma como funciona a meditação. Os Fatores da Iluminação são sete qualidades da mente descritas na literatura tradicional que definem a mente saudável ou iluminada. Eles devem ser cultivados para tornar-se presentes a tal ponto que possam determinar a relação que cada um tem com cada momento da experiência.

FIGURA 1
Os fatores da iluminação

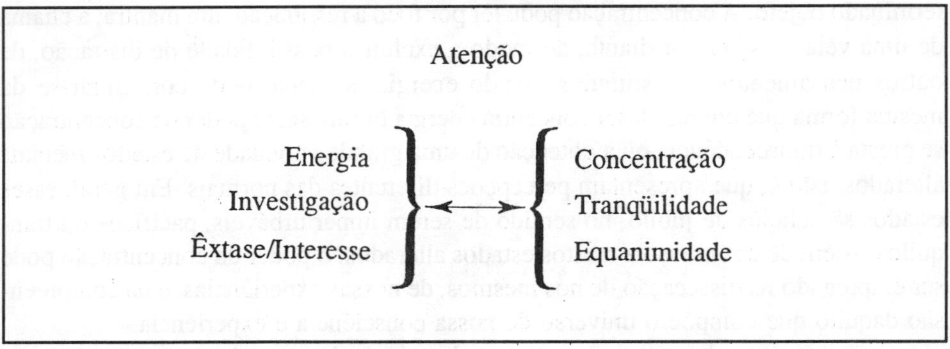

A atenção, essencial às sete qualidades, é acompanhada por dois grupos de fatores que devem estar em equilíbrio. O primeiro grupo consiste em energia, investigação e êxtase; o segundo conjunto de fatores é formado pela concentração, tranqüilidade e equanimidade. Os três primeiros são qualidades ativas da mente. A energia significa aqui o esforço para se manter consciente ou alerta; a investigação, o exame profundo da experiência; o êxtase, o júbilo e o interesse na mente. Esses três fatores devem ser contrabalançados pela concentração, tranqüilidade e equanimidade. A concentração é o direcionamento unívoco, a quietude, a capacidade de fixar a mente de forma plena; a tranqüilidade é um tipo de silêncio íntimo, uma investigação silenciosa (em vez de prenhe de pensamentos); a equanimidade é o calmo equilíbrio diante das circunstâncias mutáveis da experiência. Quando cultivada, a atenção se torna a causa do surgimento de todas essas sete qualidades. É o fator-chave na meditação, desenvolvendo e equilibrando os demais.

Na psicologia ocidental, dá-se muita ênfase aos fatores ativos, que incluem a investigação e a energia devotadas à compreensão do próprio eu. Porém, ao Ocidente infelizmente falta a compreensão da importância dos fatores complementares da concentração e da tranqüilidade. Sem cultivá-las, o poder da mente se limita e a compreensão acessível é de âmbito bastante reduzido.

Em contraposição, as tradições orientais costumam ter dificuldades devido à ênfase excessiva na concentração e na tranqüilidade. Elas podem conduzir a maravilhosas experiências de êxtase, silêncio mental, transe ou estados *Jhana*. Mas sem o equilíbrio decorrente da investigação e da observação energética de como as coisas realmente são, essa prática não levará a uma compreensão mais profunda do eu e nem à liberdade da iluminação.

Para podermos compreender quem somos na prática, devemos usar os instrumentos da concentração da mente e então aplicá-los com percepção e investigação. O interessante neste modelo é que ele não tem uma forma específica — não é sufista, budista, hindu nem psicoterápico. Conforme se diz no *Lazy Man's Guide to Enlightenment*, "a iluminação não se incomoda com a forma pela qual você chega lá". Qualquer método que cultive essas qualidades mentais e as ponha em equilíbrio será bom. Quaisquer que sejam as técnicas que o levem a um local tranqüilo, claro e aberto, elas o conduzirão a uma compreensão direta de verdades espirituais básicas. Nossa verdadeira natureza está sempre acessível à visão se cultivarmos nossa capacidade de ver. Quando compreendemos a prática espiritual simplesmente como o cultivo de certas qualidades mentais, podemos compreender uma grande variedade de tradições aparentemente divergentes.

Parece que as pessoas atravessam diversos níveis de desenvolvimento e que há muitas formas de descrever tais níveis. No primeiro nível, elas simplesmente percebem o quanto dormiam, e esta é uma das mais importantes percepções que pode haver. Ao tentar prestar atenção a si próprias e estar alertas o tempo inteiro na medida do possível, as pessoas se espantam com o tempo que passam com o piloto automático ligado. A percepção disso começa a mudar as pessoas, na medida em que elas vêem os benefícios que se obtêm estando acordadas. Ela lhes dá uma maior motivação na prática, além de abri-las à visão mais realista de quem são no mundo.

O segundo nível consiste no que eu chamaria de revelações psicodinâmicas ou de personalidade. Assim, talvez se diga, por exemplo: "Meu Deus, à medida que presto atenção, vou vendo que me relaciono com as pessoas de uma determinada maneira porque estou sempre em busca de aprovação"; ou: "Estou sempre preocupado com a minha aparência"; Ou: "Estou sempre com medo daquilo", etc. Existe um tipo de iluminação no processo de meditação perceptiva que se parece muito com o fazer terapia por si próprio, simplesmente ouvindo e prestando atenção a si mesmo. Essa percepção e a aceitação que acompanha a conscientização não julgadora de nossos padrões promovem a compreensão e o equilíbrio mental, podendo portanto diminuir nosso sofrimento e identificação neurótica.

Para além da percepção psicológica, existem na prática níveis que são muito falados na literatura oriental clássica. Alguns deles são níveis dos diferentes estados *Jhana* de transe, níveis muito altos de absorção e concentração. Tais estados de concentração têm a desvantagem de provocar mudanças que, embora características de estados alterados, não são necessariamente mudanças permanentes.

Um segundo tipo de experiência para além do nível psicodinâmico e de conscientização da personalidade é a progressão das percepções. Esse nível da percepção lança luz sobre a forma pela qual a mente é construída. O indivíduo começa a ver como o processo de desejo e motivação age sobre a mente, independentemente do conteúdo específico de cada desejo. A compreensão mais profunda dos processos da mente leva à conclusão de que tudo que somos está em mutação constante. Aí pode ocorrer uma visão clara da dissolução do eu a cada momento, e isso normalmente nos conduz a um estado de medo e terror e a um tipo de morte interior. Posteriormente, surge dessa conscientização um processo espontâneo através do qual se abandonam as motivações pessoais, processo com o qual cresce a percepção do amor ou consciência *Bodhisattva*. Na medida em que a solidez do eu se rompe, surge uma visão da verdadeira conexão que existe entre todos nós, da qual advém uma forma espontânea de calor e compaixão. A maior compreensão conduz a todos os tipos de altruísmo e, finalmente, aos mais elevados graus de iluminação, mediante a qual podemos ver nossa existência como uma brincadeira no campo energético que é o mundo.

Para compreender essa imensa variedade de experiências de meditação, a pesquisa que fazemos a respeito deve examinar as várias técnicas e tradições do ponto de vista de sua condição de simples meios de propiciar mudanças em nossos fatores mentais. Cada uma das técnicas altera a forma como nos relacionamos com nossas experiências e, se atentarmos, práticas e tradições bastante diferentes muitas vezes concorrem para o cultivo íntimo das mesmas qualidades de concentração, tranqüilidade ou maior percepção e equilíbrio. Particularmente, os sete fatores da iluminação podem ser simplesmente mais um modelo ou descrição da mente que atinge o equilíbrio, de forma a podermos ver mais claramente a natureza da nossa experiência.

A pesquisa sobre meditação: o estado da arte

Roger Walsh

> ***Já existem projetos de pesquisa suficientes para manter ocupados batalhões de cientistas em todo o próximo século.***
>
> — Abraham Maslow,
> *The Farther Reaches of Human Nature*

A pesquisa sobre meditação é um campo novo, mas cheio de vigor. Até hoje, mais de 1.500 trabalhos foram publicados, demonstrando efeitos psicológicos, fisiológicos e químicos. Tipos diferentes de meditação parecem promover efeitos que, apesar de muitas vezes se assemelharem, são distintos. A prática que mais tem sido estudada é a da Meditação Transcendental (MT).

Os psicólogos transpessoais vêm se dedicando à pesquisa da meditação na esperança de criar um elo que beneficie tanto as disciplinas de meditação quanto as técnicas experimentais da ciência. Entretanto, as variáveis examinadas no passado (como as freqüências cardíaca e respiratória) foram geralmente as mais grosseiras, apenas tangenciando as sutis mudanças transpessoais verificadas na percepção, nas emoções e nos valores, mudanças que constituem as metas tradicionais da meditação.

EFEITOS DA MEDITAÇÃO

Psicológicos

A gama de experiências que podem advir durante a meditação é imensa. As experiências podem ser agradáveis ou dolorosas, e emoções intensas como o amor e o ódio podem alternar-se com períodos de calma e equanimidade. Embora a idéia da meditação simplesmente como reação de relaxamento seja uma supersimplificação, a tendência geral, à medida que o meditante se aprofunda em sua prática, aponta para uma maior tranqüilidade, emoções positivas e sensibilidade perceptiva e introspectiva. As experiências avançadas vão desde uma profunda paz, concentração e júbilo até intensas emoções positivas como o amor e a compaixão, passando por penetrantes percepções acerca da natureza da mente e uma variedade de estados transcendentes que podem percorrer toda a escala das experiências místicas clássicas.[1,2]

O aperfeiçoamento da capacidade de percepção permite que se compreendam melhor os hábitos e processos psicológicos. Uma das primeiras coisas que constatamos é o quanto nosso habitual estado mental foge a nosso controle e o quanto é inconsciente, onírico e fantasista. As proposições clássicas que dizem que a mente não treinada é como um "macaco bêbado" e que sua domesticação é "a arte das artes e a ciência das ciências" logo passam a fazer sentido para o iniciante na prática da meditação. Até o presente, a maior parte do conhecimento acerca das experiências psicológicas decorrentes da meditação provém de relatos pessoais, e foram poucas as pesquisas fenomenológicas sistemáticas.

Entretanto, existe grande número de estudos experimentais sobre os efeitos da meditação na personalidade, no desempenho e na percepção. Descobertas surpreendentes comprovam o aumento da criatividade, sensibilidade perceptiva, empatia, capacidade de ter sonhos lúcidos, auto-realização, autocontrole e satisfação conjugal.[2,3,4] Estudos feitos sobre a MT indicam que ela pode fomentar o amadurecimento, com base em análises que levam em conta as categorias do ego, desenvolvimento moral e cognitivo, inteligência, desempenho acadêmico, auto-realização e estados de consciência.[1,5]

Um fascinante estudo sobre a percepção analisou as respostas dadas por budistas praticantes da meditação (desde iniciantes até mestres iluminados) ao teste de Rorschach.[2,6] Os iniciantes apresentaram padrões normais de resposta, ao passo que os sujeitos com maior capacidade de concentração viram, não as imagens normais de pessoas e animais, mas apenas os padrões de luz e sombra dos cartões de Rorschach.

Isto é, suas mentes não tinham a tendência de interpretar desenhos como imagens organizadas, um dado que reforça a alegação de que a concentração afina a mente, reduzindo o número de associações.

Outras descobertas espantosas dizem respeito a sujeitos que haviam tido uma experiência inicial do nirvana, atingindo o primeiro dos quatro estágios clássicos da iluminação budista. À primeira vista, seus testes não eram diferentes dos testes de não-praticantes da meditação. Contudo, havia uma diferença em seus relatos sobre o teste: esses sujeitos viam as imagens que examinavam como criações de suas próprias mentes, estando conscientes de cada etapa do processo pelo qual seu fluxo de consciência se organizou em imagens.

É interessante observar que os sujeitos que já haviam alcançado essa primeira iluminação demonstraram viver conflitos normais em relação a questões como dependência, sexualidade e agressividade. Entretanto, eles apresentavam defensividade e reatividade notavelmente reduzidas diante desses conflitos. Em outras palavras, eles aceitavam e não se deixavam perturbar por suas neuroses.

Os poucos praticantes de meditação que haviam atingido o terceiro estágio da iluminação fizeram relatórios singulares sob quatro aspectos. Em primeiro lugar, esses mestres da meditação viram não só as imagens como também a mancha de tinta em si como uma projeção da mente. Em segundo, eles não apresentaram indícios de conflitos pulsionais, parecendo estar livres de conflitos psicológicos normalmente considerados parte inescapável da existência humana. Essa descoberta é compatível com as alegações clássicas de que o sofrimento psicológico pode ser drasticamente reduzido nos estágios avançados da meditação.

A terceira e a quarta das características *sui generis* desses mestres é que eles sistematicamente transformavam suas respostas aos dez cartões em uma resposta integrada versando sobre um único tema. O resultado disso era uma lição sistemática sobre a natureza do sofrimento humano e a forma de aliviá-lo. Em outras palavras, os mestres da meditação transformaram o teste de Rorschach numa lição para os avaliadores.

Variáveis fisiológicas

A pesquisa da fisiologia teve início com investigações esporádicas acerca de façanhas iogues espetaculares, como a alteração da temperatura do corpo e da freqüência dos batimentos cardíacos. A partir da comprovação da verdade desses feitos, empreenderam-se estudos mais sistemáticos. A introdução de novas e melhores formas de controle levou ao reconhecimento de que muitos dos efeitos fisiológicos inicialmente atribuídos exclusivamente à meditação poderiam, na verdade, ser induzidos por outras estratégias de autocontrole, como o relaxamento, o *biofeedback* e a auto-hipnose.[7] Essa constatação levou alguns pesquisadores a presumir prematuramente que pouco há de exclusivo no que se refere à meditação ou a seus efeitos.

Os estudos iniciais sobre os efeitos metabólicos, por exemplo, constataram reduções pronunciadas na taxa de metabolismo — conforme o atestam os baixos níveis de consumo de oxigênio, produção de dióxido de carbono e lactato na corrente sangüínea — e concluíram que a meditação transcendental conduzia a um estado singular de hipometabolismo. Estudos posteriores confirmaram a baixa na taxa de metabolismo, porém controles melhores indicaram que esses efeitos não eram produto exclusivo da meditação.[2]

O sistema cardiovascular é claramente afetado.[2, 4] Durante a meditação, a freqüência de batimentos cardíacos cai e, com a regularidade da prática, a pressão sangüínea também cai. Por conseguinte, a meditação pode representar uma forma eficaz de tratamento dos casos de pressão sangüínea um pouco acima do normal, porém os benefícios cessam se a prática for interrompida. Certos praticantes conseguem aumentar o fluxo periférico de sangue, provocando assim uma elevação da temperatura dos dedos das mãos e dos pés. Relata-se que os mestres Tumo do Tibete, que se especializam nisso, demonstram sua maestria meditando seminus nas neves do inverno tibetano.

Pode haver alterações também na química do sangue.[2, 4] Os níveis hormonais podem modificar-se, os de lactato (tidos às vezes como medida do relaxamento) podem cair e os de colesterol, reduzir-se.

Em resumo, é evidente que a meditação dá ensejo a significativos efeitos fisiológicos. Embora alguns estudos sobre a MT tenham verificado padrões singulares de fluxo sangüíneo e níveis hormonais, em geral ainda não está claro até que ponto os efeitos fisiológicos são exclusivos da meditação.

Eletroencefalografia (EEG)

A forma mais difundida de medir a atividade cerebral durante a meditação é a EEG. Ela fornece uma medida válida, apesar de grosseira, da atividade elétrica cerebral, comparável com a medição da atividade em Chicago, instalando-se uma dúzia de microfones em seus arredores. Embora ainda não se saiba se existem padrões de EEG que sejam exclusivos da meditação, descobertas surpreendentes foram feitas.

Na maioria das práticas de meditação, o eletroencefalograma se torna mais lento e as ondas alfa (entre 8 e 13 ciclos por segundo) aumentam em quantidade e amplitude. Em praticantes mais avançados pode-se constatar uma lentidão ainda maior e, às vezes, o surgimento de padrões teta (entre 4 e 7 ciclos). Esses fatos apresentam-se compatíveis com o relaxamento profundo.

As ondas cerebrais não apenas se tornam mais lentas como também podem apresentar crescente sincronia ou coerência entre diferentes áreas corticais. Alguns pesquisadores da MT afirmam que isso constitui a base para o aumento da criatividade e o crescimento psicológico.[1]

Contudo, na pesquisa com EEG, é difícil deduzir a existência de determinados estados mentais a partir de configurações de ondas cerebrais. Aliás, vale a pena lembrar que uma coerência maior também pode se verificar na epilepsia e na esquizofrenia.

Alguns dos estudiosos mais céticos tentaram explicar a meditação como o simples efeito da sonolência ou mesmo do sono, mas essa explicação é falha por muitas razões. Se é verdade que os praticantes da meditação, principalmente os iniciantes, podem sentir uma certa sonolência, isso é visto pelas tradições contemplativas como uma armadilha específica: o "vício da indolência e do torpor", como pitorescamente dizem os budistas. Além disso, a experiência da meditação sem sonolência é bastante diferente da do sono. Por fim, os padrões verificados nos correspondentes eletroencefalogramas também são muito diferentes.[4,8]

Cada vez mais se aceita que os hemisférios cerebrais direito e esquerdo possuem funções distintas, embora às vezes haja sobreposição de funções. Como a meditação pode reduzir algumas funções do hemisfério esquerdo, como a análise verbal, ela poderia estar ligada a uma redução da atividade do hemisfério esquerdo e/ou uma ativação do hemisfério direito. Existem indícios preliminares de um aumento das capacidades relacionadas com o hemisfério direito nos praticantes da meditação, como a capacidade de lembrar e discriminar notas musicais. Entretanto, os estudos com o EEG indicam que, apesar de poder haver uma relativa desativação do hemisfério esquerdo durante os minutos iniciais, a partir de um certo momento ambos os hemisférios parecem igualmente afetados.[8,9]

Os adeptos da ioga e do Zen podem reagir diversamente à estimulação sensorial, de modo condizente com os métodos e objetivos de suas respectivas práticas. Os iogues, cuja prática envolve a concentração interior e a privação da atenção aos sentidos, demonstraram pouca reação eletroencefalográfica a ruídos repetidos. Por sua vez, os monges zen, cuja prática envolve ampla receptividade a todo tipo de estímulo, apresentaram fortes reações eletroencefalográficas seguidas à repetição do mesmo ruído, em vez de habituar-se a ele como fariam os indivíduos que não praticam a meditação.[4] Embora outros estudos tenham detectado diferenças menos nítidas,[8] essas conclusões são intrigantes porque os dados eletrofisiológicos apresentam-se coerentes com as diferentes metas e experiências dos adeptos da ioga e do Zen.

Além disso, a ausência de habituação eletroencefalográfica apresentada pelos monges zen é reiterada por outros relatórios. O contínuo frescor da percepção é característico tanto dos auto-atualizadores de Maslow quanto dos contemplativos que praticam, por exemplo, a "atenção" dos budistas ou o "sacramento do momento presente" dos cristãos.

Efeitos terapêuticos

Muitos dos efeitos da meditação são aparentemente benéficos, e as pesquisas indicam que ela pode ser terapêutica em vários distúrbios psicológicos e psicossomáticos. Entre as desordens psicológicas que reagem à meditação contam-se a ansiedade, fobias, estresse pós-traumático, tensão muscular, insônia e depressões leves. A longo prazo, a prática regular da meditação parece contribuir para a redução do consumo de drogas legais e ilegais, além de ser útil entre presos por reduzir a ansiedade, a agressividade e a reincidência.

Entre os benefícios psicossomáticos, podem-se incluir a redução da pressão sangüínea, do colesterol e da gravidade dos ataques de asma, enxaqueca e dores crônicas.[2,3,10]

Esses efeitos terapêuticos podem ser o reflexo de uma melhora geral da saúde física e psicológica. Com efeito, o índice de recorrência a cuidados médicos e psiquiátricos entre os praticantes da MT é menor que o normal, e os adeptos na faixa dos 50 anos apresentaram em média 12 anos menos na escala de envelhecimento que os membros dos grupos de controle.[11] Evidentemente, quanto dessa saúde geral superior é realmente creditável à meditação e quanto é atribuível a fatores associados, como a predisposição à boa saúde e o estilo de vida saudável, permanece em aberto.

Um estudo rigidamente controlado demonstrou ter efeitos impressionantes sobre os mais velhos. Um grupo de internos em asilo, idade média de 81 anos, que aprenderam a MT tiveram melhor desempenho em diversas aferições de aprendizagem e saúde mental que os internos que aprenderam o relaxamento, tiveram outro tipo de treinamento mental ou não foram submetidos a nenhum tratamento. Entretanto, o mais espantoso é que, 3 anos depois, todos os praticantes da MT ainda estavam vivos contra apenas 63% dos internos não tratados.[1] Há milhares de anos, os iogues vêm afirmando que as práticas contemplativas aumentam a longevidade, afirmação que não pode mais ser ignorada.

A mais assombrosa das pesquisas alega que os praticantes da meditação conseguem exercer "ação a distância". Os pesquisadores da MT vêem a realidade fundamental como um campo da consciência. Assim, afirmam que as mentes estão interconectadas e que grupos de meditação de porte grande o suficiente podem influir sobre indivíduos que não a praticam e sobre a sociedade em geral. Diversos estudos relatam que grupos de MT exerceram influência benéfica sobre problemas sociais. Tais benefícios vão desde a redução de índices de criminalidade, mortes com violência, acidentes de trânsito, terrorismo, até — quando um grupo meditou no Oriente Médio — a redução da intensidade do conflito no Líbano.[12]

Essas conclusões são realmente da maior importância. Entretanto, a maior parte dessas e de outras pesquisas sobre a MT foi conduzida por membros da associação que pratica e divulga a MT. Os vieses inconscientes podem afetar com facilidade o resultado das pesquisas, de forma que se torna essencial o empreendimento de estudos por pesquisadores independentes da associação. Caso as alegações de "ação a distância" sejam segura e independentemente ratificadas, as implicações — para tudo, desde a física e a filosofia até a política e a paz — serão notáveis.

Em síntese, a meditação pode provocar um grande número de feitos e benefícios terapêuticos. Contudo, alguns grupos de controle e projetos experimentais têm deixado a desejar; a maioria dos sujeitos escolhidos tem sido de iniciantes na meditação, segundo os padrões tradicionais; e muitas vezes não fica claro se a meditação é necessariamente mais eficaz no tratamento de distúrbios clínicos que outras estratégias de autocontrole, como o relaxamento, o *biofeedback* e a auto-hipnose. Por outro lado, os adeptos da meditação relatam com freqüência que a prática é mais agradável, significativa e fácil de manter que outras abordagens, incentivando o interesse pela auto-exploração.[2,10]

Complicações

Um princípio geral da psiquiatria declara que toda terapia com força suficiente para fazer bem é também forte o suficiente para fazer mal. Isso parece se aplicar à meditação, embora sejam raros os casos de maior gravidade. Se é verdade que os praticantes da meditação podem viver dificuldades psicológicas durante qualquer das fases, também é verdade que os problemas são mais comuns entre os principiantes, os que se dedicam intensamente à prática sem supervisão adequada e os portadores de psicopatologias preexistentes. Certas experiências difíceis podem ao fim provar-se catárticas e benéficas, num processo que a MT conhece como "desestressamento".

A variedade dessas dificuldades é muito grande. Ela abrange a instabilidade emocional, com episódios de ansiedade, agitação, depressão e euforia. Podem vir à tona conflitos psicológicos e sintomas somáticos como espasmos musculares ou gastrointestinais. Os praticantes podem ver-se diante de ruminações obsessivas ou dolorosas questões existenciais. Em raras ocasiões, as defesas podem ruir, resultando em surtos psicóticos, principalmente entre os que têm um histórico de psicoses anteriores.[13] Também os praticantes avançados estão sujeitos a dificuldades, embora estas tendam a ser mais amenas e envolvam preocupações existenciais ou espirituais.[14] O desenvolvimento em qualquer nível envolve desafios.

Tendo em vista que a meditação pode trazer tanto benefícios quanto dificuldades, será possível predizer quais as pessoas suscetíveis a cada um deles? Estudos sobre a MT indicam que os que persistem com sucesso na prática possuem certos traços comuns. Eles são mais interessados pelas experiências interiores, mais abertos a experiências incomuns e sentem-se capazes de muito autocontrole. É possível que sejam menos instáveis do ponto de vista emocional, possuindo alta capacidade de concentração e atividade de ondas alfa. Aparentemente, são menos suscetíveis a perturbações psicológicas e mais dispostos a reconhecer características pessoais desfavoráveis. No futuro as pesquisas poderão identificar quais as pessoas que têm um potencial ótimo de reação e quais as que estão sujeitas a efeitos negativos, além de estabelecer meios para incentivar reações favoráveis.

Ainda não é clara a forma pela qual a meditação provoca seus diversos efeitos. Inúmeros mecanismos foram sugeridos. Os possíveis processos fisiológicos incluem uma queda na estimulação e um aumento na sincronia entre os hemisférios. Os possíveis mecanismos psicológicos incluem o relaxamento, a dessensibilização, a desipnotização e o desenvolvimento das capacidades de conhecimento, compreensão e controle de si mesmo.[2] Talvez a explicação mais abrangente seja a clássica: a meditação fomenta o desenvolvimento psicológico.[6]

CONCLUSÃO

Se, por um lado, o conhecimento experimental da meditação tem crescido, por outro a pesquisa ainda está em seus primórdios. Até o presente, relativamente pouco se pode declarar a respeito das relações entre os objetivos tradicionais da meditação e as medidas experimentais. Vem-se dando mais atenção à freqüência cardíaca que à pureza e abertura do coração. As futuras pesquisas devem atentar mais para os praticantes avançados e suas metas transpessoais, tais como a melhoria da concentração, a ética, o amor, a compaixão, a generosidade, a sabedoria e o serviço ao próximo.[15] A visão de uma ponte que enriqueça tanto a meditação quanto a ciência ainda é parcial, mas continua sendo algo digno do nosso esforço.

Até os melhores meditadores têm velhas feridas a curar: a combinação entre psicoterapia e meditação

Jack Kornfield

Para a maioria das pessoas, a prática da meditação "não é tudo". Na melhor das hipóteses, é parte importante de um caminho complexo que conduz à abertura e ao despertar. Eu acreditava que a meditação levava às verdades mais nobres e universais e que a psicologia, a personalidade e os nossos "pequenos dramas" fossem um domínio inferior, à parte. Eu bem que gostaria que assim fosse, mas minha experiência e a natureza não-dual da realidade não o permitem. Se quisermos pôr fim ao sofrimento e encontrar a liberdade, não podemos continuar mantendo separados esses dois níveis da vida.

Os vários compartimentos que formam a mente e o corpo são apenas semipermeáveis à percepção. A percepção de determinados aspectos não leva automaticamente à percepção dos demais, principalmente quando nosso medo e vulnerabilidade são profundos. Assim, muitas vezes encontramos praticantes da meditação que apresentam uma grande percepção da respiração ou do corpo, mas quase não têm consciência de seus sentimentos; da mesma forma, há outros que compreendem a mente mas não têm uma relação sábia com o corpo.

A atenção funciona apenas quando nos dispomos a dirigi-la a todas as áreas que apresentam sofrimento. Isso não significa que devemos nos deixar prender em nossas histórias pessoais, como receiam muitas pessoas, mas sim que devemos aprender como trabalhar com elas, de modo a podermos realmente nos libertar dos "bloqueios" do passado. Em geral, a eficácia desse trabalho de cura é maior quando é feito no contexto de um relacionamento terapêutico com outra pessoa.

A meditação e a prática espiritual podem facilmente ser usadas para suprimir ou evitar os sentimentos e para fugir de áreas difíceis da vida. Os sofrimentos são difíceis de tocar. Muita gente resiste às origens pessoais e psicológicas do seu sofrimento: há tanta dor no contato imediato com o corpo, com a história pessoal e com as próprias limitações. Isso pode ser até mais difícil que enfrentar o sofrimento universal que vem à tona na meditação. Temos medo de tudo o que é nosso e do sofrimento que nos acompanha, por não sabermos como aproveitar essas coisas como meio de abrir o coração.

Precisamos examinar nossas vidas e perguntar: "Onde estou desperto e o que estou evitando? Uso a minha prática para me esconder? Em que áreas sou consciente e em quais sou medroso, amarrado ou preso?"

Existem muitas áreas do crescimento (o remorso e outras coisas não-resolvidas, a comunicação e o amadurecimento nos relacionamentos, a intimidade e a sexualidade, a carreira e as questões relativas ao trabalho, certos medos, fobias e antigas feridas, entre outras) nas quais as boas terapias ocidentais são em geral muito mais rápidas e bem-sucedidas do que a meditação. Aspectos cruciais do nosso ser como esses não podem ser descartados como meras "questões de personalidade". Freud disse que queria ajudar as pessoas a amar e trabalhar. Se não soubermos amar bem nem contribuirmos com um trabalho significativo para o bem do planeta, então para que serve nossa prática espiritual? A meditação pode ajudar nessas áreas. Porém, se depois de praticá-la por um tempo você descobrir que ainda tem trabalho por fazer, procure um bom terapeuta ou algum outro método para tratar com eficiência do problema.

Naturalmente, existem muitos terapeutas medíocres e muitas terapias limitadas. Da mesma forma que na meditação, você deve procurar o melhor. Muitas terapias novas com uma forte base espiritual vêm sendo desenvolvidas, como a psicossíntese, a respiração reichiana, o trabalho com areia e uma série de psicologias transpessoais. A melhor terapia, como a melhor prática de meditação, usa a consciência para curar o coração, não estando tão interessada na nossa história pessoal quanto na libertação do medo e do apego, além de atrair a atenção sobre áreas em que há ilusão, dependência e sofrimentos desnecessários. Por vezes, é possível atingir o mais profundo desapego e renúncia ao eu através de certos métodos da psicologia transpessoal.

Isso significa que devemos trocar a meditação pela psicoterapia? De modo algum. A terapia também não é a solução. A solução é a *consciência*, e ela cresce em espirais. Se você está em busca da liberdade, a coisa mais importante que posso lhe dizer é que a prática espiritual se desenvolve em ciclos. Existem ocasiões em que o silêncio é necessário, seguidas de ocasiões para pôr em prática e integrar as conclusões tiradas no silêncio, bem como ocasiões em que é imprescindível recorrer ao auxílio de uma relação profunda com a pessoa de um terapeuta. Todas elas são fases igualmente importantes da prática. Não se trata de primeiro desenvolver um eu e depois abrir mão dele. As duas coisas estão juntas o tempo todo. A qualquer momento da prática, poderá haver *samadhi* e quietude, seguidos de novos níveis de trabalho com velhas feridas e com a história familiar que, por sua vez, se fazem seguir de uma grande renúncia, à qual se seguem experiências de vazio, seguidas de mais problemas pessoais. É possível trabalhar com todos esses níveis no contexto de uma prática espiritual. O que se exige é coragem para enfrentar na totalidade o que surgir. Só assim podemos encontrar a cura profunda que buscamos — para nós mesmos e para o planeta.

Em resumo, temos de ampliar a noção do que seja a prática para que ela possa incluir toda a vida. Como nas pinturas do pastoreio do boi no zen, a caminhada espiritual nos leva ao âmago da floresta e então de volta ao mercado, num ciclo que se repete até que possamos encontrar a compaixão e a verdadeira libertação do coração em todos os domínios.

SEÇÃO TRÊS

SONHOS LÚCIDOS

Todos nós somos feitos
Da mesma matéria dos sonhos,
E nossa breve vida
É rodeada por um período de sono.
— Shakespeare, *The Tempest*

Desde tempos imemoriais, os sonhos são considerados uma fonte de inspiração, mistério e mensagens. Os sonhos comunicavam aos xamãs sua vocação sagrada, ao passo que para os profetas de Israel eles eram mensagens de Deus. Lembre-se, a propósito, da seguinte passagem da Bíblia: "Ouçam minhas palavras: se há entre vós um profeta, Eu, o Senhor, dou-me a conhecer a ele em uma visão, falo a ele em um sonho."[1] Nas culturas mediterrâneas da antigüidade, os sonhos eram considerados uma fonte de cura, e as pessoas iam em peregrinação ao templo de Asclépio para ter sonhos com poder de cura. Em tempos recentes, os sonhos vêm sendo vistos pela psicologia com "o caminho real para o inconsciente" (Freud) e como mensagens de cura e sabedoria intuitiva emitidas pelo inconsciente (Jung). Por essa razão, os sonhos têm grande interesse do ponto de vista transpessoal.

Como quer que sejam interpretados, eles são um milagre noturno no qual todo um universo ganha vida, povoado por pessoas, lugares e criaturas que parecem sólidas, independentes e "reais". Além disso, nos sonhos temos aparentemente um corpo igualmente sólido e "real", que parece ser a fonte e o sustentáculo de nossa vida, prazeres e desgostos; um corpo cujos olhos e ouvidos nos transmitem estímulos sensoriais e cuja morte significa nossa morte. Em síntese, o universo e o corpo oníricos parecem não só nos criar como também nos controlar. No entanto, esse universo aparentemente objetivo é uma criação de nossas próprias mentes, uma produção subjetiva, ilusória e transitória que nós criamos e controlamos.

Ao despertar, dizemos: "Era só um sonho", querendo dizer que nada daquilo era realidade. Na terminologia técnica da filosofia hindu, nós o "subclassificamos", isto é, atribuímos-lhe menos validade ou *status* ontológico à luz da nossa consciência da vigília. Entretanto, a despeito de cada despertar, noite após noite e dia após dia tomamos nossos sonhos por "reais", e portanto neles fugimos e combatemos e choramos, sofremos e nos rejubilamos.

Contudo, a maioria de nós já teve ao menos uma experiência em que, de repente, em meio a uma aventura dramática ou perigo aterrorizante, percebe que "é apenas um sonho". Nesse momento nos tornamos "lúcidos"; estamos sonhando e no entanto sabemos que sonhamos. Esse momento pode ter por efeito o alívio, o prazer, o assombro ou a liberdade. Então nos libertamos para enfrentar nossos monstros, realizar nossos desejos ou ir em busca de nossos mais nobres objetivos sabendo que somos os criadores, e não as vítimas, de nossa experiência. Pois, como exclamou o filósofo Nietzsche, "talvez muitos, como eu, se lembrarão de haver gritado às vezes, com alegria e não sem êxito, quando imerso em meio aos perigos e terrores da vida onírica: 'É um sonho! Eu continuarei a sonhar!' ".[2]

Para a maioria de nós, esses sonhos lúcidos são raros e encontram-se além de nossa capacidade de indução. Existe alguma forma de cultivar a capacidade de acordar quando quisermos em meio a nossos sonhos? A resposta de muitas tradições contemplativas e de investigadores de sonhos é "sim". Já no século IV, os *sutras* da ioga clássica de Patanjali recomendavam "o testemunho do processo onírico ou do sono sem sonhos".[3] Quatrocentos anos depois, os budistas tibetanos desenvolveram uma sofisticada ioga onírica. No século XII, o místico sufi Ibn El-Arabi, um gênio religioso e filosófico conhecido no mundo árabe como "o maior dos mestres", afirmava que "uma pessoa deve ter controle de seus pensamentos num sonho. O treinamento desse estado de alerta (...) trará imensos benefícios ao indivíduo. Todos deveriam esforçar-se para atingir essa capacidade de tão grande valor."[4] Mais recentemente, vários investigadores e mestres espirituais como Sri Aurobindo e Rudolf Steiner também relataram sucessos com os sonhos lúcidos.

Por décadas, os pesquisadores ocidentais consideraram tais relatos uma impossibilidade. Então, por volta de 1970, numa das maiores descobertas da história das pesquisas sobre os sonhos, dois investigadores forneceram provas experimentais dos sonhos lúcidos. Trabalhando independentemente e sendo desconhecidos um do outro, Alan Worsley na Grã Bretanha e Stephen LaBerge na Califórnia aprenderam a sonhar lucidamente. Com monitoração eletrofisiológica de um laboratório de sono, eles davam sinais com movimentos dos olhos de que estavam sonhando *e sabiam disso.* Seus EEGs (eletroencefalogramas) demonstravam os padrões característicos do sono REM (*rapid eye movement* ou movimento rápido dos olhos), que se caracteriza tipicamente pela ocorrência de sonhos, o que representou a comprovação de seus relatos. Pela primeira vez na história, alguém enviava uma mensagem do mundo dos sonhos enquanto sonhava. Desde então, nunca mais a pesquisa sobre os sonhos nem nossa compreensão do processo onírico foram as mesmas. É interessante mencionar que durante certo tempo LaBerge não conseguiu publicar seus relatórios de pesquisa porque os editores simplesmente se recusavam a crer que o sonho lúcido fosse possível.[2]

A partir daí, por meio da sinalização com movimentos dos olhos e aferições eletrofisiológicas, os pesquisadores puderam estudar assuntos como a freqüência e a duração dos sonhos lúcidos, seus efeitos fisiológicos sobre o cérebro e o corpo, as características psicológicas daqueles que os têm, os meios mais confiáveis para sua indução e seu potencial de cura e exploração transpessoal. O sonho lúcido, além disso, vem inspirando pesquisas acerca das implicações filosóficas, práticas e transpessoais tanto dos sonhos quanto da lucidez.

Uma das mais espantosas implicações filosóficas diz respeito à natureza de nosso mundo de vigília. Afinal, se noite após noite nós achamos que nossos mundos e corpos oníricos são coisas objetivas — coisas "reais" que têm existência independentemente de nossas mentes e parecem nos controlar —, talvez façamos o mesmo com nossos mundos e corpos da vigília. Como sabemos que a vigília não é ela também um sonho? Pois, como mostram os budistas do Tibete, "não há nenhuma característica da experiência da vigília que a distinga claramente da do sonho".[5]

Inúmeros filósofos e tradições místicas concordam a esse respeito. O filósofo Schopenhauer disse que o universo é "um grande sonho, sonhado por um único ser, de tal modo que todos os personagens do sonho também sonham".[6] O grande estudioso zen D. T. Suzuki alegou que "já que estamos no sonho, não percebemos que estamos todos sonhando".[7] Da mesma forma, certo ensinamento cristão contemporâneo prega:

> Os sonhos lhe mostram que você tem o poder de criar um mundo como queria que ele fosse e que, por desejá-lo, você o vê. E enquanto o vê, você não duvida de que ele seja real. No entanto, trata-se de um mundo que, apesar de pertencer à sua mente, parece estar fora dela. (...) Você acorda e o sonho se vai. Entretanto, o que você não consegue perceber é que o que provocou o sonho não se vai com ele. Seu desejo de criar um outro mundo que não é real permanece com você. E aquilo para o qual você parece acordar não é outra coisa senão outra forma desse mesmo mundo que em sonhos você vê. E todo o seu tempo é gasto a sonhar. Os sonhos que você tem em seu sono e em sua vigília têm formas diferentes, e só.[8]

Essa perspectiva evidentemente é uma forma de idealismo filosófico, a visão metafísica de que aquilo que tomamos por realidade externa é uma criação da mente. Embora não seja muito difundida em nossos tempos materialistas, essa posição foi adotada por alguns dos maiores filósofos tanto do Oriente quanto do Ocidente. Hegel, por exemplo, alegava que "só o espírito é realidade. Ele é o ser interior do mundo"[9]. O fato de que nenhum filósofo jamais tenha sido capaz de demonstrar a existência de um mundo exterior não é surpresa para os idealistas.[10]

Os que conseguem ter sonhos lúcidos percebem claramente quão convincente, objetivo e concreto um mundo onírico pode parecer e quão dramático o despertar de uma pessoa pode ser. Para o sonhador lúcido, o que parecia ser um mundo inquestionavelmente exterior, objetivo, concreto e independente é visto com toda a clareza como uma criação interior, subjetiva, imaterial e dependente da mente. Alguns começam a questionar suas visões de mundo anteriores, a perguntar-se se o mundo da vigília também não poderia ser um sonho e a concordar com Nietzsche que "inventamos a maior parte da experiência da vida. Somos mais artistas do que imaginamos".[11]

Isso aponta em direção a importantes implicações práticas e filosóficas que dizem respeito ao nosso habitual estado de vigília. Enquanto sonhamos, geralmente presumimos que nosso estado de consciência seja claro e preciso e que estejamos vendo as coisas "como realmente são". Apenas ao acordar ou retomar a lucidez é que subclassificamos nossa consciência onírica anterior e reconhecemos suas distorções. Duas questões se levantam: é possível que nosso habitual estado de consciência da vigília seja igualmente distorcido? Se assim for, existe algum modo de "acordar" e passar a ser lúcidos em nossa vida cotidiana?

Há séculos, as principais tradições religiosas vêm respondendo que "sim", que o nosso estado habitual é distorcido, e que "sim", que podemos despertar. Na verdade, as disciplinas contemplativas instam-nos a reconhecer as limitações de nosso habitual estado de consciência, colocando à nossa disposição certas práticas para despertar dele para o estado sem distorções que se conhece por iluminação.

Isso levanta mais duas questões acerca da lucidez. A primeira: é possível aprimorar a lucidez a ponto de estendê-la ao sono sem sonhos, aos estados de vigília ou a ambos? A segunda: é possível cultivar estados de consciência mais elevados dentro dos sonhos e assim desenvolver o que Charles Tart chama de "sonhos elevados"?

Tanto os relatos individuais quanto as pesquisas recentes dão a entender que a resposta a ambas essas perguntas é "sim". Sábios como Sri Aurobindo e Steiner, como também ocidentais em recolhimento para a aprendizagem da meditação, relataram a capacidade de manutenção de lucidez contínua ao longo de boa parte da noite tanto nos sonhos quanto no sono sem sonhos. Praticantes avançados da MT também relatam essa experiência, sendo que alguns até descrevem a capacidade de "testemunhar" seus próprios sonhos. Com isso, eles querem dizer que nos sonhos — e até no sono sem sonhos — eles permanecem identificados com a consciência pura e, portanto, simplesmente observam as figuras e os dramas em seus sonhos sem se deixar perturbar por eles. Além disso, esse testemunho equânime pode estender-se à vida em vigília. De acordo com a tradição védica da MT, o primeiro estágio da iluminação é atingido quando o testemunho se torna imperturbável e contínuo.

Evidentemente, a ioga e a meditação podem induzir os sonhos lúcidos, e estes podem em si ser usados como meditação. Na verdade, a lucidez parece motivar os sonhadores a fazê-lo espontaneamente. Os praticantes experimentados relatam que mesmo a emoção da repetida realização de desejos afinal se esvai, deixando nos sonhadores a vontade de algo mais profundo e significativo do que a representação de mais uma fantasia sensual. Essas pessoas redescobrem a antiga idéia de que os prazeres sensuais em si jamais levam a uma satisfação duradoura.

Neste ponto, os sonhadores poderão começar a buscar experiências transpessoais e a usar o sonho lúcido como técnica transpessoal. Para tal, eles empregam três estratégias. Primeiro, procuram ativamente uma experiência espiritual dentro do sonho, seja ela um símbolo, um mestre ou uma divindade. Segundo, adotam uma abordagem mais passiva, cedendo o controle do sonho a um "poder mais alto", seja ele um guia íntimo, o Si-mesmo ou Deus.

Na terceira estratégia, eles dão início a uma prática de meditação iogue *enquanto ainda sonham.* A mais sofisticada dessas práticas é de longe a "ioga onírica", praticada pelos budistas do Tibete há mais de 1.200 anos. Segundo o Dalai-Lama, os iogues tibetanos aprendem a cultivar a lucidez primeiramente em seus sonhos e depois durante o sono sem sonhos, tentando permanecer atentos durante as 24 horas do dia.[12] Neste ínterim, enquanto o dia está claro, eles cultivam a consciência de que sua experiência de vigília também é um sonho. O resultado ideal é a consciência contínua, a sensação de que toda experiência é um sonho e, por fim, "a Grande Percepção".

> O passo final leva à Grande Percepção, a de que nada dentro de *Samsara* (existência) é ou pode ser senão irreal como os sonhos. A Criação Universal, com suas inúmeras mansões da existência, desde a mais baixa até o mais elevado paraíso de Buda, e todos os fenômenos que lhe são inerentes, orgânicos e inorgânicos, forma ou matéria, em seus inumeráveis aspectos físicos, como gases, sólidos, calor, frio, radiações, cores, energias, elementos eletrônicos, não são senão o conteúdo do Supremo Sonho. Com o raiar desta Divina Sabedoria, o aspecto microcósmico do Macrocosmo fica inteiramente desperto, a gota de orvalho retorna ao Mar Brilhante, em Júbilo e Unidade *Nirvânica*, Possuidor de Todas as Posses, Conhecedor de Todo o Conhecimento, Criador de Todas as Criações — a Mente, a Realidade em Si.[13]

Os ensaios compilados neste capítulo descrevem os benefícios do sonhar lúcido, as formas de cultivá-lo e os mais distantes limites da lucidez. A psicóloga Judith Malamud esboça os benefícios da lucidez e a possibilidade de chegar a ela durante a vida em estado de vigília. Stephen LaBerge, o pioneiro que comprovou experimentalmente a existência dos sonhos lúcidos, ensina-nos a induzi-los. Jayne Gackenbach e Jane Bosveld exploram os mais distantes limites da lucidez, inclusive a experiência de testemunho tanto no sonho quanto no sono sem sonhos. Sri Aurobindo, um dos maiores intelectuais e gênios religiosos deste século, brinda-nos com um relato pessoal do desenvolvimento da percepção contínua ao longo da noite. Finalmente, Stephen LaBerge faz uma síntese da ioga onírica tibetana e da notável evolução que esta empreende da lucidez à iluminação.

Os sonhos são reais enquanto duram.
Podemos dizer mais da vida?
— Havelock Ellis

Os benefícios do sonho lúcido

Judith Malamud

Uma vez que se apercebem das implicações do fato de que estão sonhando, os sonhadores podem ser capazes de criar sonhos menos tensos e mais gratificantes e até de passar por um processo de crescimento interior enquanto sonham. Diversos pesquisadores afirmam ter conseguido amenizar sonhos desagradáveis e pesadelos recorrentes através da indução da lucidez. É possível programar, nos sonhos, experiências prazerosas e desejos que na vigília não poderiam ser satisfeitos senão com o rompimento de leis e que, de nenhum modo, seriam plenamente gozados.

Em níveis superiores de lucidez, o estado de sonho lúcido consiste numa disposição cognitiva auto-reflexiva e na percepção da liberdade, segurança e isolamento das conseqüências da vida de vigília, aliados a uma vívida experiência perceptiva, acesso a "processos autônomos" e potencial para um forte impacto emocional. Por conseguinte, o estado de sonho lúcido pode ser ideal para fomentar a mudança de personalidade por meio de "experiências emocionais corretivas". Os sonhos lúcidos podem ser apropriados para dessensibilizar fobias e para ensaiar comportamentos mais adequados. Garfield relata que os alunos de um curso intitulado "Sonhar Criativo" aprenderam a aplicar o princípio de "confrontar e vencer o perigo" em seus sonhos. Esses alunos relataram que começaram a ter mais confiança em si mesmos e um comportamento mais positivo também no estado de vigília. Como a lucidez estimula a percepção dos aspectos reflexivos do ambiente onírico, os sonhos lúcidos podem conduzir o sujeito ao diálogo com suas próprias projeções sob a forma de personagens oníricas durante o próprio sonho. Rogo sugere que os pacientes procurem encontrar um "guia onírico" nos sonhos lúcidos. A possibilidade de o treinamento da lucidez ser realmente capaz de provocar mudanças construtivas de personalidade continua aguardando confirmação experimental, a qual, considerando-se o recente avanço das técnicas de indução de lucidez, deve ser agora exeqüível.

A lucidez possibilita o acesso consciente à criatividade que abunda nos sonhos. No sonho lúcido é possível realizar experimentos para avaliar os próprios poderes de imaginação, viver aventuras oníricas ou estudar imagens interessantes para posterior reprodução em trabalho literário ou artístico.

Pesquisas preliminares indicam que o cérebro e, em menor escala, o corpo, são afetados por certos tipos de atividades oníricas quase como o seriam pelas correspondentes atividades realizadas durante a vigília. Pesquisas adicionais podem apontar em direção a indicações médicas. Pergunta-se, por exemplo, se a indução de sonhos lúcidos de teor curativo não poderia ser combinada com técnicas de visualização na vigília para o combate de enfermidades.

A experiência da vigília pode ser enriquecida pelo conhecimento que nos advém do simples fato de podermos *sonhar*; a saber, o conhecimento de que somos co-criadores de um mundo auto-reflexivo que, por sua subjetividade, não é senão uma de muitas realidades alternativas. A consciência de nós mesmos como fonte criativa envolve uma crescente responsabilidade pela nossa própria vida no passado e no presente, bem como a percepção de que temos o poder de gerar experiências futuras. Mesmo que essa responsabilidade seja admitida apenas intelectualmente, ela pode inspirar o sujeito a tentativas deliberadas de "tomar a seu cargo" a própria vida, estimulando-o também a adotar uma atitude indagadora diante de suas motivações inconscientes e dos comportamentos que modelam sua vida.

Aprendendo a sonhar lucidamente

Stephen LaBerge

Na maioria das vezes, aqueles que querem lembrar seus sonhos o conseguem, e os que não o querem, os esquecem. Para muitas pessoas, a simples intenção de lembrar, com um pequeno pensamento dirigido a essa intenção antes de deitar, já é o suficiente. Um meio eficaz de fortalecer essa resolução é manter um diário de sonhos na cabeceira da cama e registrar o que quer que possa lembrar de seus sonhos a cada vez que acordar. À medida que for registrando, você se lembrará de mais sonhos. A leitura de seu diário de sonhos pode trazer-lhe um benefício adicional: quanto mais você se habituar com o que sonha, mais fácil lhe será identificar um sonho enquanto ele ainda está ocorrendo.

Um método infalível para desenvolver a capacidade de lembrar dos sonhos é criar o hábito de perguntar-se toda vez que acordar: "Com que eu estava sonhando?" Esse deve ser o seu primeiro pensamento ao despertar. Você não deve desistir depressa demais se não se lembrar de nada a princípio, mas persistir pacientemente no esforço de rememorar, sem fazer nem pensar em outra coisa.

O desenvolvimento da capacidade de lembrar dos sonhos, como o de qualquer outra, às vezes progride lentamente. É importante não se desencorajar se você a princípio não for bem-sucedido. Praticamente todas as pessoas que persistem acabam progredindo com a prática.

Paul Tholey, psicólogo alemão, descreveu recentemente diversas técnicas para a indução de sonhos lúcidos. Segundo ele, o método mais eficaz para atingir a lucidez é desenvolver uma "atitude crítico-reflexiva" em relação a seu estado de consciência, perguntando a você mesmo se está ou não sonhando acordado. Ele frisa a importância de fazer a pergunta crucial ("Estou sonhando ou não?") tantas vezes quanto possível, pelo menos de cinco a dez vezes por dia, e em todas as situações que parecerem oníricas. Também é favorável fazer essa pergunta na hora de dormir e ao cair no sono. De acordo com Tholey, utilizando essa técnica, a maioria das pessoas terá seu primeiro sonho lúcido dentro de um mês, sendo que algumas o conseguem já na primeira noite.

Criei uma técnica simples para conservar a percepção consciente durante a transição da vigília para o sono. O método é contar em voz baixa ("um, estou sonhando; dois, estou sonhando", e assim por diante) enquanto passa ao sono, mantendo um certo nível de vigilância enquanto o faz. O resultado é que a certa altura — digamos, "quarenta e oito, estou sonhando" — você verá que realmente *está* sonhando!

Um fator importante dos resultados que você provavelmente obterá com a técnica acima é a administração do tempo (*timing*). Em vez de tentar atingir o estado de sonho lúcido no início de seu ciclo de sono, você faria melhor em tentá-lo mais tarde, já de madrugada, principalmente depois de acordar de um sonho.

Existe um outro meio, que para muitos é bem mais fácil, de ficar lúcido num sonho: familiarizar-se com seus sonhos, identificar o que eles têm de onírico e simplesmente *pretender* reconhecer que eles são sonhos enquanto estão acontecendo. Evidentemente, a simples pretensão de reconhecer que se está sonhando é suficiente para aumentar a freqüência de ocorrência de sonhos lúcidos.

O simples fato de ordenar a si mesmo que tenha um sonho lúcido pode ser ao menos um ponto de partida para induzir deliberadamente o sonho lúcido.

Durante os primeiros 18 meses de minha pesquisa, usei a auto-sugestão para a indução de sonhos lúcidos. Gradualmente, a observação de mim mesmo me levou a perceber que um segundo fator psicológico estava envolvido: a intenção de *lembrar* de estar lúcido durante o próximo sonho. Essa nitidez de intenção se fez acompanhar de um aumento imediato no número de meus sonhos lúcidos. Depois que descobri que a memória era a chave para o sonhar lúcido, a prática posterior e o refinamento metodológico permitiram-me atingir meu objetivo: um método confiável pelo qual eu pudesse induzir os sonhos lúcidos.

INDUÇÃO MNEMÔNICA DE SONHOS LÚCIDOS

A "indução mnemônica de sonhos lúcidos" ou IMSL não se baseia em nada de complexo ou esotérico, mas na simples capacidade de lembrar que existem ações que gostaríamos de realizar no futuro.

As palavras que uso para verbalizar a minha intenção são: "Da próxima vez que eu estiver sonhando, quero lembrar de reconhecer que estou sonhando." O "quando" e o "que" da ação pretendida devem ser claramente especificados.

Eu formulo essa intenção imediatamente depois de despertar de um período de REM ou depois de um período de completa vigília, conforme a descrição abaixo. Um ponto importante: para provocar o efeito desejado, é necessário mais do que apenas recitar distraidamente a frase. É preciso que você realmente *pretenda* ter um sonho lúcido. Eis aqui, passo a passo, o procedimento recomendado:

1. Quando acordar espontaneamente de um sonho durante a madrugada, relembre o sonho várias vezes até tê-lo memorizado.
2. Em seguida, ainda deitado e antes de voltar a dormir, diga a si mesmo: "Da próxima vez que estiver sonhando, quero me lembrar de reconhecer que estou sonhando."
3. Visualize-se de volta ao sonho que acabou de ter, só que desta vez reconhecendo que está, de fato, sonhando.
4. Repita as etapas 2 e 3 até sentir que sua intenção está claramente fixada ou até voltar a dormir.

Se tudo der certo, você logo se verá lúcido em outro sonho.

A razão para a especificação da "madrugada" na etapa 1 é que esses sonhos costumam ocorrer quase exclusivamente nas primeiras horas da manhã. Depois que eu aprendi a utilizar a IMSL, passei a ter até 4 sonhos lúcidos por noite e, com efeito, consegui obter a lucidez em todas as noites em que a empreguei. A IMSL aparentemente funciona também para outras pessoas, principalmente as que apresentam alto grau de motivação e excelente capacidade de rememoração de sonhos.

Para além da lucidez: rumo à consciência pura

Jayne Gackenbach e Jane Bosveld

Se é correta a teoria de que o sonhar lúcido é apenas um passo num *continuum* da consciência humana, pelo menos duas questões importantes se seguem: o que vem depois do sonhar lúcido e por que devemos nos incomodar com isso?

A evolução da consciência auto-reflexiva não acaba na lucidez. É possível prosseguir ao longo do *continuum* rumo a um estado de percepção mais tranqüilo e imparcial, que é sentido como não tendo fronteiras. Esse estágio é conhecido como "testemunho".

Para explorar esse *continuum* da lucidez ao testemunho, Gackenbach, juntamente com Robert Cranson e Charles Alexander (MIU), coletaram experiências de sono de cinco grupos de praticantes da MT e quatro grupos de controle. Eles estavam em busca de características que distinguissem o sonho lúcido do testemunho em sonhos e no sono sem sonhos. Os pesquisadores descreveram cada um dos estados da seguinte forma:

- Um sonho lúcido é o sonho em que você pensa ativamente sobre o fato de que está sonhando.
- Um sonho de testemunho é o sonho em que você percebe uma consciência ou vigília íntima, tranqüila e pacífica, completamente dissociada do sonho.
- O testemunho no sono profundo é um sono sem sonhos no qual você vivencia um estado de percepção ou vigília íntima, tranqüila e pacífica.

Eis aqui alguns exemplos dos três estados, conforme descrições feitas por praticantes da MT:

Sonho lúcido: "Enquanto sonho, fico consciente do sonho e de que estou sonhando. Então, começo a manipular o enredo e os personagens para criar qualquer situação que deseje."

Sonho com testemunho: "Às vezes, qualquer que seja o conteúdo do sonho, sinto uma tranqüilidade de percepção que é tirada dele. Há ocasiões em que o sonho me prende, mas a percepção íntima da paz permanece."

Sono profundo com testemunho: "É um sentimento de infinita expansão e felicidade e mais nada. Então me conscientizo de que existo, mas não há uma personalidade individual. Aos poucos, vou me conscientizando de que sou um indivíduo, mas não há detalhes quanto a quem, quando, o que, onde. Por fim, esses detalhes vão se delineando e eu posso despertar."

Os pesquisadores descobriram que os praticantes da meditação relatam a experiência de todos esse três fenômenos com maior freqüência que os membros dos grupos de controle, que não a praticavam. Porém, tanto os praticantes da meditação quanto os não-praticantes relatam mais sonhos lúcidos que testemunhos (com ou sem sonhos), um dado que reforça a teoria de que é mais fácil chegar ao sonhar lúcido, independentemente do treinamento ou das capacidades pessoais do sujeito, podendo essa etapa ser precursora das demais experiências.

A fim de analisar as diferenças entre as três formas de consciência no sono, Gackenbach, Cranson e Alexander recorreram a um grupo altamente avançado de praticantes da meditação e descobriram alguns dados importantes. Um deles é que os sentimentos de separação eram muito mais comuns no sonhar com testemunho que no sonhar lúcido: os sujeitos se sentiam separados ou fora do mundo quando o testemunhavam. Nas palavras de um dos praticantes, "Existo *eu* e existe o *sonho*, duas realidades diversas."

Outra diferença diz respeito a emoções positivas. Embora se relate que os sonhos lúcidos sejam positivos, os testemunhos em sonhos e em sono sem sonhos parecem sê-lo ainda mais. O sentimento nos dois últimos estados lembra a idéia de "êxtase" das religiões orientais e, de fato, o termo "êxtase" foi empregado com freqüência para descrever o estado de testemunho e jamais para descrever a lucidez. Por outro lado, o controle dos sonhos foi muito mais freqüente no sonhar lúcido que nos outros estados. A lucidez, a "vontade" ou capacidade volitiva do ego podem agir sobre desejos e pensamentos, ao passo que na consciência pura o sujeito está satisfeito e não tem desejo de participar do sonho.

Gackenbach e Alexander (junto com outros pesquisadores) projetaram uma experiência a fim de saber se havia diferenças fisiológicas entre os sonhos lúcidos dos sujeitos de LaBerge e um sujeito que supostamente testemunhava seus sonhos. Contataram então um praticante avançado da MT que alegava testemunhar a qualquer momento, inclusive durante o sono.

Conforme se esperava, o indivíduo era capaz de indicar que estava sonhando e, da mesma forma que com outros sonhadores lúcidos, sua freqüência cardíaca e respiratória se elevava em concordância *com os sinais dos movimentos dos olhos*. Porém, ao contrário de outros sonhadores lúcidos, esses indícios de excitação física diminuíam drasticamente após o sinal do movimento dos olhos. Os pesquisadores relataram que "o estado de alerta em repouso da Consciência Transcendental foi apenas momentaneamente interrompido durante a tarefa de sinalização e então rapidamente retornou à condição silenciosa e desperta de baixa excitação". Novamente, este estudo avaliou apenas um sujeito e deve ser repetido com outros praticantes avançados da meditação.

Essas descobertas dão respaldo à idéia de que realmente existe um *continuum* na consciência noturna, do qual a lucidez é a primeira a emergir, seguida do testemunho em sonhos e finalmente do testemunho no sono sem sonhos. Esse *continuum* se encaixa perfeitamente na crença védica de que a consciência pura é a base para o desenvolvimento de estados estáveis e mais elevados de consciência ou iluminação. Alexander explica que "de acordo com o Maharishi, o primeiro estado estável e mais elevado da consciência, chamado 'consciência cósmica', é definido como a manutenção da consciência pura ao longo das 24 horas do dia, na vigília, no sonho e no sono profundo".

Consciência contínua

Sri Aurobindo

O que acontece no sono é que nossa consciência se evade do campo de experiências da vigília; supõe-se que ela esteja em repouso, em suspensão ou inatividade temporária, mas essa é uma visão superficial do assunto. O que está em suspensão são as atividades da vigília; o que está em repouso é a mente superficial e a ação consciente normal da nossa parte corporal. Mas a consciência interior não está suspensa; ela passa a se dedicar a novas atividades interiores, das quais nos lembramos apenas em parte — uma parte que acontece ou se grava em algo dentro de nós, algo que está próximo da superfície.

Na verdade, quando entramos naquilo que chamamos de sono sem sonhos, entramos numa camada mais densa e profunda do subconsciente, um estado demasiado intrincado, imerso ou obscuro, pesado demais para trazer suas estruturas à superfície.

Nele nós sonhamos, mas não conseguimos apreender ou reter na camada de gravação da subconsciência as obscuras figuras dos sonhos.

Se cultivarmos nosso ser interior, vivendo mais para dentro do que a maioria das pessoas, o equilíbrio se altera e uma consciência onírica mais ampla se abre diante de nós; nossos sonhos passam a assumir um caráter subliminar e não mais subconsciente, ganhando realidade e significação.

É possível, inclusive, tornar-se perfeitamente consciente no sono e percorrer partes maiores dos estágios de nossa experiência onírica, ou mesmo percorrê-la do princípio ao fim. Então, ficamos conscientes da nossa passagem de estado a estado de consciência até atingir um breve período de luminoso e pacífico repouso sem sonhos, que é o verdadeiro restaurador das energias do estado de vigília, e do qual retornamos pelo mesmo caminho até a consciência da vigília. É normal, à medida que assim vamos passando de estado a estado, deixar que as experiências anteriores nos escapem; na volta, apenas as mais vívidas ou mais próximas da superfície da vigília são lembradas. Entretanto, isso pode ser remediado: pode-se obter uma maior retenção ou desenvolver o poder de voltar na memória, de sonho em sonho, de estado em estado, até que tudo esteja mais uma vez à nossa frente. É possível chegar a um conhecimento coerente da vida que há no sono e conservá-lo, embora isso seja difícil.

Da lucidez à iluminação: a ioga onírica do Tibete

Stephen LaBerge

Os primeiros passos para atingir o objetivo do iogue onírico que é o Despertar, exigem a proficiência na "compreensão da natureza do estado onírico". Depois que o iogue se torna um sonhador consumado, ele prossegue rumo ao estágio seguinte, "transmutação do conteúdo onírico", no qual o exercício inicial é este: "Se, por exemplo, o sonho for sobre o fogo, pense: 'quem terá medo do fogo que está num sonho?' Preso a esse pensamento, pise sobre o fogo. Da mesma maneira, ponha sob seus pés o que quer sonhar." Depois de desenvolver um controle suficiente sobre suas reações ao conteúdo de seus sonhos lúcidos, o iogue passa a exercícios mais avançados por meio dos quais domina a capacidade de visitar — em seu sonho lúcido — qualquer domínio da existência.

O estágio seguinte da prática se chama "percepção de que o estado ou o conteúdo oníricos são *maya* (ilusão)". Segundo a doutrina budista, todo o universo das formas, ou existência isolada, é uma aparência ilusória ou "sonho". Essa idéia deveria ser-nos familiar, já que todas as experiências são necessariamente representações mentais e, como produtos subjetivos de nossos cérebros, são assim da mesma natureza que os sonhos.

No terceiro estágio, o iogue onírico aprende a transformar o conteúdo do sonho em seu oposto. Desse modo, o sonhador lúcido deve transformar o sonho com fogo num sonho com água; o sonho com coisas pequenas num com coisas grandes; o sonho com uma só coisa num sonho com muitas, e assim por diante. O texto explica que, agindo dessa maneira, o sonhador lúcido compreende a natureza das dimensões e da pluralidade e unidade.

Depois de tornar-se "perfeitamente competente" na arte de transformar o conteúdo dos sonhos, o iogue se volta para seu próprio corpo onírico: ele percebe então que este é tão ilusório quanto qualquer outro elemento de seus sonhos lúcidos. O fato de o sonhador perfeitamente lúcido saber que não é seu corpo onírico tem papel crucial na autotransformação, conforme veremos abaixo.

O quarto e último estágio da ioga onírica é enigmaticamente denominado "meditação sobre a eqüidade (*thatness*) do estado onírico". O texto diz que, por meio da meditação, "as propensões oníricas, das quais surge o quanto é visto em sonhos sob a aparência de divindades, são purificadas". Ironicamente, é por meio dessas "aparências" que o objetivo final é atingido. Naturalmente, o iogue sabe que essas "divindades" são as suas próprias imagens mentais. Com isso em mente, ele é instruído a concentrar-se no estado do sonhar lúcido, com tal atenção nas formas dessas divindades, e a manter a mente livre de quaisquer pensamentos. Na calma imperturbável desse estado mental, diz-se que as formas divinas se "sintonizam com a condição mental do não-pensamento; e daí raia a Clara Luz, cuja essência é o vazio".

Assim, percebe-se que a aparência da forma é "inteiramente submissa à vontade do sujeito quando os poderes mentais foram eficientemente desenvolvidos" através da prática da ioga do sonhar lúcido. Tendo aprendido que "o caráter de qualquer sonho pode ser mudado ou transformado pela vontade de que assim seja", o sonhador lúcido dá "um passo além (...) ele percebe que a forma, no estado onírico, e o múltiplo conteúdo dos sonhos são meras brincadeiras da mente e, portanto, tão instáveis quanto uma miragem". Um processo de generalização "o leva ao conhecimento de que a natureza essencial da forma e de todas as coisas apreendidas pelos sentidos no estado da vigília é tão irreal quanto seus reflexos no estado onírico", já que ambos são estados mentais. Um passo final conduz o iogue à "Grande Percepção" de que nada dentro de sua experiência mental "pode ser senão irreal como os sonhos". À luz disso, "a Criação Universal (...) e todos os fenômenos que esta contém" são vistos como "meros conteúdos do Sonho Supremo".

SEÇÃO QUATRO

OS CATALISADORES DA MENTE: IMPLICAÇÕES DAS DROGAS PSICODÉLICAS

A mente é o seu lugar próprio e pode em si mesma
Fazer do Inferno um Céu e do Céu um Inferno.
— John Milton, *Paradise Lost*

Poucas vezes na história da humanidade uma descoberta provocou tamanha erupção de esperança e de excessos, de amor e de ódio como a das drogas psicodélicas. Na exuberância dos anos 60, elas foram aclamadas como arautos de uma nova era, panacéia psiquiátrica, transformadores sociais, afrodisíacos e pílulas da paz e da iluminação. Ao mesmo tempo, foram veementemente denunciadas como prejudiciais ao cérebro, indutoras de psicoses, destruidoras da vida e obra do demônio. Em resumo, a avaliação cuidadosa dessas drogas foi substituída por uma retórica simplista, inflamada e altamente politizada.[1]

Infelizmente, essa retórica evita as muitas questões difíceis e importantes que essas substâncias levantam sobre nossa cultura e nós mesmos. Tais questões dizem respeito à natureza das experiências que essas drogas provocam, como elas as induzem, até onde vão seus benefícios e riscos, seu potencial terapêutico e de pesquisa, a validade do conhecimento intuitivo que elas proporcionam — enfim, ao que podem nos ensinar acerca da mente humana, do cérebro, suas patologias e seu potencial. Há também questões sociais, como o porquê de essas substâncias darem ensejo a reações emocionais tão intensas, tanto positivas quanto negativas, os muitos paradoxos inerentes às atuais políticas acerca das drogas e o porquê de as várias culturas divergirem tanto no que se refere a determinar quais as drogas consideradas perigosas e quais as úteis.

Ao longo da história, diversos grupos e culturas consideraram sagradas essas substâncias. Recentemente vem se verificando um crescente reconhecimento de seu impacto histórico.[1,2] As drogas psicodélicas aparentemente tiveram e ainda têm papel importante em várias religiões, algumas das quais elas contribuíram para fundar, como as tradições xamânicas, védicas e esotéricas gregas. Na atualidade, essas drogas contribuíram para catalisar os fenômenos da década de 60, cujos efeitos ainda repercutem na cultura do Ocidente.

Embora as drogas psicodélicas tenham exercido imenso impacto na religião, cultura e história, elas não são de fácil definição. Sua estrutura química não é comum, seus efeitos são variados e os mecanismos pelos quais exercem sua espantosa ação são pouco compreendidos. O *Comprehensive Textbook of Psychiatry* declara: "O que distingue esse grupo (...) é sua capacidade comprovada de induzir estados alterados de percepção, pensamento e sentimento que são comumente experimentados, exceto nos sonhos ou em ocasiões de exaltação religiosa.[3]" O LSD é considerado o protótipo, mas muitas outras substâncias com efeitos variados ainda aguardam pesquisa.

A pesquisa sistemática sobre os efeitos das drogas psicodélicas foi refreada quando elas passaram à ilegalidade. Entretanto, ao que parece, essas substâncias podem trazer benefícios e riscos.

Os riscos vão dos agudos aos crônicos. A reação aguda mais comum é a "*bad trip*", um pesadelo aterrador. Os riscos a longo prazo incluem a precipitação de psicopatologias, entre elas a psicose, nos indivíduos que apresentam predisposição. As reações negativas ocorrem quase exclusivamente naqueles que estão mal preparados ou em ambientes desfavoráveis, fazem uso de substâncias impuras ou são portadores de psicopatologias anteriores.[4,5] Com indivíduos selecionados em ambientes clinicamente controlados, tais complicações são raras, sendo que as crises induzidas pela administração de drogas psicodélicas geralmente são tratáveis a contento com a ajuda de um terapeuta adequadamente treinado.[4] Até o presente, não há indícios de danos cerebrais permanentes, mesmo após o uso de LSD por períodos prolongados.[5]

Além desses riscos, as drogas psicodélicas aparentemente podem apresentar potencial terapêutico, criativo e religioso. Embora as conclusões das pesquisas controladas não sejam tão fartas, há estudos de casos que apontam em direção a benefícios terapêuticos significativos quando essas drogas são empregadas sob supervisão profissional. Vários relatórios descrevem resultados dramáticos, surpreendentes e duradouros em pacientes portadores de distúrbios graves que comprovadamente apresentavam resistência a outros tipos de intervenção terapêutica. Além disso, os pacientes terminais que as empregaram encontraram grande conforto nas experiências por elas proporcionadas.[1,4,6]

As drogas psicodélicas também podem abrir os portões do céu e do inferno, produzindo uma assustadora gama de experiências extraordinariamente intensas que aparentemente abarcam as descritas por tradições religiosas diversas. Os que passam por elas sentem-se às vezes transformados ou até mesmo "renascidos", delas emergindo com novas filosofias, visões do mundo e intuições acerca da mente, da religião e da realidade.

Mesmo a limitada pesquisa feita até o momento indica que as drogas psicodélicas podem representar notáveis instrumentos de pesquisa para a compreensão do funcionamento da mente. Apesar de a princípio se haver pensado que elas produzissem psicoses (e daí a razão de haverem sido inicialmente chamadas de alucinógenas ou psicótico-miméticas: imitando a psicose), essa visão é tida agora como incorreta. Ao contrário, essas substâncias parecem funcionar mais como amplificadores gerais de processos mentais que desvendam níveis e estruturas sucessivos do inconsciente.[6] Elas podem, portanto, dar ensejo a uma nova visão sobre a natureza do inconsciente, a psicodinâmica, os arquétipos, a psicopatologia e a experiência religiosa.

Sendo assim, ao que parece, as drogas psicodélicas podem possuir potenciais psicoterapêuticos e religiosos e, portanto, a pesquisa deveria ser incentivada e não refreada. Os ensaios constantes neste capítulo versam sobre algumas das mais importantes questões levantadas por essas substâncias.

Num artigo famoso, Huston Smith pergunta: "As drogas têm importância religiosa?" Suas respostas desafiam a tendência de muitos teólogos para desconsiderar as experiências religiosas induzidas por drogas psicodélicas como falsas ou irrelevantes. Smith sintetiza os cinco principais argumentos propostos até o presente para sustentar que as experiências com drogas não são verdadeiramente religiosas e demonstra o quanto todos eles deixam a desejar.

Ele conclui que as experiências induzidas por drogas e por práticas religiosas às vezes se confundem. Entretanto, ele previne que "as drogas parecem ser capazes de provocar experiências religiosas; não é tão evidente, porém, que elas sejam capazes de produzir vidas religiosas".

Uma das mais famosas experiências com drogas de todos os tempos foi a realizada pelo eminente filósofo e psicólogo norte-americano William James. James utilizou o óxido nitroso e a experiência que teve mudou para sempre a sua opinião sobre a consciência e a filosofia. Em "As variedades da consciência: observações sobre o óxido nitroso", ele relata uma visão da unidade entre os opostos e faz uma penetrante análise acerca dos tipos e da importância dos estados alternativos de consciência.

Os primeiros estudos sobre as drogas psicodélicas concluíram que elas provocavam explosões caóticas de experiências em grande medida incoerentes. No entanto, Stanislav Grof, que provavelmente é a maior autoridade na pesquisa sobre essas substâncias, divisou uma ordem em meio a esse aparente caos, a saber, padrões de experiências que surgiam em seqüências ordenadas e significativas. Após anos de pesquisas meticulosas, ele conseguiu agrupar esses padrões e criar novos mapeamentos do inconsciente humano, do desenvolvimento psicológico e da experiência religiosa.

Em "Os domínios do inconsciente humano", Grof afirma que a seqüência habitual das experiências psicodélicas reflete o desvelamento de camadas e estruturas progressivamente mais profundas do inconsciente. Esse desvelamento começa com as experiências psicodinâmicas freudianas tradicionais, prossegue com o trauma rankiano do nascimento e em seguida com os símbolos arquetípicos junguianos, podendo culminar finalmente em experiências transcendentais similares às descritas pelas grandes religiões. Tais experiências podem resultar numa nova estimativa acerca das tradições religiosas, mesmo por parte de pessoas anteriormente céticas em relação a elas. Essa pesquisa dá a entender que o potencial para chegar a esse tipo de experiência jaz em todos nós em estado de latência.

As experiências mais profundas produziram relatos sobre a consciência, o ser e a bem-aventurança infinitos, a mente universal, Deus ou um vazio inefável anterior a todos os fenômenos e a todas as experiências. Elas apresentam espantosas semelhanças com percepções espirituais profundas descritas em tradições como o Taoísmo, o Sufismo, o Vedanta, a ioga e o misticismo cristão.

Recentemente, Stanislav e Christina Grof descobriram um método, ao qual chamaram terapia holotrópica, de indução de estados alterados e experiências semelhantes às psicodélicas sem o uso drogas. Ele consiste numa combinação entre música, trabalho com o corpo e respiração intensa e prolongada. Estudos de casos indicam que a terapia holotrópica possui significativo potencial transformador e psicoterapêutico. Entretanto, a avaliação final tanto da terapia holotrópica quanto da terapia que emprega drogas psicodélicas ainda aguarda pesquisas cuidadosamente controladas.

As drogas têm importância religiosa?

Huston Smith

De modo geral, os estudiosos de religião parecem estar chegando à conclusão de que as drogas psicodélicas não têm nenhum relação com seu tema de estudos, aceitando tacitamente que *Mysticism Sacred and Profane*, de R. C. Zaehner, tenha "analisado e refutado integralmente" as reivindicações religiosas da mescalina, esboçadas por Aldous Huxley em *The Doors of Perception*. Esse arquivamento de caso me parece prematuro.

1. DROGAS E RELIGIÃO VISTAS HISTORICAMENTE

Em quase todos os lugares, nas suas explorações de vida, feitas sempre pelo método de tentativa e erro, o homem tropeçou em associações entre vegetais (comidos crus, cozidos, bebidos em infusões, fermentados) e ações (exercícios respiratórios iogues, danças dos dervixes, flagelações) que alteram o estado de consciência. Os exemplos mais próximos de nós no tempo e no espaço são o do *peyote* da Igreja Nativa Norte-Americana (Índios) e o dos "cogumelos sagrados" mexicanos, de 2.000 anos de idade. Além desses exemplos vizinhos, há o do *soma* dos hindus; o do *haoma* e o do haxixe dos seguidores de Zoroastro; o do Dioniso dos gregos, que "em toda parte (...) ensinou aos homens a cultura da vinha e os mistérios de sua adoração, sendo em toda parte aceito como um deus"; o do *benzoin* do sudeste da Ásia; o do chá zen, que na quinta xícara purifica e na sexta "convida ao reino dos imortais"; o do *pituri* dos aborígines australianos e provavelmente também o do *kykeon* místico, comido e bebido em meio ao clímax do fechamento do sexto dia dos mistérios eleusinos.[1]

Mais interessante que o fato de os mecanismos para alteração da consciência terem sido ligados à religião é a possibilidade de eles haverem, com efeito, dado início a muitas perspectivas religiosas que, deitando raízes na história, tiveram continuidade após o esquecimento de suas origens psicodélicas. Bergson[2] viu o primeiro movimento dos hindus e gregos rumo a uma "religião dinâmica" como associado ao "arrebatamento divino" atingido através da intoxicação com infusões. Mais recentemente, Robert Graves, Gordon Wasson e Alan Watts aventaram a hipótese de que a maioria das religiões surgiu dessas teofanias quimicamente induzidas. Essa é uma hipótese importante — uma hipótese que sem dúvida atrairá a atenção dos historiadores da religião ainda por muito tempo.

2. DROGAS E RELIGIÃO VISTAS FENOMENOLOGICAMENTE

A fenomenologia visa a uma descrição minuciosa da experiência humana. A questão levantada pelas drogas para a fenomenologia da religião, portanto, é se as experiências que elas provocam diferem das experiências religiosas atingidas naturalmente e, em caso afirmativo, em que consiste essa diferença.

Existem, evidentemente, inúmeras experiências com drogas que não têm nenhuma característica religiosa; elas podem ser sensoriais com a mesma rapidez com que são espirituais, triviais quanto transformadoras, tão caprichosas quanto sacras. Se há um ponto no qual todos os estudiosos das drogas concordam, é o de que não existe a experiência com droga *per se*. Toda experiência é um misto de três ingredientes: a droga, a constituição (as características psicológicas do indivíduo) e o contexto (o ambiente físico e social no qual a droga é ingerida). Porém, com a constituição e o contexto adequados, as drogas podem induzir experiências religiosas indiferenciáveis das experiências que acontecem espontaneamente.

Como podemos saber se as experiências vividas por essas pessoas são realmente religiosas? Podemos começar pelo fato de elas assim o afirmarem.

Entretanto, caso se dê preferência a métodos mais rigorosos, eles existem. Na Universidade de Harvard, Walter Pahnke elaborou uma tipologia de experiências religiosas (neste exemplo, de tipo místico apenas) baseada nos casos clássicos de experiências místicas conforme constam em *Mysticism and Philosophy*, de Walter Stace. Nessa ocasião ele ministrou psilocibina a dez alunos e professores de teologia no ambiente dos ofícios religiosos de uma sexta-feira santa. A droga foi dada sem que nem o dr. Pahnke nem os observados soubessem quais os dez que receberiam a psilocibina e quais os dez que receberiam placebos, a fim de constituir um grupo de controle. Subseqüentemente, "os sujeitos que receberam a psilocibina viveram fenômenos indistinguíveis das categorias definidas em nossa tipologia do misticismo, senão a elas idênticos".[3]

Por que, diante de tão consideráveis indícios, Zaehner sustenta que as experiências com drogas não podem ser autenticamente religiosas? Ao que parece, por três razões.

Sua própria experiência foi "absolutamente trivial". Isso, é claro, prova que nem todas as experiências com drogas são religiosas, mas não que nenhuma experiência com droga o possa ser.

Ele acha que as experiências de terceiros, que a estes parecem ser religiosas, na verdade não o são. Zaehner identifica três tipos de misticismo: o misticismo natural, no qual a alma entra em união com o mundo natural; o misticismo monista, no qual a alma se funde com um absoluto impessoal; e o teísmo, no qual a alma confronta o Deus vivo, pessoal. Ele admite que as drogas podem induzir as duas primeiras espécies de misticismo, mas não a instância suprema, a teísta. Como prova, ele analisa a experiência descrita por Huxley em *The Doors of Perception* a fim de demonstrar que ela produziu, na melhor das hipóteses, uma mistura de misticismo natural e monista. Mesmo que aceitássemos a tipologia mística de Zaehner, o caso de Huxley e, na verdade, todo o livro de Zaehner, provariam apenas que nem toda experiência mística induzida por drogas é teísta. Na medida em que Zaehner vai além disso para afirmar que as drogas não induzem nem podem induzir o misticismo teísta, ele não só vai além das evidências como as nega.

Há uma terceira razão que leva Zaehner a duvidar que as drogas possam induzir experiências místicas autênticas. Zaehner é católico romano, e a doutrina católica romana prega que o arrebatamento místico é uma graça divina e como tal não pode jamais estar sujeito ao controle do homem. Isso pode ser verdade; certamente os dados empíricos citados não excluem a possibilidade de uma genuína diferença ontológica ou teológica entre as experiências religiosas naturais e as induzidas por drogas. Entretanto, aqui nós estamos considerando a fenomenologia e não a ontologia, a descrição e não a interpretação, e neste nível não há diferenças. Descritivamente, as experiências com drogas não podem ser diferenciadas de sua contrapartida natural. Quando perguntaram à maior autoridade filosófica atual sobre o misticismo, W. T. Stace, se a experiência com drogas é semelhante à experiência mística, sua resposta foi: "Não se trata de ser semelhante à experiência mística; ela *é* experiência mística."

3. DROGAS E RELIGIÃO VISTAS "RELIGIOSAMENTE"

Suponha-se que as drogas possam induzir experiências idênticas às experiências religiosas e que os relatos dessas experiências possam ser respeitados. Isso lançaria alguma luz, não sobre a vida de modo geral, mas sobre a natureza da vida religiosa?

Em primeiro lugar, as experiências com drogas podem ajudar-nos a conhecer o lugar da experiência religiosa no contexto da vida religiosa como um todo. As drogas parecem ser capazes de provocar experiências religiosas, mas aparentemente não são tão eficazes para produzir uma vida religiosa.

Se as substâncias químicas podem ser *acessórios* úteis à fé é outra questão. A Igreja Nativa Americana, que faz uso do *peyote*, parece indicar que sim. Os antropólogos fazem relatos favoráveis dessa igreja, entre outras coisas, que seus membros resistem melhor ao álcool e ao alcoolismo que os não-membros. A conclusão para a qual os dados agora apontam seria a de que as substâncias químicas podem auxiliar a vida religiosa, mas apenas quando administradas num contexto de fé (isto é, com a convicção de que o que delas provier deve ser aceito como verdadeiro) e de disciplina (isto é, o exercício diligente da vontade para pôr em prática na vida cotidiana aquilo que foi revelado).

As variedades da consciência: observações sobre o óxido nitroso

William James

O éter e, principalmente, o óxido nitroso, quando suficientemente diluídos no ar, estimulam a consciência mística num grau extraordinário. Abismos após abismos de verdade parecem desdobrar-se diante daquele que os inala. Entretanto, essa verdade se esvai ou se evade no momento mesmo em que nasce; e se alguma palavra por acaso permanece, dando a impressão de revestir a verdade, será uma palavra sem sentido algum. Todavia, persiste a sensação de que um profundo significado foi atingido; e eu sei de mais de uma pessoa que está convicta de ter, no transe do óxido nitroso, uma autêntica revelação metafísica.

Alguns anos atrás, fiz eu mesmo algumas observações a respeito da intoxicação por óxido nitroso, relatando-as por escrito. Uma conclusão se impôs a mim naquela época, e minha impressão de sua verdade desde então tem permanecido inalterável. É ela a de que nossa consciência normal da vigília, ou consciência racional, como a chamamos, não é senão um tipo especial de consciência, à cuja volta, separadas dela pela mais tênue das membranas, existem formas potenciais de consciência inteiramente diferentes. Podemos viver toda a vida sem suspeitar da existência delas; porém, é só aplicar o estímulo necessário e num piscar de olhos lá estão elas em toda a sua plenitude, tipos definidos de mentalidade que provavelmente em algum lugar encontram seu campo de aplicação e adaptação. Não há modelo do universo em sua totalidade que possa ser definitivo se não levar em consideração essas outras formas de consciência. O problema é como encará-las, já que elas são tão diferentes da consciência comum. No entanto, elas podem encorajar atitudes, embora não possam fornecer fórmulas, e podem abrir toda uma região, embora não possam fornecer-lhe o mapa. De qualquer modo, elas proíbem um fechamento prematuro de nossas contas com a realidade. Voltando os olhos para minhas próprias experiências, vejo que todas elas convergem para um tipo de visão à qual não posso deixar de atribuir alguma significação metafísica. Sua tônica é invariavelmente uma reconciliação. É como se os opostos do mundo, de cuja contrariedade e conflito nascem todas as nossas dificuldades e problemas, se dissolvessem em unidade. Descobre-se que esses opostos, enquanto espécies contrastantes, pertencem a um único gênero, mas *uma das espécies*, a melhor e a mais nobre, *é ela mesma o gênero, e assim embebe e absorve seu oposto em si mesma.* Esse é um dizer obscuro, eu sei, quando expresso em termos da lógica comum, mas eu não consigo fugir totalmente à sua autoridade. Sinto que ele deve representar alguma coisa, alguma coisa como o que a filosofia de Hegel representa, se apenas fosse possível apreendê-lo com mais clareza. Os que tiverem ouvidos para escutar, que escutem; para mim, o sentido vivo dessa realidade só vem à tona no místico estado mental artificial.

Os domínios do inconsciente humano: observações acerca da pesquisa com o LSD

Stanislav Grof

UMA NOVA ESTRUTURA TEÓRICA

Os conceitos aqui apresentados baseiam-se em minha própria pesquisa clínica sobre o LSD ao longo de um período de 17 anos. Minha compreensão do LSD e meus conceitos acerca de como ele deve ser usado terapeuticamente sofreram profundas mudanças durante esses anos de experiências clínicas.

Os primeiros anos da pesquisa com o LSD caracterizam-se pela abordagem chamada de "psicose modelo". A descoberta acidental do LSD e as primeiras pesquisas sobre seus efeitos demonstraram que quantidades incrivelmente diminutas dessa substância poderiam provocar mudanças drásticas e profundas no funcionamento mental do indivíduo. Muitos pesquisadores acharam naquela época que o LSD poderia mimetizar os sintomas da esquizofrenia e pensaram que o estudo da substância seria uma chave para a compreensão dessa enfermidade, considerada basicamente uma anomalia bioquímica. Entretanto, não conseguimos demostrar nenhum paralelo significativo entre a fenomenologia dos estados induzidos por essas drogas e a sintomatologia da esquizofrenia. Ao abandonar na teoria e na prática a abordagem da "psicose modelo", tive cada vez mais dificuldade para partilhar a opinião dos críticos que viam o estado induzido por LSD como uma simples reação inespecífica do cérebro a uma substância química nociva, ou "psicose tóxica".

O aspecto mais surpreendente e desconcertante das sessões de LSD que observei nos primeiros anos de pesquisa foi a mesma variabilidade verificada entre os sujeitos. Assim, me apercebi cada vez mais de que muitos dos fenômenos provocados pelo LSD pareciam ter um interessante significado psicodinâmico, podendo ser compreendidos em termos psicológicos.

As análises indicaram claramente que a reação ao LSD é altamente específica em relação à personalidade do sujeito. Em vez de causar uma "psicose tóxica" inespecífica, o LSD aparentemente era um poderoso catalisador dos processos mentais, ativando material inconsciente de vários níveis profundos da personalidade. Muitos fenômenos dessas sessões podiam ser entendidos em termos psicológicos e psicodinâmicos; sua estrutura era semelhante à dos sonhos. Durante esse detalhado estudo analítico, logo ficou evidente que o LSD poderia se tornar um instrumento inestimável para o diagnóstico profundo da personalidade.

Atualmente, considero o LSD um poderoso amplificador ou catalisador inespecífico de processos bioquímicos e fisiológicos do cérebro. Ele aparentemente cria uma situação de ativação indiferenciada que facilita a emergência de material inconsciente de diferentes níveis de personalidade.

Para fins de trabalho, podemos delinear quatro níveis ou tipos principais de experiências com LSD e as correspondentes áreas do inconsciente humano: (a) experiências estéticas e abstratas, (b) experiências psicodinâmicas, (c) experiências perinatais e (d) experiências transpessoais.

EXPERIÊNCIAS ESTÉTICAS

As experiências estéticas representam, ao que tudo indica, o nível mais superficial da experiência com o LSD. Elas não revelam o inconsciente do sujeito nem são importantes do ponto de vista psicodinâmico. Em termos fisiológicos, os aspectos mais importantes dessas experiências são resultado da estimulação química dos órgãos sensoriais, refletindo sua estrutura interna e características funcionais.

O exemplo abaixo, de um psiquiatra participante do programa de treinamento de LSD, pode ser citado como ilustração:

> "Vi-me profundamente enredado num turbilhão abstrato de formas geométricas e de cores exuberantes, mais vivas e brilhantes do que tudo o que eu vira na vida. Fiquei fascinado e hipnotizado por esse incrível *show* caleidoscópico."

EXPERIÊNCIAS PSICODINÂMICAS

As experiências que se enquadram nesta categoria são originárias do domínio do inconsciente individual e das áreas da personalidade acessíveis nos estados habituais de consciência. Elas se relacionam com lembranças importantes, problemas emocionais, conflitos não-resolvidos e material reprimido de vários períodos da vida do indivíduo. A maioria dos fenômenos que ocorrem neste nível pode ser compreendida e interpretada em termos psicodinâmicos.

As experiências psicodinâmicas menos complicadas têm a forma de verdadeiras revivescências de eventos de grande importância emocional e de lembranças traumáticas ou excepcionalmente agradáveis da infância ou de outros períodos da vida. Os fenômenos mais complicados deste grupo representam a concretização pictórica de fantasias, a dramatização de devaneios, lembranças pouco nítidas e misturas complexas de fantasia e realidade. Além disso, o nível psicodinâmico inclui um grande número de experiências que contêm importante material inconsciente, o qual se revela sob a forma crítica de um disfarce simbólico, distorções defensivas e alusões metafóricas.

As experiências psicodinâmicas são particularmente comuns entre indivíduos que têm consideráveis problemas emocionais. Elas são bem menos importantes nas sessões com pessoas emocionalmente estáveis ou que tiveram uma infância relativamente tranqüila.

A fenomenologia das experiências psicodinâmicas nas sessões de LSD concorda em grande parte com os conceitos básicos da psicanálise clássica. Se as sessões psicodinâmicas fossem o único tipo de experiência com LSD, as observações provenientes da psicoterapia com a substância poderiam ser consideradas a prova de laboratório das principais premissas freudianas. A dinâmica psicossexual e os conflitos fundamentais da psique humana, conforme descritos por Freud, manifestam-se com invulgar nitidez mesmo nas sessões de indivíduos ingênuos que jamais fizeram análise, não têm conhecimento específico da literatura psicanalítica nem foram expostos a outras formas de doutrinação implícita ou explícita. Sob a influência do LSD, esses indivíduos regridem à infância e até à primeira infância, revivendo vários traumas psicossexuais e sensações complexas referentes à sexualidade infantil, além de conflitos acerca de atividades em várias zonas libidinais. Eles têm de enfrentar e trabalhar alguns dos problemas psicológicos básicos descritos na psicanálise, como os complexos de Édipo e Eletra, a ansiedade da castração e a inveja do pênis.

Apesar da congruência e dessa abrangente correspondência, os conceitos freudianos não explicam alguns dos fenômenos relativos às sessões psicodinâmicas com o LSD. Para uma compreensão mais completa dessas sessões e de suas conseqüências para a condição clínica do paciente, bem como da estrutura da personalidade, deve-se introduzir um novo princípio no pensamento psicanalítico. Os fenômenos provocados nesse nível pelo LSD podem ser entendidos e às vezes previstos se pensarmos em termos de constatações específicas de memória, que chamo de "sistemas de experiência condensada" ou SECs.

Sistemas de experiência condensada (SECs)

Um SEC pode ser definido como uma constelação específica de lembranças que consistem em experiências condensadas (e fantasias associadas) de diferentes períodos da vida do indivíduo. As lembranças que pertencem a um determinado SEC têm um mesmo tema básico ou contêm elementos similares, estando associadas com uma forte carga emocional do mesmo teor. As camadas mais profundas deste sistema são representadas por lembranças ricas e vívidas de experiências da infância. As camadas mais superficiais envolvem lembranças de experiências similares de períodos posteriores à infância, até a presente situação de vida. Cada SEC tem um tema básico que permeia todas as suas camadas e representa seu denominador comum, sendo que a natureza desses temas pode variar bastante de uma constelação de ECs para outra. Várias camadas de um determinado sistema podem conter, por exemplo, todas as lembranças das exposições que o indivíduo já sofreu a situações humilhantes ou degradantes, resultando em prejuízos à sua auto-estima. A experiência da privação e rejeição emocional em vários períodos do desenvolvimento de um sujeito é outro motivo comum em muitas constelações de ECs. Igualmente freqüentes são os temas básicos que apresentam o sexo como perigoso ou repugnante, como também os que envolvem agressividade e violência. Particularmente importantes são os SECs que condensam as situações em que o indivíduo correu risco de vida ou de saúde, ameaçando sua integridade corporal. A carga emocional excessiva que se atrela aos SECs (como atestam as quase sempre violentas catástrofes que acompanham o desenrolar desses sistemas nas sessões de LSD) parece ser um somatório das emoções pertencentes a todas as lembranças que fazem parte de um determinado tipo.

Cada um dos SECs tem relações estabelecidas com certos mecanismos de defesa, vinculando-se a sintomas clínicos específicos. As inter-relações entre as partes e aspectos individuais dos SECs concordam, na maioria dos casos, com o pensamento freudiano. O novo elemento, do ponto de vista teórico, é o conceito de sistema dinâmico organizado que integra os componentes numa unidade funcional diferenciada. Em geral, a estrutura da personalidade contém um grande número de SECs. O caráter, o número total, a extensão e a intensidade deles varia consideravelmente de indivíduo para indivíduo.

De acordo com a qualidade básica da carga emocional, podemos distinguir entre SEcs *negativos* (que condensam experiências emocionalmente desagradáveis) e SECs *positivos* (que condensam experiência emocionalmente agradáveis e aspectos positivos da vida pregressa do indivíduo). Embora haja algumas interdependências e sobreposições, os SECs distintos podem funcionar de modo relativamente autônomo. Numa interação complexa com o ambiente, eles influem seletivamente sobre a percepção que o sujeito tem de si mesmo e do mundo, seus sentimentos e ideação e mesmo sobre muitos processos somáticos.

A revivescência de experiências constitutivas de diferentes níveis do SEC é um dos fenômenos mais freqüentes e constantemente observáveis na psicoterapia com LSD de pacientes psiquiátricos. Esse reviver é bastante realista, vívido e complexo, caracterizando-se por várias indicações convincentes de regressão do sujeito à idade em que originalmente viveu o evento em questão.

A lista de experiências traumáticas características que ocorrem como elementos centrais de SECs negativos cobre uma ampla gama de situações que interferem com a segurança e satisfação da criança. As experiências centrais mais antigas relacionam-se com a primeira fase da infância, o período do aleitamento. É muito freqüente o reviver de frustrações orais decorrentes de um horário rígido de aleitamento, falta de leite, tensão, ansiedade, nervosismo e falta de amor por parte da mãe ou sua inabilidade em promover uma atmosfera de calor, paz e proteção emocionais. Também são freqüentes outras experiências traumáticas da primeira infância.

O reviver de experiências infantis traumáticas é muitas vezes seguido de amplas mudanças na sintomatologia clínica, nos padrões de comportamento, valores e atitudes. O forte efeito transformador da revivescência e integração dessas lembranças aponta para a existência de um princípio dinâmico mais genérico.

A parte mais importante do SEC é, ao que tudo indica, a experiência central. Ela foi a primeira experiência de um determinado tipo que foi registrada pelo cérebro, deitando as fundações para a construção de um SEC específico. A experiência central, por conseguinte, representa um protótipo, um padrão matricial para o registro de eventos subseqüentes de tipo semelhante nos bancos da memória. Não é fácil explicar por que certos tipos de evento têm tamanho efeito traumático sobre a criança, a ponto de influenciar seu desenvolvimento por muitos anos e até décadas. Para compreender esse fato, os psicanalistas muitas vezes fizeram apelo a fatores constitutivos e hereditários de natureza desconhecida. A pesquisa com o LSD indica que essa sensibilidade específica pode ter importantes determinantes em camadas mais profundas do inconsciente, em matrizes dinâmicas funcionais que são de natureza inata e transpessoal.

Outro elemento importante pode ser a semelhança dinâmica entre um determinado incidente traumático da infância e uma certa faceta do trauma do nascimento (ou traumatismo perinatal). Neste caso, o impacto traumático de uma situação posterior seria na verdade devido à reativação de um determinado aspecto de memória psicobiológica do nascimento.

Todavia, independentemente do tempo e do número de sessões exigidos, cedo ou tarde os elementos do inconsciente individual tendem a desaparecer da experiência com LSD, permitindo a cada indivíduo penetrar no domínio dos fenômenos perinatais e transpessoais.

EXPERIÊNCIAS PERINATAIS

As características fundamentais das experiências perinatais são os problemas do nascimento biológico, angústia e sofrimento físico, envelhecimento, enfermidades e decrepitude, a morte e o morrer. Inevitavelmente, o alarmante encontro com tais aspectos críticos da existência humana e a percepção profunda da provisoriedade e da fragilidade do homem enquanto criatura biológica são acompanhados de uma angustiosa crise existencial. Através dessas experiências, o indivíduo se apercebe de que, independentemente do que faça na vida, não pode fugir do inescapável: ele terá de deixar este mundo despojado de tudo o que acumulou e atingiu e de tudo a que possa ter apego emocional. A semelhança entre o nascimento e a morte — a chocante descoberta de que o início da vida é o mesmo que seu fim — é a principal questão filosófica ligada às experiências perinatais. A outra conseqüência importante do assustador encontro físico e emocional com o fenômeno da morte é a abertura de áreas da experiência espiritual e religiosa que parecem ser intrínsecas à personalidade humana e independentes do passado e da programação cultural e religiosa do indivíduo. De acordo com minha experiência, todos os que atingiram esses níveis desenvolvem visão e percepção convincentes da suprema importância que possuem as dimensões religiosas e espirituais no esquema universal das coisas. Mesmo os mais consumados materialistas, cientistas de orientação positivista, céticos, ateus irredutíveis e cruzados da anti-religiosidade, como os filósofos marxistas, de repente passaram a se interessar pela busca espiritual depois de terem tomado contato com esses níveis em si mesmos.

De uma forma que ainda não está muito clara no estado atual das pesquisas, as experiências acima parecem relacionar-se com as circunstâncias do nascimento biológico. Os sujeitos do programa de LSD costumam referir-se a elas de modo bem explícito como o reviver do trauma de seu próprio nascimento. Aqueles que não fazem essa associação e concebem seu encontro com a morte e a experiência de morte/renascimento dentro de uma estrutura puramente filosófica e espiritual, apresentam com certa regularidade o conjunto de sintomas físicos descrito anteriormente, o qual pode ser interpretado como um derivado do nascimento biológico. Além disso, eles adotam posturas complexas e se movimentam em seqüências que apresentam espantosa semelhança com os movimentos de um bebê durante as várias fases do parto. Para completar, esses sujeitos costumam relatar visões de embriões, fetos e crianças recém-nascidas e sentimentos de identificação com eles. Igualmente comuns são vários comportamentos e sentimentos genuinamente neonatais, bem como visões de órgãos genitais e seios femininos.

Graças a essas observações e a outras evidências clínicas, denominei os fenômenos acima descritos como *experiências perinatais*. Ainda não se pode provar a existência de um nexo causal entre o nascimento biológico real e as matrizes inconscientes dessas experiências; entretanto, parece adequado chamar esse nível do inconsciente de rankiano: com algumas modificações, a estrutura conceitual elaborada por Otto Rank é útil para a compreensão dos fenômenos em questão.[1]

As experiências perinatais constituem uma manifestação de um nível profundo do inconsciente que se situa claramente além do alcance das técnicas freudianas clássicas. Os fenômenos pertencentes a esta categoria não foram nem descritos na literatura psicanalítica nem levados em consideração nas especulações teóricas dos analistas freudianos. Além disso, a análise freudiana clássica não permite a explicação de tais experiências nem oferece uma estrutura conceitual adequada à sua interpretação.

As experiências perinatais representam uma interseção muito importante entre a psicologia individual e a psicologia transpessoal ou, no que diz respeito ao assunto, entre psicologia e psicopatologia, de um lado, e religião, do outro. Se as consideramos como relacionadas com o nascimento individual, elas parecem fazer parte da estrutura da psicologia individual. Contudo, alguns outros aspectos lhes dão um sabor definitivamente transpessoal. A intensidade dessas experiências transcende tudo aquilo que normalmente se pensa ser o limite experiencial do indivíduo. Muitas vezes elas se fazem acompanhar de uma identificação com outras pessoas ou com o sofrimento e a luta da humanidade. Além disso, outros tipos de experiências claramente transpessoais, como as lembranças evolucionárias, elementos do inconsciente coletivo e certos arquétipos junguianos, com freqüência formam parte integrante das matrizes perinatais.

Os elementos do conteúdo rico e complexo das sessões de LSD que refletem este nível do inconsciente surgem aparentemente em quatro conjuntos, matrizes ou padrões experienciais típicos. Na tentativa de formular uma conceitualização simples, lógica e natural desse fato, fui surpreendido pelos profundos paralelos existentes entre esses padrões e os estágios clínicos do parto. O estabelecimento de relações entre as quatro categorias de fenômenos acima e os estágios consecutivos do processo do nascimento biológico e das experiências da criança no período perinatal demonstrou ser um princípio muito útil tanto para as considerações teóricas quanto para a prática da psicoterapia com o LSD. Por conseguinte, para fins de concisão, eu normalmente me refiro às quatro principais matrizes experienciais do nível rankiano como *Matrizes Perinatais Básicas (MPB I-IV)*. Deve-se frisar mais uma vez que elas devem ser vistas, diante da atual situação do conhecimento acerca do assunto, apenas como um modelo bastante útil, o que não implica necessariamente um nexo causal.

As Matrizes Perinatais Básicas são sistemas de regulação dinâmica hipotéticos que possuem uma função no nível rankiano do inconsciente semelhante à função que têm os SECs no nível psicodinâmico freudiano. Elas possuem um conteúdo específico próprio, a saber, os fenômenos perinatais. Tais fenômenos apresentam duas facetas ou componentes importantes: os biológicos e os espirituais. O aspecto biológico das experiências perinatais consiste em experiências concretas e bem realistas que se relacionam com os estágios do parto biológico.

Cada estágio do nascimento biológico possui aparentemente uma contrapartida espiritual específica: para a imperturbável existência intra-uterina, ela é a experiência da unidade cósmica; o princípio do trabalho de parto tem paralelo em sentimentos de engolfamento universal; o primeiro estágio clínico do parto, as contrações num sistema uterino fechado, corresponde à experiência da "ausência de saídas" ou inferno; a propulsão ao longo do canal do nascimento no segundo estágio clínico do parto encontra uma analogia na luta entre morte e renascimento; e o equivalente metafísico do término do processo de nascimento e dos eventos do terceiro estágio clínico do parto é a experiência da morte e do renascimento do ego. Além desse conteúdo específico, as matrizes perinatais básicas funcionam ainda como princípios organizadores para o material de outros níveis do inconsciente, a saber, para os SECs e para certos tipos de experiências transpessoais que ocasionalmente ocorrem ao mesmo tempo que os fenômenos perinatais.

O profundo paralelo entre as atividades fisiológicas nos estágios consecutivos do parto biológico e o padrão das atividades em várias zonas erógenas (principalmente o padrão verificado no orgasmo genital) parece ter grande importância teórica. Ele faz com que a psicogênese das desordens emocionais possa ser buscada, não na sexualidade, mas nas matrizes perinatais, sem negar nem anular a validade de muitos dos princípios freudianos básicos. Mesmo dentro de uma estrutura tão abrangente, as observações e conceitos psicanalíticos continuam úteis à compreensão de ocorrências no nível psicodinâmico e suas inter-relações.

EXPERIÊNCIAS TRANSPESSOAIS NAS SESSÕES DE LSD

As experiências transpessoais muito raramente ocorrem nas primeiras sessões da terapia psicolítica. Elas ficam bastante comuns nas sessões avançadas, depois que o sujeito elabora e integra o material dos níveis psicodinâmico e perinatal. Após a experiência final de morte e renascimento do ego, os elementos transpessoais predominam em todas as subseqüentes sessões de LSD do indivíduo.

O denominador comum para esse rico e ramificado grupo de fenômenos é o sentimento que tem o indivíduo de que a consciência se expandiu para além das fronteiras normais do ego e das limitações de tempo e espaço.

Experiências embrionárias e fetais

Episódios concretos, vívidos, que parecem ser lembranças de eventos específicos do desenvolvimento intra-uterino de um indivíduo, são bastante comuns.

Como no caso da revivescência de lembranças da infância e do nascimento, a autenticidade dos eventos intra-uterinos resgatados é uma questão que permanece em aberto. Portanto, parece mais adequado referir-se a eles como experiências, em vez de memórias. Contudo, foi possível em várias ocasiões obter confirmações surpreendentes através de perguntas feitas às mães ou a outras pessoas envolvidas.

Um pesquisador que estude os fenômenos transpessoais que ocorrem nas sessões de LSD deve estar preparado para muitas observações e coincidências desconcertantes, que podem colocar seriamente à prova as convicções científicas existentes e instigar dúvidas acerca da validade de algumas premissas amplamente aceitas e utilizadas.

Seqüências mitológicas complexas e experiências arquetípicas

Um importante grupo de experiências transpessoais nas sessões de LSD são fenômenos para os quais Jung utilizou as expressões "imagens primordiais", "dominantes do inconsciente coletivo" ou "arquétipos".

Em alguns dos arquétipos mais universais, o sujeito se identifica com os papéis da Mãe, Pai, Filho(a), Mulher, Homem ou Amante. Muitos dos papéis universalizados são tidos como sagrados, como exemplificam os arquétipos da Grande Mãe, da Mãe Terrível, da Mãe Terra, da Mãe Natureza, do Grande Hermafrodita e do Homem Cósmico. Os arquétipos que representam certos aspectos da personalidade do sujeito, como a Sombra, Animus e Anima ou Persona, também são bastante comuns nas sessões de LSD mais avançadas.

Com alguma freqüência, indivíduos de pouca cultura relatam histórias que lembram bastante antigos temas mitológicos da Mesopotâmia, da Índia, do Egito, da América Central e de outros países do mundo. Essas observações têm paralelo nas descrições feitas por C. G. Jung acerca do aparecimento de temas relativamente desconhecidos mas distintamente arquetípicos nos sonhos de crianças e de pacientes sem sofisticação cultural, bem como na sintomatologia manifesta de certos esquizofrênicos.

Já dissemos algures que alguns sujeitos adquirem uma compreensão íntima de sistemas inteiros de pensamento esotérico em decorrência das sessões de LSD. Assim, indivíduos que não têm familiaridade com a Cabala tiveram acesso a experiências descritas no Zohar e no Sepher Yetzirah, demonstrando uma surpreendente familiaridade com os símbolos cabalísticos. Essa compreensão nova foi igualmente observada no que se refere a várias outras formas antigas de adivinhação, como o I Ching e o Tarô.

Ativação dos chakras e estimulação da força da serpente (Kundalini)

Muitas experiências nas sessões transpessoais com LSD apresentam uma espantosa semelhança com fenômenos descritos por várias linhas de ioga Kundalini como sinais da ativação e abertura de chakras individuais. Esse paralelo não existe apenas em relação às experiências de natureza positiva; a fenomenologia e as conseqüências das sessões de LSD que forem mal conduzidas ou mal integradas são muito semelhantes às complicações verificadas no curso das práticas Kundalini realizadas amadoristicamente e sem supervisão adequada. Em geral, o sistema de ckakras fornece mapas bastante úteis da consciência, os quais são de muito auxílio na compreensão e na conceitualização de muitas experiências incomuns das sessões com LSD.

De todos os sistemas de ioga, a ioga Kundalini apresenta o maior grau de semelhança com a psicoterapia do LSD. Ambas as técnicas agem como mediadoras de uma imensa e instantânea descarga de energia, produzem experiências dramáticas e profundas e podem ocasionar resultados impressionantes num período relativamente curto. Por outro lado, elas envolvem grandes riscos e podem ser muito perigosas se não forem praticadas sob cuidadosa supervisão e orientação responsável.

A consciência da Mente Universal

Esta é uma das experiências mais completas e profundas observadas nas sessões de LSD. Identificando-se com a consciência da Mente Universal, o indivíduo sente que abarcou experiencialmente a totalidade da existência. Ele sente que atingiu a realidade subjacente a todas as realidades e se defronta com o princípio final e supremo que representa o Ser. As ilusões da matéria, tempo, espaço, bem como um número infinito de outras realidades subjetivas, são completamente transcendidas e finalmente reduzidas a esse modo único de consciência que é sua fonte e denominador comum. Essa experiência não tem fronteiras, é insondável e inefável; ela é a própria existência. A comunicação verbal e a estrutura simbólica da nossa linguagem cotidiana apresentam-se então como um meio ridículo e inadequado para apreender e transmitir sua natureza e qualidade. A experiência do mundo empírico e aquilo que chamamos de estados habituais de consciência aparecem nesse contexto como aspectos demasiado limitados, idiossincráticos e parciais da consciência generalizada da Mente Universal.

Ao discutir experiências desse tipo, os sujeitos geralmente comentam que a linguagem poética, apesar de ainda muito imperfeita, é aparentemente um instrumento mais adequado para esse fim. A partir daí, torna-se mais compreensível o fato de tantos profetas, visionários e mestres religiosos haverem recorrido à poesia, parábola e metáfora a fim de partilhar suas visões transcendentais.

A experiência de consciência da Mente Universal está estreitamente relacionada com a experiência da unidade cósmica, mas elas não são idênticas. Suas decorrências comuns mais importantes são percepções intuitivas do processo de criação do mundo empírico como o conhecemos e do conceito budista da roda da morte e do renascimento. Essas percepções podem levar o indivíduo a um sentimento temporário ou permanente de haver atingido uma compreensão global, não-racional e transracional dos problemas ontológicos e cosmológicos básicos que envolvem a existência.

O vazio supracósmico e metacósmico

O último e mais paradoxal dos fenômenos transpessoais a discutir neste contexto é a experiência do Vazio supracósmico e metacósmico, a experiência do vácuo, do nada e do silêncio primordial, que representa a fonte e o berço de toda a existência, o "Supremo inefável e não-criado". Os termos *supra* e *metacósmico*, usados por pessoas cultas que participaram do programa de LSD, referem-se neste contexto ao fato de este Vazio aparecer tanto como exterior quanto subjacente ao universo empírico. Ele está além de tempo e espaço, além da forma ou qualquer diferenciação experiencial e além de polaridades como bem e mal, luz e escuridão, estabilidade e movimento, agonia e êxtase.

Por mais paradoxal que pareça, o Vazio e a Mente Universal são percebidos como idênticos e livremente intercambiáveis; eles são dois aspectos diferentes do mesmo fenômeno. O Vazio aparece como um vácuo prenhe de forma, e as sutis formas da Mente Universal aparecem como absolutamente vazias.

As experiências transcendentais profundas, como a ativação da Kundalini ou a consciência da mente Universal e do Vazio, além de terem efeito bastante benéfico sobre o bem-estar físico e emocional do sujeito, são em geral fundamentais para o despertar de um vivo interesse pelas questões religiosas, místicas e filosóficas e de uma forte necessidade de incorporar a dimensão espiritual a seu estilo de vida.

As experiências transpessoais e a psiquiatria contemporânea

Certamente não é a primeira vez que os cientistas do comportamento e os profissionais da saúde mental deparam com experiências transpessoais. Tampouco é o uso de substâncias psicodélicas a única estrutura dentro da qual essas experiências podem ser observadas. Muitas delas são conhecidas há séculos e até milênios. Encontram-se descrições a seu respeito nas escrituras sagradas de todas as grandes religiões do mundo, bem como em documentos escritos de várias seitas, facções e movimentos religiosos menores. Além disso, elas tiveram papel crucial nas fases visionárias de diversos santos, místicos e mestres religiosos. Vários etnólogos e antropólogos fizeram observações e descrições a respeito de tais experiências em rituais aborígines sagrados, religiões extáticas e esotéricas, práticas indígenas de curandeirismo e ritos de passagem de diversas culturas. Os psicólogos e psiquiatras têm observado fenômenos transpessoais — sem identificá-los ou rotulá-los como tal — em sua prática cotidiana em diversos tipos de pacientes psicóticos, principalmente os esquizofrênicos. Os historiadores, teólogos, antropólogos, psiquiatras e psicólogos experimentais têm conhecimento da existência de diversas técnicas ancestrais e contemporâneas que propiciam a ocorrência de experiências transpessoais; elas representam os mesmos procedimentos que, como se disse anteriormente, facilitam o surgimento de elementos perinatais.

A despeito da freqüência desses fenômenos e de sua evidente relevância para muitas áreas da vida humana, é surpreendente constatar quão poucas tentativas sérias foram feitas no passado para procurar incorporá-las na teoria e na prática da psiquiatria e da psicologia contemporâneas. A atitude da maioria dos profissionais oscila entre diversas abordagens distintas quando se trata de tais fenômenos. Alguns tomaram conhecimento apenas marginal de várias experiências transpessoais, tendo optado por ignorá-las mais ou menos ostensivamente.

Para outro grande grupo de profissionais da área, os fenômenos transpessoais são bizarros demais para serem enquadrados dentro da estrutura das variações do funcionamento mental normal. Assim, eles rotulam imediatamente qualquer manifestação desse tipo como psicótica.

No entanto, um terceiro grupo de profissionais manifesta um interesse definido por vários aspectos da área transpessoal e empreendem sérios esforços para chegar a explicações e conceitualizações teóricas. Contudo, até o momento eles não reconheceram a singularidade dessa categoria nem as características específicas de tais fenômenos. Em sua abordagem, as experiências transpessoais são explicadas em termos de paradigmas gastos e amplamente aceitos. Na maioria dos casos, essas experiências são reduzidas a fenômenos psicodinâmicos biograficamente determinados. Assim, as experiências intra-uterinas (como também os elementos perinatais) que aparecem em sonhos e livres-associações de muitos pacientes são normalmente tratadas como meras fantasias; vários pensamentos e sentimentos religiosos são explicados a partir de conflitos não resolvidos com a autoridade paterna ou materna; as experiências de unidade cósmica são interpretadas como indicações de narcisismo infantil primário.

Atualmente, tenho apenas poucas dúvidas de que elas representem fenômenos *sui generis* que têm sua origem no inconsciente profundo, em áreas não identificadas nem reconhecidas pela piscanálise freudiana clássica. Estou convencido de que essas experiências não podem ser reduzidas ao nível psicodinâmico nem explicadas adequadamente dentro da estrutura conceitual freudiana.

Nas sessões psicolíticas com LSD, todos os meus sujeitos transcenderam mais cedo ou mais tarde a estreita estrutura psicodinâmica e passaram aos domínios perinatal e transpessoal.

II PARTE

Os Confins do Desenvolvimento

SEÇÃO CINCO

AS DIMENSÕES TRANSPESSOAIS DO DESENVOLVIMENTO

A exploração dos limites mais distantes da natureza humana e de suas mais elevadas possibilidades (...) exigiu, no meu caso, a contínua destruição dos mais caros axiomas, a labuta constante com aparentes paradoxos, contradições e incertezas e o colapso ocasional de leis da psicologia há muito estabelecidas, amplamente acreditadas e aparentemente inatacáveis bem à frente de meus olhos.

— Abraham Maslow[1]

Tudo muda, inclusive as idéias sobre o desenvolvimento. Ao contrário dos mais antigos pressupostos, o desenvolvimento psicológico pode prosseguir ao longo da vida. As motivações, emoções, moral, cognição, missão de vida e senso de identidade podem continuar a crescer na vida adulta. Está cada vez mais claro que a vida adulta convencional não representa a maturidade psicológica total. Há exemplos de desenvolvimento mais avançado nas metamotivações de Abraham Maslow, no pensamento moral pós-convencional de Lawrence Kohlberg e na cognição operacional pós-formal de Ken Wilber. Além disso, existem os mapas do desenvolvimento contemplativo fornecidos pelas tradições religiosas do mundo inteiro.

Temos, portanto, mapas do desenvolvimento de crianças, adultos e da vida contemplativa. Recentemente, Ken Wilber os integrou para criar a primeira teoria do desenvolvimento de "pleno espectro". Essa teoria liga as três fases num espectro único, dando a entender que os estágios avançados do desenvolvimento convencional, pessoal e psicológico se fundem em estágios transconvencionais, transpessoais e espirituais. Embora ainda haja questões em aberto a exigir pesquisa para testá-la e comprová-la, uma teoria do pleno espectro acarreta conseqüências fascinantes para a compreensão da normalidade, da patologia, das práticas contemplativas e das possibilidades humanas.

Uma das implicações cruciais é que aquilo que tem sido considerado como "normalidade" é, na verdade, uma forma de desenvolvimento limitado. Essa idéia não é nova. Pelo contrário, é uma formulação mais precisa do comentário feito por Maslow: "Aquilo que chamamos em psicologia de normalidade é, na verdade, uma psicopatologia da média, tão medíocre e tão amplamente difundida que nem a percebemos como tal."[1] Porém, se a normalidade é uma forma limitada de desenvolvimento, o que o limita? Forças retardativas parecem agir dentro dos indivíduos tanto quanto da sociedade.

O crescimento envolve o movimento rumo ao desconhecido, normalmente exigindo o abandono de modos de ser familiares. Por conseguinte, nossa tendência é ter medo do crescimento. O trágico resultado, como reconhecem tanto os psicólogos quanto os filósofos, é que acabamos por negar e nos defender contra nossa grandeza e nosso potencial. Essas metadefesas, como poderíamos chamá-las, foram descritas de várias formas. O psiquiatra humanista Erich Fromm as viu como "mecanismos de fuga", enquanto Maslow denominou seu efeito total de "complexo de Jonas", baseado no profeta bíblico que tentou escapar à sua divina missão. O filósofo existencialista Kierkegaard descreveu a maneira como buscamos "tranqüilização pelo trivial", enquanto outros falaram da "repressão do sublime". O ponto crucial é que nossos potenciais transpessoais não permanecem estagnados por mero acaso — pelo contrário, nós nos defendemos ativamente contra eles.

As defesas contra o desenvolvimento transpessoal também operam na sociedade. As culturas aparentemente funcionam não só para educar, mas também como conspirações coletivas para constranger a consciência. Como tal, elas refletem e ampliam nossa ambivalência individual diante da transcendência.

Um dos possíveis mecanismos que produzem esse efeito social sobre o desenvolvimento é a "coação para o meio-termo biossocial", um fenômeno através do qual as forças sociais procuram compensar os extremos genéticos. Assim, uma pessoa com forte tendência genética para o domínio, por exemplo, provavelmente será encorajada pela sociedade a se controlar, ao passo que uma pessoa submissa será incentivada a se impor mais. A sociedade exerce poderosas influências no sentido de conduzir as pessoas para dentro das normas sociais.

Esse mesmo princípio parece agir na dimensão vertical do desenvolvimento. Em outras palavras, a sociedade pode encorajar o desenvolvimento rumo às normas societárias, mas colocar obstáculos ao desenvolvimento que as ultrapasse. Entre os exemplos deste processo podem-se incluir a frustração e os problemas de comportamento apresentados por crianças bem dotadas colocadas em escolas normais que para elas são "burrificantes". Ele pode também servir para explicar o destino de muitos santos e sábios que, ao longo da história da humanidade, acabaram envenenados, queimados ou crucificados.

O resultado é que nosso gênio e capacidade latente podem ser sub-repticiamente suprimidos, em vez de estarem sendo incentivados e expressos. O nível de desenvolvimento de uma sociedade pode assim estabelecer limites de desenvolvimento para seus membros, independentemente de seus dotes particulares. Um exemplo clássico desse fenômeno foi dado por Aldous Huxley, que perguntou: "Como seria um gênio no período Cro-Magnon?" O volume craniano do homem de Cro-Magnon era igual, ou talvez até um pouco maior, que o dos *Homo sapiens* contemporâneos. Portanto, é presumível que eles possuíssem o nosso potencial de desenvolvimento psicológico, intelectual e religioso. No entanto, como Huxley fez notar, um gênio Cro-Magnon provavelmente teria sido um bom caçador e coletor de vegetais, e não muito mais que isso.

Quais as capacidades que jazem sem reconhecimento dentro de nós? Quais as habilidades atualmente insondáveis que permanecem adormecidas, e o que podemos fazer para acelerar sua manifestação? Todas essas perguntas nos fazem lembrar que, tanto quanto sabemos, nossos potenciais podem ultrapassar mesmo os mais delirantes sonhos. Plotino afirmou que a humanidade está a meio caminho entre as feras e os deuses. Talvez isso seja outra forma de dizer que estamos a meio caminho na trajetória da evolução e do desenvolvimento rumo ao completo potencial humano.

Se é verdade que possuímos possibilidades nem sonhadas, que a normalidade é o congelamento do desenvolvimento e que grande parte do mal-estar individual, social e global reflete esse desenvolvimento frustrado, a pergunta seguinte é óbvia. Como superar esses bloqueios e fomentar o amadurecimento pessoal e coletivo? Essa pode ser uma das questões mais críticas da nossa era, pois o destino de nossa civilização e o do planeta podem depender dela.

Como as forças retardativas operam tanto no nível individual quanto no social, precisamos igualmente de respostas individuais e sociais. Para os indivíduos, as práticas como a psicoterapia e a meditação parecem descongelar e catalisar o desenvolvimento. Essas abordagens são tão importantes que serão discutidas em detalhe em capítulos separados.

No nível da sociedade, tanto o ambiente educacional quanto o social são cruciais. A educação pode fornecer informação acerca dos potenciais humanos e de formas transconvencionais de ser. Quanto a isto, é importantíssimo demonstrar que essas possibilidades existem, que podem ser concretizadas através de práticas específicas e que são mais satisfatórias que as fugazes gratificações obtidas pela busca obsessiva do "triunvirato material": dinheiro, sexo e poder, tão exaltados pela mídia e habilmente manipulados pela propaganda.

Os desafios educacionais mais difíceis de nossa época não são, portanto, os que atualmente preocupam a maioria dos educadores e políticos ocidentais, como a maneira de aumentar as notas obtidas em matemática ou estimular o interesse em ciências. Em vez disso, do ponto de vista global e transpessoal, a questão mais importante de nossa era consiste em saber como fazer da educação um recurso cultural mundialmente disponível para promover o amadurecimento ao longo de toda a vida do indivíduo, desde o enriquecimento da infância até o desenvolvimento transpessoal.

É difícil superestimar a importância de uma transformação como essa na educação, uma vez que, como frisou H. G. Wells, "a história da humanidade se torna cada vez mais uma corrida entre a educação e a catástrofe". A partir dessa perspectiva global e transpessoal, parece possível antever que ao fim, como previu Lewis Mumford, "a educação constituirá a principal atividade da vida".[2]

Outro meio social de fomentar o desenvolvimento transpessoal é promover aquilo que Abraham Maslow chamou de "ambiente eupsíquico", isto é, um meio ótimo para o desenvolvimento psicológico. Socialmente, isso significa a convivência com pessoas que valorizam o desenvolvimento transpessoal, que se submetem a práticas que o incentivam e que promovem uma atmosfera de segurança interpessoal que permite o abandono das defesas e a experimentação. Ao longo da história, essas pessoas se reuniram em retiros ou comunidades religiosas. Em nossa época, elas se reúnem também para seminários, *workshops* ou para constituir comunidades intencionais, apoiando-se umas às outras por meio de rituais, educação, modelamento e reforço social.

Uma teoria do desenvolvimento de pleno espectro também tem conseqüências para a compreensão e o tratamento da psicopatologia. O desenvolvimento pode retroceder, e a patologia pode surgir em qualquer nível. Portanto, o diagnóstico e o tratamento devem levar em conta esse fato da vida. Tem havido muita confusão, por exemplo, acerca dos méritos e efeitos da psicoterapia e da meditação. Alguns vêem na meditação uma panacéia psicológica e espiritual. Entretanto, é possível que ela seja mais eficaz para os níveis transpessoais do desenvolvimento e menos eficaz para as pessoas fixadas em estágios anteriores. Isso faz sentido quando lembramos que as práticas contemplativas vêm sendo tradicionalmente empregadas como catalisadores específicos do desenvolvimento transpessoal. Com efeito, a perspectiva transpessoal do desenvolvimento nos permite reconhecer que a essência contemplativa de muitas religiões fornece as técnicas e a rota para a indução do crescimento transpessoal.

Apesar de às vezes se dizer que práticas e tradições diversas são apenas estradas diferentes que sobem a mesma montanha, vem ficando cada vez mais claro que as tradições — e, dentro delas, algumas subdivisões — podem visar a níveis diferentes de desenvolvimento. Assim, existem não só tipos diferentes, mas também níveis diferentes de experiências transpessoais em meio às diversas tradições.

Embora as experiências transpessoais sejam uma meta do desenvolvimento acelerado induzido pelas práticas contemplativas, tais experiências podem por si próprias acelerar o desenvolvimento. De fato, uma única experiência transpessoal pode mudar toda uma vida. Por exemplo, o aprendiz iluminado pela "luz xamânica" se transforma num xamã. Da mesma forma, uma experiência mística ou uma experiência momentânea de quase-morte pode transformar a mente a ponto de mudar radicalmente a personalidade.

Quais são as características comuns às experiências transpessoais mais profundas? As palavras variam, mas os relatos de todo mundo concordam em que uma das percepções essenciais é a visão ou compreensão penetrante da própria natureza ou identidade da pessoa. Diz-se que essa natureza é não só transpessoal, mas transverbal ou inefável, além do tempo, espaço ou limites de qualquer espécie, e que certamente está acima do poder das palavras e dos pensamentos. Como frisou o mestre zen Yasutani Roshi, "nossa verdadeira natureza está além de quaisquer categorias. Tudo que você puder conceber ou imaginar não é senão um fragmento de você mesmo".[3] Nós podemos ser não apenas mais do que pensamos, mas também mais do que podemos pensar. Pois, como disse o grande filósofo indiano Radhakrishnan, "o real transcende, cerca e transborda nossas pobres categorias".[4]

Quando se usam palavras, nossa verdadeira natureza é tradicionalmente descrita como infinita, ilimitada, Espírito, *Geist*, Mente, Eu, natureza de Buda, *Atman*, o Único ou *Sat-chit-ananda*. A experiência desse Espírito ou Mente é a fonte de declarações como as seguintes, que expressam a essência mística das grandes tradições religiosas:

Ele e ele tornaram-se uma só entidade. (Abuláfia, Judaísmo)

O Reino dos Céus está dentro de vós. (Cristianismo)

Olha para dentro de ti, tu és o Buda. (Budismo)

Atman (consciência individual) e Brahman (consciência universal) são um só. (Hinduísmo)

Da compreensão do Eu decorre a compreensão de todo este universo. (Upanixades)

Aquele que se conhece a si mesmo conhece o seu Senhor. (Mohammed, Islamismo)

O céu, a terra e o homem formam um só corpo. (Neoconfucionismo)

No entanto, as experiências vêm e vão; os primeiros vislumbres da iluminação afinal se esvaem, por mais significativos e profundos que tenham sido. Portanto, há ainda outra missão no desenvolvimento: transformar um estado alterado transitório num traço alterado permanente, transformar uma experiência de pico numa experiência-platô ou, como disse com tanta eloqüência Huston Smith, transformar os vislumbres da iluminação em luz duradoura. Em linguagem mais tradicional, o desafio está em transformar o *nirvikalpa samadhi* vedântico em *sahaj samadhi*; a consciência transcendental daquele que pratica a MT em consciência cósmica; a consciência instigada dos budistas em consciência espontânea ou não-instigada; o arrebatamento místico cristão em deificação. Essa estabilização da consciência transformada é chamada iluminação, libertação, salvação, *wu*, *moksha* e fim do sofrimento.

Entretanto, mesmo a estabilização da consciência transformada não representa a tarefa final. Depois de respondidas as questões existenciais e aliviado o sofrimento pessoal, o sofrimento alheio se torna mais constrangedor e conduz ao desabrochar da compaixão. "Aquilo que um homem adquire na contemplação, precisa deixar transbordar em amor", insta-nos Meister Eckhart.[5] Além da iluminação inicial e mesmo além da luz permanente, encontra-se o desafio de devolver essa luz ao mundo.

Sobre isso existem inúmeras metáforas. Para Platão, é a volta à caverna; nas pinturas zen do pastoreio do boi, trata-se da "entrada no mercado com mãos que prestam auxílio"; no Cristianismo, temos a "frutificação da alma", na qual o divino matrimônio da união mística gera frutos no mundo. Joseph Campbell falou dessa fase final como "o retorno do herói", enquanto o historiador Arnold Toynbee descreveu todo o ciclo de busca interior e serviço exterior como "o ciclo de retirada e retorno", acrescentando que ele caracterizou a vida das pessoas que mais contribuíram para a humanidade.

Portanto, o desenvolvimento transpessoal envolve diversas etapas: a constatação das limitações da convenção e o reconhecimento de potenciais de maior desenvolvimento; a adoção de uma prática capaz de concretizar tais potenciais; a experiência dos vislumbres de iluminação que transformam os futuros potenciais em realidades presentes; a transformação desses vislumbres em luz permanente e o dom dessa luz ao mundo para o benefício de todos. A adesão a esse processo é vista pelas grandes tradições da sabedoria como objetivo supremo e o bem maior da existência humana.

Os ensaios que apresentamos nesta parte dizem respeito a diversas dimensões do desenvolvimento transpessoal. Para Abraham Maslow, nosso desejo de viver as experiências transpessoais é parte essencial da natureza humana, tão real, biologicamente arraigado e importante para o completo desenvolvimento humano quanto as necessidades básicas de abrigo e alimentação. Ele argumenta que a incapacidade de reconhecer e satisfazer esses desejos transpessoais acarreta um mal-estar psicológico ou "metapatologia", cuja verdadeira natureza e origens raramente são identificadas. Entretanto, essa metapatologia pode estar por trás do presente mal-estar cultural do Ocidente, que leva as pessoas a buscar, através da gratificação substitutiva do consumo compulsivo, preencher o vácuo existencial causado por necessidades transpessoais incompreendidas e insatisfeitas. O respeito às dimensões transpessoais, religiosas, estéticas e filosóficas da vida pode ser de importância capital para a saúde e o desenvolvimento tanto dos indivíduos quanto de suas culturas.

Em "O espectro do desenvolvimento transpessoal", Ken Wilber repassa as religiões e psicologias do mundo inteiro, seus relatos acerca dos confins do desenvolvimento humano e os principais estágios transpessoais identificáveis nas tradições. Em outros ensaios deste livro, ele descreve as patologias que podem surgir em cada um desses estágios e as terapias mais indicadas para seu tratamento.

Uma característica comum ao desenvolvimento mais avançado é a mudança de nossa identidade ou ego, que afinal perde seu senso de solidez e de separação e torna-se transpessoal. Muito se fala acerca da perda, transcendência ou superação do ego. Entretanto, a palavra "ego" é usada de diversas maneiras e muitas vezes mal definida e, assim, em geral fica pouco claro o que se quer dizer com esse termo ou com a idéia de *anulação do ego.* Em "As variedades da anulação do ego", Mark Epstein esclarece os sentidos segundo os quais a expressão é utilizada.

Em "Ser alguém e não ser ninguém: a psicanálise e o Budismo", John Engler fornece uma comparação entre a psicanálise e o Budismo, a psicoterapia e a meditação, no que diz respeito ao desenvolvimento. Ele põe em contraste suas diferentes visões acerca do eu, da saúde e da patologia e as diferentes desordens e fases da vida para as quais elas são mais úteis.

Em "A falácia pré/trans", Ken Wilber demonstra que as experiências transpessoais muitas vezes foram confundidas com experiências primárias ou regressivas. Os reducionistas classificaram essas experiências como patológicas, ao passo que os "elevacionistas" alçaram experiências de fundo infantil, primitivo ou patológico ao *status* de transpessoais. Wilber descreve algumas das diversas formas que essas falácias pré/trans podem assumir e os custos que acarretam.

O espectro do desenvolvimento transpessoal

Ken Wilber

1. *Visio-lógica*. Vários psicólogos (como Bruner, Flavell e Arieti) já apontaram a existência de indícios de uma estrutura cognitiva além ou acima da estrutura "operacional formal" de Piaget. Essa estrutura tem sido chamada de "dialética", "integrativa", "sintétivo-criativa" e assim por diante. De minha parte, prefiro a expressão "visio-lógica". De qualquer modo, parece que enquanto a mente formal estabelece relações, a visio-lógica estabelece *redes* de relações. Essa visão ou lógica panorâmica apreende uma rede massiva de idéias e a forma como estas se influenciam e inter-relacionam. Por conseguinte, ela é o início de uma capacidade de síntese de ordem mais elevada, do estabelecimento de conexões, do relacionamento de verdades, coordenação de idéias e integração de conceitos. É interessante observar que ela é quase exatamente aquilo que Aurobindo denominou "a mente superior", que "pode expressar-se livremente em idéias simples, porém se caracteriza mais por um movimento de ideação em massa, um sistema ou totalidade de encontro da verdade a um só olhar; as relações de idéia com idéia, de verdade com verdade". Essa é, obviamente, uma estrutura altamente *integradora*. Com efeito, em minha opinião, ela é a mais integradora das estruturas do domínio *pessoal*; além dela só existem desenvolvimentos transpessoais.

2. *Psíquico*. O nível psíquico pode ser concebido como a culminância da percepção visio-lógica e visionária. Talvez sua melhor síntese e símbolo seja o sexto chakra, o "terceiro olho", do qual se diz que marca o início ou a abertura dos avanços transcendentais, transpessoais ou contemplativos: a capacidade perceptiva e cognitiva do indivíduo torna-se aparentemente tão pluralista e universal que passa a "ir além" de qualquer perspectiva ou interesse estreitamente pessoal ou individual. De acordo com a maioria das tradições contemplativas, neste nível o indivíduo *começa* a aprender como inspecionar sutilmente a capacidade perceptiva e cognitiva da mente, e assim começa a *transcendê-la*. Isso é o que constitui a "mente iluminada" de Aurobindo, os "estágios preliminares" de meditação no Hinduísmo, Budismo, etc. Segundo Aurobindo,

> O poder de percepção da visão interior [psíquica] é maior e mais direto que o poder de percepção do pensamento. Da mesma forma que a mente superior [isto é, a visio-lógica] traz uma maior consciência ao ser do que a idéia e seu poder de verdade, a mente iluminada [nível psíquico] traz uma consciência ainda maior (...); ela ilumina a mente racional com uma visão interior direta.

3. *Sutil.* O nível sutil é tido como a sede dos arquétipos propriamente ditos, das Formas Platônicas, dos sons sutis e iluminações audíveis (*nada*, *shabd*), da visão e absorção transcendentes. Algumas tradições, como o Hinduísmo e o Gnosticismo, afirmam que, de acordo com a apreensão fenomenológica direta, este nível é o lar da forma divina pessoal (*ishtadeva* no Hinduísmo, *yidam* no Mahayana, *demiurgo* no Gnosticismo, etc.), conhecida no estado denominado *savikalpa samadhi* pelo Hinduísmo. No Budismo theravada, este é o reino dos quatro "*jhanas* com forma" ou os quatro estágios da meditação concentrativa em "planos de iluminação" arquetípicos ou "reinos de Brahma". Na meditação *vipassana*, este é o estágio do pseudonirvana, o reino da iluminação, do arrebatamento e da percepção transcendental inicial. É a "mente intuitiva" de Aurobindo; *geburah* e *chesed* da Cabala, e assim por diante.

4. *Causal.* O nível causal é visto como a fonte não-manifesta ou a base transcendental de todas as estruturas inferiores; é o Abismo (Gnosticismo), o Vazio (Mahayana), o Informe (Vedanta). Ele é percebido num estado de consciência conhecido como *nirvikalpa samadhi* (Hinduísmo), *jnana samadhi* (Vedanta), o oitavo quadro das dez representações do pastoreio do boi (Zen); o sétimo e o oitavo *jhanas*; o estágio de visão interior sem esforço que culmina no *nirvana* (*vipassana*); a "Sobremente" de Aurobindo. Alternativamente, este estágio é descrito como um Eu universal e informe (Atman), comum em todos e a todos os seres. Aurobindo assim diz: "Quando a Sobremente [causal] desce, a predominância do senso centralizador do ego é inteiramente subordinada, perdida em meio à amplidão do ser e finalmente abolida; uma ampla percepção cósmica e um sentimento do eu universal e ilimitado a substituem (...); uma consciência ilimitada da unidade que tudo permeia (...); um ser que é em essência um só com o Eu Supremo."

5. *Supremo.* Ao passar completamente o estado de cessação ou absorção causal não-manifesta, diz-se que a consciência finalmente redesperta para seu estado anterior e eterno de Espírito absoluto, radiante e penetrante, uno e múltiplo, único e total — a completa integração e identidade entre Forma manifesta e Informe não-manifesto. É isso o clássico *sahaj* e *bhava samadhi*; o estado de *turiya* (e *turiyatita*), a absoluta e inqualificável Consciência enquanto Tal, a "Supermente" de Aurobindo, a "Mente Única" do Zen, Brahman-Atman, o *Svabhavikakaya*. A rigor, o supremo não é um nível entre outros, mas a realidade ou condição de todos os demais níveis.

Ser alguém e não ser ninguém: a psicanálise e o Budismo

John H. Engler

Tanto a psicologia budista quanto a teoria psicanalítica da relação com os objetos definem a essência do ego de modo semelhante — como um processo de síntese e adaptação entre a vida interior e a realidade exterior, que produz um senso de continuidade e igualdade pessoal na experiência de ser um "eu". Em ambas as psicologias, portanto, o sentimento do "eu" — da unidade e continuidade pessoal, de ser o mesmo "eu" no tempo, no espaço e nos diversos estados da consciência — é concebido como algo que não é inato na personalidade, não é inerente à nossa constituição psicológica ou espiritual, mas evolui e se desenvolve de nossa experiência dos objetos. O "eu" é literalmente construído a partir de nossa experiência dos objetos. Aquilo que tomamos por nosso "eu" e sentimos ser tão presente e real é na verdade uma imagem internalizada, uma representação composta, construída por uma "memória" seletiva e imaginativa de encontros passados com o mundo objeto. Com efeito, o eu é visto como sendo construído de novo a cada momento. Porém, ambos os sistemas concordam ainda em que o eu não é normalmente percebido dessa maneira. Ao contrário, o sentimento do eu se caracteriza por um sentimento de continuidade e uniformidade ao longo do tempo.

O destino desse eu é a questão clínica fundamental em ambas as psicologias; porém é também uma questão a respeito da qual as duas psicologias consideradas parecem se opor diametralmente. Da perspectiva da teoria psicanalítica da relação com os objetos, o mais grave problema psicopatológico é a *ausência* do sentimento do eu. As mais severas síndromes clínicas — o autismo infantil, as psicoses simbióticas e funcionais, as condições limítrofes — representam fracassos, limitações ou regressões no estabelecimento de um eu coerente e integrado.

Em contraposição, da perspectiva budista, o problema psicopatológico é a *presença* de um eu e do sentimento que dela advém. De acordo com o diagnóstico budista, a maior fonte de sofrimento é a tentativa de preservação do eu, tentativa que é vista tanto como fútil quanto como autodestrutiva. A mais grave das formas de psicopatologia é precisamente *atavadupadana*, o apego à existência pessoal.

A questão terapêutica na psicoterapia e na psicanálise é como "recriar" o senso básico do eu ou como diferenciar e integrar uma auto-representação estável, coerente e duradoura. A questão terapêutica no Budismo é como "ver através" da ilusão ou construto do eu. Serão os dois objetivos terapêuticos mutuamente exclusivos como parecem ser? Ou, não poderão eles, de um ponto de vista mais amplo, ser compatíveis? Na verdade, não seria um deles a pré-condição do outro? A última opinião, é a que eu quero propor. Para falar da maneira mais simples, você tem de ser alguém antes de poder deixar de sê-lo.

O Budismo não tem uma psicologia do desenvolvimento no sentido ocidental. Ele não tem nenhuma teoria do desenvolvimento infantil. O que a psicologia e a prática budistas parecem fazer é *pressupor* um curso mais ou menos normal de desenvolvimento e um ego intacto ou "normal". Para suas práticas, o Budismo *presume* que existe um nível de organização da personalidade no qual o desenvolvimento da relação com os objetos, principalmente um sentimento integrado e coerente do eu, já está completo. Quando o pressuposto da existência de um eu normal não é compreendido, corre-se um risco óbvio. Os instrutores podem iniciar os alunos em técnicas projetadas para um nível diferente de organização da personalidade, e estas podem ter efeitos adversos sobre certos indivíduos.

A meditação perceptiva, como a psicanálise, é uma técnica de "descobrimento", embora evidentemente o que está sendo descoberto seja diferente. As pessoas que apresentam relações parte-objeto maldiferenciadas e mal-integradas não conseguem tolerar as técnicas de descobrimento. O descobrimento e a interpretação não podem ser bem-sucedidos porque, com uma diferenciação falha entre o eu e os objetos, o ego observador não consegue se distanciar do que observa.

Por conseguinte, a meditação perceptiva apresenta riscos reais para os iniciantes que têm esta característica. Todas as terapias intensivas e/ou não-estruturadas apresentam riscos significativos para esses indivíduos, sujeitando-os a fragmentar ainda mais o seu já frágil e vulnerável senso do eu.

Felizmente, suspeito que na maioria dos casos os rigorosos pré-requisitos da prática dificultam — se é que não impossibilitam — a continuidade do treinamento para esses alunos. Até certo ponto, é provável que esteja embutido na prática um mecanismo de auto-seleção e autoproteção.

A meditação não se dirige a essa faixa de psicopatologias, não é projetada para ela e é provavelmente contra-indicada, muito embora certas práticas possam trazer benefícios incidentais.

TRÊS NÍVEIS DE DESORDEM MENTAL

O diagnóstico budista distingue três diferentes níveis de sofrimento, cada qual decorrente de um nível diferente de experiência da relação com os objetos.[1] O *dukkha-dukkha*, ou "sofrimento comum", corresponde ao conflito neurótico entre o impulso e a proibição dentro de uma estrutura estável do eu e de relações com os objetos totais. Além disso, corresponde ainda à "tristeza humana comum", que Freud considerou como o troco pela resolução do sofrimento neurótico.[2] O *dukkha-viparinama*, ou "sofrimento causado pela mudança", corresponde às condições limítrofes e às psicoses funcionais, nas quais o problema principal recai na perturbação do senso de continuidade do eu, nas pulsões e afetos flutuantes, nos estados contraditórios e dissociados do ego, na falta de uma estrutura estável do eu e de constância na relação com o mundo objetivo. Neste nível de organização da personalidade, anterior à formação da identidade e à constância objetual, a mudança representa a maior e mais profunda ameaça ao frágil eu.[3] O *sankhara-dukkha*, ou "sofrimento enquanto estado condicionado", representa para a psiquiatria ocidental uma *categoria de psicopatologia inteiramente nova* e presente em todos os níveis de organização da personalidade, tanto os normais quanto os anormais. Neste nível, a busca do objeto como tal é percebida como patogênica, por mais contraditório que isso pareça em termos da presente teoria do desenvolvimento. A própria tentativa de constelar um eu e objetos que terão alguma constância e continuidade afigura-se como o problema terapêutico. As duas maiores realizações na importantíssima linha de desenvolvimento das relações com os objetos — constância objetual e identidade — ainda representam um ponto de fixação ou limite. A "normalidade" aparece nesta perspectiva como um estado de desenvolvimento limitado.

O terceiro nível de psicopatologia é o nível de psicopatologia e de organização da personalidade ao qual a meditação perceptiva se dirige especialmente. Isso não foi claramente entendido pela psicologia budista nem pela psicologia psicanalítica, como tampouco pelos atuais paradigmas de pesquisa. Esses dois sistemas foram vistos como concorrentes ou, na melhor das hipóteses, como modalidades alternativas de tratamento para a mesma gama de problemas. Do contrário, foram vistos como vagamente complementares.

UM MODELO DE DESENVOLVIMENTO DA RELAÇÃO COM OS OBJETOS

Mas é preciso ser alguém antes de poder não ser ninguém. A questão no desenvolvimento pessoal não é o eu *ou* o não-eu, mas o eu *e* o não-eu. Tanto o senso do eu quanto a percepção da suprema ilusão de sua aparente continuidade e substância são conquistas necessárias. A sanidade e o completo bem-estar psicológico incluem a ambos, porém numa seqüência de desenvolvimento adequada a cada fase. A tentativa de queimar as etapas de formação da identidade e da constância objetual através de uma tentativa mal orientada de "aniquilar o ego" tem conseqüências nefastas e patológicas. É isso que muitos alunos atraídos pela prática da meditação e até alguns professores parecem estar tentando fazer. O que é necessário e o que tem faltado, tanto do ponto de vista clínico quanto do da meditação, é *uma psicologia do desenvolvimento que abarque todo o espectro do desenvolvimento*.

De acordo com o pensamento clínico atual, a terapia não trata uma doença segundo o antigo modelo médico kraepeliniano, mas reinstaura um processo desordenado, limitado ou distorcido de desenvolvimento. A *Vipassana* dirige-se ao processo de desenvolvimento, considerando-o limitado no nível da identidade e da constância objetual, e o recoloca em curso a fim de atingir uma visão mais profunda do eu e da realidade.

Ao que parece, tanto o sentimento do eu quanto o do não-eu — nessa ordem — são necessários para se atingir o estado de bem-estar psicológico ideal, ao qual Freud certa vez se referiu como uma "ficção ideal" e o Buda definiu muito antes como "o fim do sofrimento" e a única coisa que ensinava.

As variedades da anulação do ego

Mark Epstein

Existem atualmente diversas concepções errôneas muito difundidas acerca da noção budista essencial de *anatta*, ou anulação do ego. Para começar, muitos iniciantes da meditação a confundem com o abandono do ego freudiano. As noções convencionais de ego, que o colocam como aquilo que modula os ímpetos agressivos e sexuais, levaram diversos norte-americanos a identificar erroneamente a ausência do eu a um tipo de grito primal, no qual a pessoa finalmente se liberta de todos os constrangimentos limitadores. A anulação do ego é entendida aqui como o equivalente à potência orgástica de Reich, sendo o ego identificado como tudo o que tensiona o corpo, obscurece a capacidade de atividade prazerosa ou se interpõe ao sentir-se "livre". Popularizada nos anos 60, essa visão permanece profundamente arraigada na imaginação popular. Ela vê a rota para a anulação do ego como um processo de desaprendizagem, de libertação dos grilhões da civilização e de retorno a uma sinceridade infantil. Ela tende ainda a romantizar a regressão, a psicose e todas as expressões desinibidas da emoção.

Outra concepção errônea comum é a de que a anulação do ego é uma espécie de unidade ou fusão, um esquecimento do eu, com a simultânea identificação com tudo o que é exterior ao ego, um estado de transe ou união extática. Freud descreveu o "sentimento oceânico" como o senso ilimitado de unidade com o universo, que busca a "restauração do narcisismo infinito" e a "ressurreição da impotência infantil". Assim, a anulação do ego é identificada com o estado infantil anterior ao desenvolvimento do ego, isto é, aquele da criança de peito, que não faz nenhuma distinção entre si mesmo e sua mãe, mas, pelo contrário, funde-se numa união simbiótica e indiferenciada.

Essa formulação é tanto mais grave porque realmente existem estados acessíveis por meio da meditação que propiciam esses sentimentos de harmonia, fusão e perda dos limites do ego; porém, esses não são os estados que caracterizam a noção (budista) de ausência do eu.

A anulação do ego não é um retorno aos sentimentos da primeira infância — uma experiência de êxtase ou fusão indiferenciada com a mãe —, muito embora muitas pessoas busquem essa experiência quando começam a meditar e muito embora algumas pessoas possam de fato encontrar uma versão dessa experiência.

Uma terceira visão, mais interpessoal, da anulação do ego sugere uma espécie de submissão do eu ao outro. É como se a experiência de fusão idealizada fosse projetada nos relacionamentos interpessoais, configurando aquilo que os terapeutas da Gestalt chamam de "confluência" ou perda das fronteiras interpessoais do ego. Este é, na verdade, um tipo de masoquismo maldisfarçado.

A psicanalista Annie Reich, num artigo clássico sobre a regulação da auto-estima nas mulheres, descreve isso muito bem. Ela diz que "a feminilidade é freqüentemente equiparada à completa anulação". A única maneira de reaver a auto-estima necessária é então fundir-se a um outro glorificado ou idealizado, cuja grandeza ou poder a mulher pode então incorporar a si mesma. Algo semelhante existe para ambos os sexos nos círculos espirituais. Os praticantes da meditação que abrigam essa concepção errônea são vulneráveis a uma espécie de apego erotizado aos mestres, gurus ou outras pessoas íntimas, para os quais dirigem seus desejos de libertar-se "no abandono".

Uma quarta concepção equívoca e difundida nos assim chamados círculos transpessoais deriva de uma leitura incorreta dos artigos de Ken Wilber e Jack Engler. A crença aqui é a de que a anulação do ego seja um estágio de desenvolvimento *além* do ego; de que o ego deve primeiro existir e depois ser abandonado. Esse é o reverso da crença de que a anulação do ego precede o desenvolvimento do ego — aqui ela é vista como aquilo que sucede ao ego.

Essa abordagem implica que o ego, embora importante do ponto de vista do desenvolvimento, pode de algum modo ser transcendido ou abandonado. E aqui entramos numa infeliz confusão de palavras. O sistema ao qual essas formulações se referem é a psicologia psicodinâmica ocidental do desenvolvimento do ego. Então há um salto, ou virada, para um vocabulário espiritual de base oriental que dá a impressão de que o ego que foi formado é o mesmo ego que está sendo abandonado. É só ouvir as palavras do Dalai Lama a esse respeito: "A anulação do ego não é o fim da existência de algo que existia no passado. Ao contrário, esse "ego" anulado é algo que jamais existiu. O que é preciso é identificar como não existente aquilo que com efeito jamais existiu."

Não é o ego, no sentido freudiano do termo, o verdadeiro alvo da visão interior budista. Antes, é o conceito de eu, o componente *representacional* do ego, a experiência interna que a pessoa tem do eu, o que é visado.

O que se busca transcender não é o ego inteiro. O que acontece é uma revelação de que a representação do eu não tem existência concreta. Não se trata de algo real que é eliminado, mas do reconhecimento de uma ausência que sempre existiu. Nas palavras do Dalai Lama, "este eu aparentemente sólido, concreto e auto-institutivo, que tem seu próprio poder e *aparece*, na verdade não existe de modo algum".

Os meditadores que fazem essa confusão costumam sentir-se pressionados a repudiar aspectos críticos do seu ser identificados com o "ego doentio". Na maioria das vezes, abre-se mão da sexualidade, da agressividade, do pensamento crítico e até do emprego ativo do pronome de primeira pessoa, de acordo com uma noção de que abandonar ou deixar tais coisas é atingir a anulação do ego. Definem-se aspectos do eu como inimigos e, a partir daí, o praticante da meditação tenta se distanciar deles. Porém, as qualidades identificadas como doentias são na verdade reforçadas pelas tentativas de repúdio!

Uma última concepção equivocada da anulação do ego é aquela que o vê como uma coisa em e por si mesma, um estado a ser atingido ou ao qual se deve aspirar. Aqui, manifesta-se a necessidade de identificar uma coisa como existente por direito próprio, e a crença no ego como concretamente existente é, em certo sentido, transferida para a crença na anulação do ego como concretamente existente. Não é que o ego desapareça, mas o que ocorre é que a crença na solidez do ego, a identificação com as representações do ego, é abandonada com a tomada de consciência da ausência do ego.

A falácia pré/trans

Ken Wilber

O conceito de fpt (falácia pré/trans) deriva tanto da filosofia do desenvolvimento — cujos maiores representantes são Hegel, no Ocidente, e Aurobindo, no Oriente — quanto da psicologia do desenvolvimento — compendiada por Baldwin e Piaget, no Ocidente, e pela ioga Kundalini, no Oriente.

Caso se tente compreender o mundo em geral em termos de desenvolvimento, este parece estar evoluindo numa direção definida, a saber, rumo a níveis mais elevados de organização estrutural, rumo a um maior holismo, integração, percepção, consciência, etc. Com efeito, um breve olhar sobre a história da evolução até o presente momento acusa um pronunciado crescimento em direção à percepção e complexidade crescentes.

Muitos filósofos e psicólogos, contemplando essa evolução, concluíram que o desenvolvimento se dirige ao número. Todos conhecemos a concepção evolucionária do ponto ômega de Teilhard de Chardin e a pulsão evolucionária em direção à supermente de Aurobindo, mas o mesmo conceito já fora defendido no Ocidente por filósofos como Aristóteles e Hegel. O "fim" do qual Hegel fala é semelhante à supermente e ao ponto ômega — é um estado de "conhecimento absoluto" no qual "o Espírito se conhece sob a forma de Espírito".

Assim, a história (evolução) era, para Hegel como para a filosofia perene em geral, o processo de auto-atualização do Espírito. É significativo o fato de Hegel haver afirmado que esse processo de desenvolvimento se dá em três estágios principais. Ele principia na natureza — o reino da matéria e das sensações e percepções corporais simples. Chamaremos esse reino de *pré-pessoal* ou *subconsciente*. Hegel fala muito da natureza subconsciente (isto é, o reino pré-pessoal) como uma "queda" (*Abfall*) — mas não é que a natureza se oponha ao Espírito ou esteja separada dele. Antes, a natureza é simplesmente o "Espírito sonolento" ou "Deus na Sua alteridade". Mais especificamente, a natureza é o "Espírito auto-alienado".

Na segunda fase do retorno do Espírito ao Espírito, ou da superação da auto-alienação, o desenvolvimento passa da natureza (pré-pessoal) ao que Hegel chama de estágio autoconsciente. Esse é o estágio da percepção mental ou egóica típica — o reino que chamaremos de pessoal, mental e autoconsciente.

Finalmente, de acordo com Hegel, o desenvolvimento culmina no Absoluto, ou a descoberta do Espírito enquanto Espírito feita pelo própio Espírito, um estágio/nível que chamaremos de transpessoal ou superconsciente.

Observe-se, portanto, a seqüência geral do desenvolvimento: da natureza à humanidade à divindade, do subconsciente ao autoconsciente ao superconsciente, do pré-pessoal ao pessoal ao transpessoal. Isso é o que está representado na Figura 1.

Precisamos apenas de mais um instrumento teórico. Se o movimento do mais básico para o mais alto é evolução, então o inverso — o movimento do mais alto

FIGURA 1

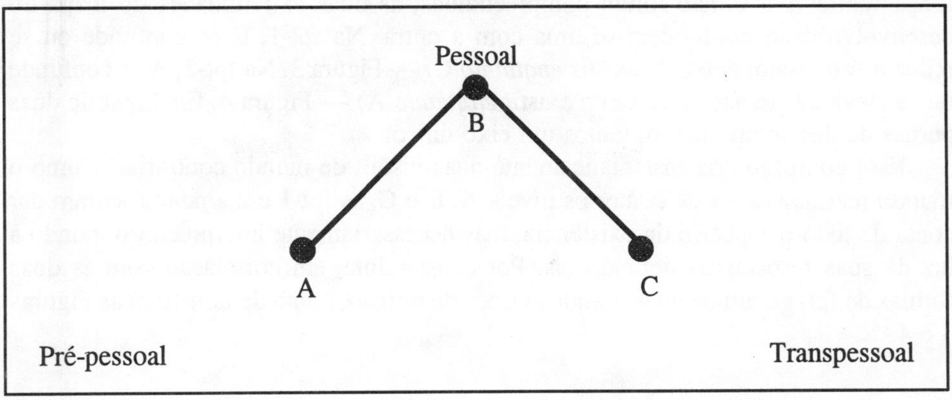

FIGURA 2

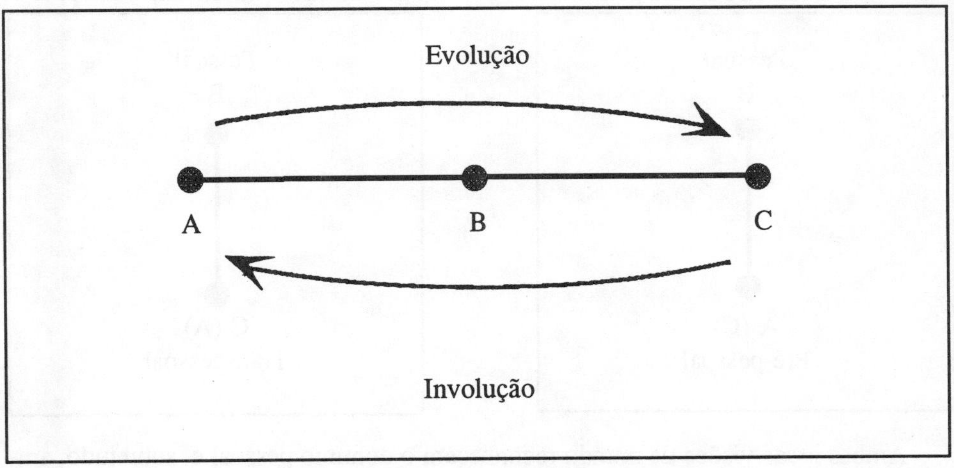

para o mais baixo — é *involução*. (V. Figura 2.) A natureza tornou-se uma "queda" ou "Deus sonolento" ou "Espírito auto-alienado" através do processo anterior de involução, ou a descida e "perda" do mais alto no mais baixo. É o "*Big Bang*", em que a matéria — o domínio mais baixo — foi lançada do Vazio (*sunyata*) à existência.

A evolução é a subseqüente reversão da *Abfall* (queda), o retorno do Espírito ao Espírito através do desenvolvimento.

Fica estabelecido, portanto, que o desenvolvimento vai do pré-pessoal ao pessoal ao transpessoal; e que tanto o pré-pessoal quanto o transpessoal são, cada qual a seu modo, não-pessoais. *Por isso*, o pré-pessoal e o transpessoal tendem a parecer semelhantes um ao outro, até mesmo idênticos, ao olho não-educado. Em outras palavras, as pessoas tendem a confundir as dimensões pré-pessoal e transpessoal — e aí está a raiz da fpt.

Essa falácia assume duas formas principais: a redução do transpessoal ao pré-pessoal, que chamaremos de fpt-1, e a elevação do pré-pessoal ao transpessoal ou fpt-2. A propósito da Figura 1, o importante é que, se as sutis porém drásticas diferenças entre A e C não forem compreendidas, as duas extremidades do mapa do desenvolvimento confundem-se uma com a outra. Na fpt-1, C se confunde ou se reduz a A (e assim deixa de existir *enquanto* C) — Figura 3. Na fpt-2, A se confunde ou se eleva a C (e assim deixa de existir *enquanto* A) — Figura 4. Em lugar de duas pernas de desenvolvimento, temos um eixo único.

Essa confusão cria instantaneamente duas visões de mundo contrárias. Como o mundo real não deixa de conter os níveis A, B e C, as fpt-1 e 2 ainda procuram dar conta de todo o espectro da existência, mas necessariamente interpretam o mundo à luz de suas respectivas deficiências. Por conseguinte, em correlação com as duas formas de fpt, geram-se duas grandes visões de mundo, como demonstram as Figuras 3 e 4.

FIGURA 3
A visão de mundo da Fpt-1

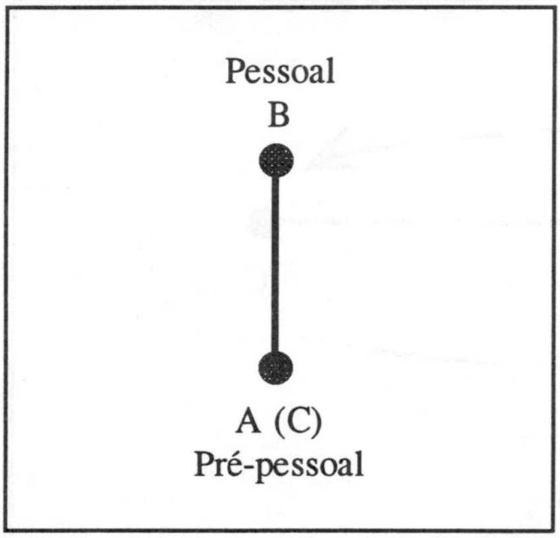

FIGURA 4
A visão de mundo da Fpt-2

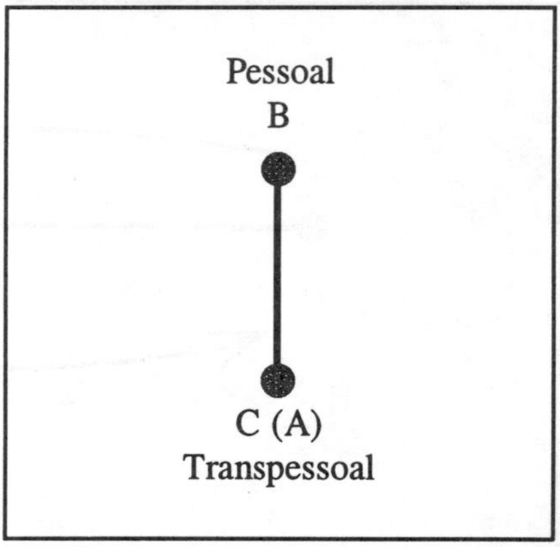

Ambas essas visões de mundo reconhecem o domínio pessoal e, sobretudo, ambas presumem que o desenvolvimento tenha *culminado* nesse domínio.

A visão de mundo 1 (VM-1) postula que o desenvolvimento parte de uma fonte pré-pessoal na natureza, passa por uma série de avanços intermediários e culmina no "ponto alto" da evolução, o da racionalidade humana. Ela não reconhece nenhuma outra fonte ou meta de desenvolvimento mais elevada e nega veementemente a necessidade de até mencionar tais níveis supostamente "mais elevados". O homem é um ser racional, e a racionalidade é tudo o que é necessário para compreender e classificar o cosmo. Essa visão se parece muito com a da ciência.

A VM-2, por outro lado, postula que o desenvolvimento parte *de* uma fonte espiritual ("celeste") e culmina num "ponto baixo" de alienação, o de uma humanidade pecadora ou do ego individual e pessoal. A história é, por conseguinte, a história de uma queda, não de uma ascensão, e a humanidade (ou ego pessoal) está no *fim* dessa queda, conforme é representado na Figura 4. Muito semelhante à religião ortodoxa.

Agora, a parte mais difícil e intricada é que, embora a falácia pré-trans seja em si apenas um erro, as duas visões de mundo geradas pelas duas fpts são metade verdadeiras e metade falaciosas — e é *isso* que dificulta a avaliação de seus méritos relativos. Elas são verdadeiras quando se aplicam à metade do desenvolvimento que não exaltaram nem reduziram e falaciosas quando se aplicam à metade que tanto maltrataram. Para ser mais específico: cada uma dessas duas visões de mundo contém *duas* importantes verdades e *dois* grandes erros.

A VM-1 é correta quando afirma que (1) possuímos um componente pré-pessoal, irracional e subconsciente, que realmente precedeu o racional e o pessoal na evolução, e (2) o movimento da evolução verdadeira, histórica, é de fato do mais baixo para o mais alto. É errada quando (1) nega a existência de um componente transpessoal e, portanto, (2) nega que possa haver um movimento para baixo ou descenso do Espírito, uma queda (*Abfall*) involucionária da união com a Divindade.

A VM-2 é correta quanto sustenta que (1) existe um componente transpessoal no cosmo e (2), num certo sentido, estamos todos "em pecado", ou seja, vivendo alienados ou separados de uma identidade suprema com o Espírito. Entretanto, ela erra ao afirmar que (1) o ego individual, ou pessoal racional pensante, é o cúmulo da alienação do Espírito, e que (2) um Éden tenha *precedido* o ego na *evolução* (ou que o ego pessoal tenha sido a *causa* do pecado original).

Com efeito, como demonstraram tanto Hegel quanto Aurobindo, a *alienação original* — ou o ponto alto da alienação — tem início na natureza material. A natureza, ou mundo pré-pessoal *já* é o Espírito auto-alienado, sem que o ego colabore de qualquer maneira para isso. Além do mais, a natureza é o ponto *mais alto* da alienação do espírito. O ego (B) é apenas a primeira estrutura suficientemente desenvolvida para *reconhecer* de modo autoconsciente que o mundo *já* é algo que caiu do Espírito.

A VM-2 confunde a verdadeira queda que se processa na involução com uma suposta queda havida na evolução. O que parece então é que, com a ascensão evolucionária do ego, o Espírito atinge o zênite de sua alienação, quando na verdade, com a ascensão do ego, o Espírito está na metade do caminho de volta: ele passou da subconsciência pré-pessoal da natureza à autoconsciência pessoal da mente egóica, *a caminho* da superconsciência transpessoal do Espírito.

Com relação ao desenvolvimento psicológico humano, os dois maiores exemplos de fpt-1 e fpt-2 são respectivamente Freud e Jung. Freud reconheceu acertadamente o id pré-pessoal (A) e o ego pessoal (B), mas reduziu todas as experiências espirituais e transpessoais (C) ao nível pré-pessoal; as percepções transtemporais são explicadas como impulsos pré-temporais do id; *o samadhi* trans-sujeito/objeto é tido como um recuo ao narcisismo pré-sujeito objeto; a união transpessoal é interpretada como fusão pré-pessoal. Em todos os aspectos, Freud segue a VM-1 (Figura 3). A VM-1, naturalmente, não é privilégio de Freud — ela é a ortodoxia ocidental padrão, inquestionada desde Piaget até Arieti, passando por Kohlberg e Loevinger.

Na minha opinião, Jung erra pelo oposto. Ele reconhece de modo muito correto e explícito a dimensão transpessoal ou numinosa, mas quase sempre a funde ou confunde com estruturas pré-pessoais. Para Jung, existem apenas dois domínios principais: o pessoal e o coletivo. Por isso, ele tende a turvar as imensas e profundas diferenças entre o inconsciente coletivo *mais baixo* e o inconsciente coletivo *mais alto*, isto é, os reinos do pré-pessoal coletivo e do transpessoal coletivo. Assim, ele não só termina por exaltar certas formas infantis de pensamento mítico como também vê muitas vezes o Espírito com o algo regressivo. De qualquer modo, ele e seus seguidores reconhecem apenas dois domínios principais — ego e Self —, considerando portanto que o desenvolvimento humano se dá ao longo do eixo ego-Self, o que está representado na Figura 4, com o Self na parte inferior e o ego na superior. Isso é pura VM-2 e é geralmente aceita por muitos psicólogos transpessoais, inclusive os que repudiam Jung.

A propósito, os junguianos reconhecem que o desenvolvimento se processa em duas fases principais: o desenvolvimento do ego e, em seguida, sua transcendência. Até aí, tudo bem. Entretanto, como trabalham apenas com uma perna do desenvolvimento (B-C), são obrigados a fazer esse eixo único trabalhar duplamente. Em vez de ver o desenvolvimento como algo que vai de A a B a C, eles o vêem como indo de C a B e então *de volta* a C. Não do pré-pessoal inconsciente ao pessoal ao transpessoal, mas do transpessoal inconsciente ao pessoal ao transpessoal. Não do pré-ego ao ego ao trans-ego, mas do Self ao ego e de volta ao Self.

Nessas teorias, o domínio pré-pessoal enquanto tal é deixado de lado. Contudo, o que ocorre na verdade, por trás dos bastidores teóricos, é que o domínio pré-pessoal é simplesmente alçado ao *status* de quase-transpessoal. Embora possamos concordar que a primeira infância seja livre de certas ansiedades conceituais, essa "liberdade" na minha opinião não se deve à proteção transpessoal mas à ignorância pré-pessoal, um ponto no qual Maslow insiste muito.

O mal-entendido da fpt-2, que desvaloriza o ego e/ou exalta o pré-ego, assume proporções nefastas quando se trata de algumas (embora certamente não de todas) formas de psicoterapia de "vanguarda", do "potencial humano" ou "humanistas/transpessoais". Para dizer as coisas de modo simples, o problema é que muitas, talvez a maioria das pessoas que procuram ou precisam de terapia sofrem em grande parte de fixações, dissociações e obsessões *pré-pessoais*, não possuindo a força egóica necessária para transcender esses ódios, impulsos e pulsões subumanos que, por isso mesmo, ameaçam subjugar suas existências. Confrontadas com um terapeuta puramente VM-2, elas são convidadas a "abrir mão" justamente da estrutura que mais precisam criar e fortalecer, isto é, a da conceitualização e integração egóica.

A maior parte dos neuróticos não sofre por causa da falta de transcendência do ego, mas da falta anterior de ego-estima. Assim, a terapia deve ser, antes de tudo e principalmente, um elemento que *promova uma forte ego-estima* e depois — mas só depois — promova a transcendência do ego.

SEÇÃO SEIS

PROBLEMAS DE PERCURSO: OBSERVAÇÕES CLÍNICAS

Sem o transcendente e o transpessoal, ficamos doentes, violentos e niilistas ou desesperançosos e apáticos. Precisamos de algo que seja "maior que nós", que nos provoque o respeito e a adesão num sentido naturalista, empírico e não igrejeiro. Talvez algo como o que fizeram Thoreau e Whitman, William James e John Dewey.

— Abraham Maslow[1]

Existe na nossa cultura uma fantasia muito difundida: a de que o progresso transpessoal traz a mais pura felicidade e bem-estar, uma balsâmica mistura de relaxamento e êxtase. No entanto, como todo desenvolvimento, o desenvolvimento transpessoal na verdade tem seus desafios e dificuldades, que podem emergir em qualquer uma das etapas do percurso e ser graves o suficiente para exigir tratamento clínico.

Antigamente, as crises transpessoais eram tratadas dentro de um contexto religioso, como o mosteiro, mas agora vivemos numa nova era. As práticas contemplativas, inclusive disciplinas esotéricas antes jamais divulgadas, vêm sendo exercidas por grande número de leigos. Além disso, o desenvolvimento da psiquiatria e da psicologia fez com que os peritos culturais em distúrbios mentais e emocionais sejam agora os médicos, e não os contemplativos. Portanto, pela primeira vez na história, a psiquiatria e a psicologia ocidentais estão pesquisando e tratando inúmeras crises transpessoais, as quais são interpretadas num contexto psicológico e não espiritual. Essa situação inédita acarreta benefícios, mas também consideráveis riscos.

Os benefícios: muitos dos avanços da psicologia e da psiquiatria ocidentais podem agora ser empregados para a compreensão e tratamento de tais crises. Os terapeutas submetem-se a uma formação específica para lidar com dificuldades psicológicas, tendo a seu dispor uma grande variedade de instrumentos de diagnose, pesquisa e terapia.

Os riscos: a maioria dos terapeutas ocidentais tem muito pouco conhecimento acerca das práticas e das crises transpessoais. Além disso, muitos deles são materialistas filosóficos que, na melhor das hipóteses, negam valor às experiências transpessoais e, na pior, as consideram indícios de patologias graves.

Do ponto de vista da diagnose, há dois perigos, ambos refletindo diferentes aspectos daquilo que Ken Wilber chamou "falácia pré/trans". Um é o reducionismo: a incapacidade de reconhecer uma crise transpessoal, vendo-a como puramente patológica. Existem pessoas que tiveram experiências de quase-morte (as quais são em geral beatíficas e benéficas), por exemplo, e que foram diagnosticadas como psicóticas, sedadas e algumas vezes até hospitalizadas à força. O erro oposto é "elevacionista": confundir uma patologia grave, como a esquizofrenia, com um processo transpessoal.

A distinção entre as regressões pré-pessoais e as progressões transpessoais nem sempre é fácil. Os critérios precisos para realizá-la só agora estão sendo estabelecidos, e a tarefa se complica com a ocorrência de formas híbridas em que se verifica a coexistência de elementos transpessoais e patológicos.[2] O certo é que os diagnósticos mal feitos de qualquer dos dois tipos podem ter resultados trágicos. Os erros de diagnose levam a erros terapêuticos, e as crises transpessoais que não forem identificadas como tais podem ser inadequadamente tratadas com uma espécie de supressão psicofarmacológica do sublime.

A meta ideal é uma integração sensível da sabedoria antiga e contemplativa com o conhecimento clínico e científico moderno. Isso representa um grande desafio clínico e uma grande oportunidade para a psicologia transpessoal.

OS TIPOS DE DIFICULDADES TRANSPESSOAIS

As dificuldades transpessoais podem ser agrupadas em três categorias. Na primeira, as experiências transpessoais emergem em meio a uma patologia grave. A segunda diz respeito ao processo de desenvolvimento e pode iniciá-lo ou complicá-lo. O terceiro tipo de dificuldade, ao contrário, decorre de uma ausência de experiência transpessoal.

No primeiro tipo, as experiências transpessoais irrompem inesperadamente em meio a patologias graves, como as psicoses. Para melhor compreender isso é preciso lembrar que quando as funções cognitivas normais se desintegram, a psique pode ser inundada por elementos provindos de todas as partes do inconsciente, elevado e inferior, patológico e transcendente. A expressão "distúrbios psicóticos com características místicas" foi sugerida para designar esse tipo de crise.[2] O tratamento adequado e o resultado dependem da natureza da gravidade da patologia.

No segundo tipo, o que inicialmente parece ser pura patologia pode revelar-se uma crise de desenvolvimento potencialmente benéfica. Raramente se reconhece que as crises psicológicas, até mesmo as psicoses, às vezes funcionam como experiências de crescimento que resultam em maior bem-estar psicológico e espiritual. Há mais de 2 mil anos, Sócrates declarou que "nossas maiores dádivas chegam a nós por meio da loucura, contanto que esta seja em nós um dom divino".[2] Mais recentemente, o eminente psiquiatra Menninger observou que "alguns pacientes apresentam um transtorno mental e então melhoram mais e mais! Quero dizer que eles ficam melhores do que jamais foram (...). Essa é uma verdade extraordinária e pouco reconhecida".[2]

O processo geral se caracteriza por uma perturbação psicológica temporária seguida de resolução e reparação que conduzem a um nível de funcionamento mais elevado que antes da crise inicial. Desta perspectiva, o que era aparentemente uma crise decorrente de distúrbio e doença pode ser posteriormente reinterpretado como um estágio de desenvolvimento e crescimento. A tais crises deram-se as mais variadas denominações, cada uma das quais ilustra algum aspecto do processo. Por exemplo, os distúrbios que provocam crescimento já foram chamados de "desintegrações positivas", "enfermidades criativas", "processos regenerativos" e "renovações". Quando essas crises se associam especificamente a experiências místicas ou transpessoais, são denominadas "enfermidades divinas", "experiências místicas com características psicóticas", "emergências espirituais", "viagens metanóicas", "estados visionários" e "crises transpessoais".[2,3]

Se tais crises forem tratadas com sucesso, a desordem e o caos podem revelar-se os meios para o abandono de hábitos de vida obsoletos e constritivos. Podem-se reavaliar antigas crenças, metas, identidades e estilos de vida e promover a adoção de novas atitudes mais afirmativas e condizentes com a vida. Ao que tudo indica, a confusão e o sofrimento psicológico podem ser sintomas, por um lado, de enfermidade e declínio psicológico e, por outro, de crescimento e transição no desenvolvimento. O resultado depende em parte de um diagnóstico e tratamento adequados.

Isso *não* quer dizer que todo sofrimento psicológico seja uma crise de desenvolvimento nem que todas as crises de desenvolvimento, mesmo as transpessoais, tenham de ser atravessadas com sucesso, resultando sempre em maior crescimento e bem-estar. Evidentemente, algumas pessoas podem debilitar-se. Um dos desafios da psicologia transpessoal está em identificar e ajudar as pessoas que correm riscos devido a crises de desenvolvimento e em detectar as práticas que possam precipitar essas crises.

Essas crises podem ser desencadeadas pelo estresse ou instigadas por práticas psicológicas ou espirituais. Elas podem ocorrer também de modo espontâneo, dando expressão a forças interiores que estimulam o desenvolvimento independentemente da vontade do indivíduo. Essas forças de desenvolvimento foram chamadas de pulsões de individuação, auto-atualização e autotranscendência. Seu resultado é uma tensão dinâmica entre as forças de crescimento e a sedução do familiar, entre o impulso de transcendência e a inércia da rotina. John Weir Perry, analista junguiano, observa que:

> O espírito [está] constantemente lutando para libertar-se de sua prisão na rotina ou em estruturas mentais convencionais. O trabalho espiritual é a tentativa de liberar essa energia dinâmica, que precisa parar de ser abafada por velhas formas (...). Durante o processo de desenvolvimento de uma pessoa, se esse trabalho de libertação do espírito se torna absolutamente necessário mas não é realizado voluntariamente, com conhecimento do objetivo e uma dose considerável de esforço, a psique então se habilita a assumir o controle e subjugar a personalidade consciente (...). A psique que se individua abomina a *stasis* como a natureza abomina o vácuo.[4]

Em outras palavras, em vez de tolerar a estagnação, a psique pode na verdade gerar crises para forçar o desenvolvimento. Um exemplo clássico é a crise de iniciação xamânica, que lança os xamãs em suas carreiras. Os pesquisadores ocidentais sempre classificaram essas crises como histeria, epilepsia ou esquizofrenia. Agora elas podem ser identificadas como crises transpessoais iniciais ou emergências espirituais. As culturas tribais há muito as reconheceram como tais, presumindo que elas ocorrem nas pessoas indicadas para se tornar xamãs.[3]

As crises psicológicas podem tanto dar início ao desenvolvimento transpessoal como complicá-lo. Essas complicações são em geral de três tipos: irrompimento de antigas questões psicológicas não resolvidas, problemas associados a estágios específicos da prática contemplativa e dificuldades interpessoais.

As questões psicológicas antigas (normalmente da infância) podem surgir a qualquer etapa do percurso, à medida que as defesas se amenizam e a percepção ilumina camadas do inconsciente cada vez mais profundas. A descoberta de material traumático pode ser inicialmente dolorosa ou problemática, mas a longo prazo pode ser catártica e representar a pedra fundamental de futuros progressos.

As tradições contemplativas criaram sofisticados mapas do desenvolvimento transpessoal e suas dificuldades. Agora que todas as tradições estão à nossa disposição, podemos pela primeira vez na história começar a fazer mapas transculturais dos estágios de desenvolvimento, dificuldades e terapias apropriadas. É o que Ken Wilber começou a fazer com seu "espectro das patologias".

Também pode haver dificuldades interpessoais. O início de uma prática espiritual e a participação numa comunidade de praticantes pode criar dificuldades relativas à nova comunidade como também à família e aos amigos, se estes desaprovarem a prática. Alguns dos grupos e líderes espirituais podem ser bem exigentes, até mesmo no plano da patologia. Certas questões, como a da autonomia, limites, responsabilidade pessoal, imposições, concessões e equilíbrio, exigem sensatez e discernimento.

O terceiro tipo de problema está relacionado com a *ausência* de experiências transpessoais. A longo prazo, isso pode representar um preço bem maior a pagar. Essa ausência pode ser resultante da ignorância quanto à existência de experiências transpessoais ou da tentativa deliberada de suprimi-las.

Essas idéias têm uma longa história. Nas culturas tribais, presumia-se que aqueles que se recusavam a atender à vocação xamânica estavam sob o risco de doenças, loucura ou morte.[3] Joseph Campbell chamou esse tipo de comportamento de "recusa à vocação", lembrando que os mitos do mundo inteiro ilustram o alto preço pago pelos que se esquivam a tal chamado. É isso que está na base da seguinte afirmação de Maslow: "Se você planeja deliberadamente ser menos do que é capaz de ser, previno-o de que será profundamente infeliz pelo resto da vida."[5]

Há cada vez mais indícios de que a falta de experiências transpessoais pode estar por trás de uma parte significativa das patologias individuais, culturais e globais da atualidade. Maslow refere-se à metapatologia resultante da incapacidade de satisfazer as metamotivações e metanecessidades, isto é, motivações e necessidades transpessoais. Conforme se discute na parte consagrada ao desenvolvimento neste livro, a ausência de experiências transpessoais e a conseqüente metapatologia podem estar por trás de diversos distúrbios psicológicos e sociais. Tais distúrbios vão desde a crise da meia-idade, vivida por inúmeras pessoas cuja existência é destituída de sentido, até a crise global, refletida no consumismo insaciável de milhões de pessoas como as acima descritas.

Também é possível que a fome de experiências transpessoais tenha um papel importante, porém pouco reconhecido na etiologia e tratamento de determinadas desordens clínicas. O vício, por exemplo, tem muitas causas — biológicas, sociais e psicológicas —, mas recentemente tem-se dado uma grande atenção às suas origens biológicas.

Quaisquer que sejam suas bases biológicas, a ânsia do vício também pode ser em parte uma gratificação substituta para as experiências transpessoais. Carl Jung a descreveu como "o equivalente, num nível inferior, à nossa sede espiritual de integridade, expressa em linguagem medieval: a união com Deus".[6]

Essa idéia de gratificação substituta está no âmago daquilo que Ken Wilber chama de "projeto Atman", pelo qual a pulsão humana fundamental de recobrar a percepção de nossa verdadeira natureza, Atman, é substituída pelo anseio por objetos e experiências. Como diz Wilber, "quando aplicada ao eu individual, a intuição de que o um *é* o Todo se perverte no desejo de *possuir* o Todo. Em lugar de *ser* tudo, deseja-se apenas *ter* tudo. Essa é a base das gratificações substitutas e a sede insaciável que existe na alma de todos os eus individuais".[7] Mas como não podemos jamais ter o bastante daquilo que na verdade não queremos, qualquer substituto — seja dinheiro, sexo, poder ou prestígio — resulta inevitavelmente em frustração e sofrimento.

Se a ânsia do vício pode ser o reflexo de uma falta de experiências transpessoais, segue-se que a disponibilidade de tais experiências pode ser terapêutica. Diversas fontes apóiam essa opinião. Há relatos de diversas pessoas — inclusive Bill W., fundador dos Alcoólicos Anônimos — cuja ânsia cessou quando as experiências transpessoais tiveram início.

É possível que as práticas transpessoais como a meditação reduzam o consumo de drogas legais ou ilegais.[8] O sucesso dos programas de tratamento com orientação explicitamente espiritual, como os grupos de recuperação em doze etapas, indica que a espiritualidade pode ser um importante fator de cura para algumas pessoas. Entretanto, é preciso lembrar que os programas de orientação espiritual podem ser pouco eficazes para outras pessoas, algumas das quais formaram uma "Organização Secular pela Sobriedade" alternativa. Além disso, ao contrário do que muitas vezes se pensa, não há provas de que os AA tenham um índice de cura mais alto que o de outros tratamentos, embora certamente tenham um raio de ação mais amplo e sejam eficazes proporcionalmente ao custo.[9]

A perspectiva transpessoal nos faz ver que o vício pode ser uma fonte de sofrimento e patologia muito mais comum e disseminada do que antes se imaginava. Segundo o psiquiatra Arthur Deikman, "é difícil encontrar um sintoma neurótico ou um vício humano que não possa ser atribuído ao desejo de posse ou ao medo da perda".[10] Naturalmente, essa conclusão não é novidade, já que é uma das afirmações centrais das tradições mundiais da sabedoria, que dizem:

> *Você é enganado pelo seu desejo e vício de objetos sensuais*
> *Como a mariposa pela chama da lâmpada.*[11]

O Buda resumiu a situação na segunda nobre verdade, que diz: "A causa do sofrimento é a cobiça."

Portanto, a adoção de uma perspectiva transpessoal pode lançar luz sobre a natureza, causa e tratamento do vício. Ela deixa claro que os vícios das drogas e da comida — que são, grosso modo, os vícios reconhecidos pela sociedade e pela psicologia ocidental — podem ser apenas a pontinha visível de uma dinâmica bem mais profunda e abrangente. O vício pode ter relação com uma vasta gama de tipos de sofrimento. Ele talvez seja universal — e não individual — na freqüência, existencial — e não apenas circunstancial — na origem, ontológico — e não apenas psicológico — em suas bases. Se isto for verdade, para ser duradoura a cura terá de ser, além de farmacológica e comportamental, existencial e transpessoal.

Em resumo, a perspectiva transpessoal oferece nova compreensão diagnóstica, etiológica e terapêutica de uma variedade de questões clínicas. Do ponto de vista do diagnóstico, ela reconhece um grande número de síndromes clínicas novas (para os psicólogos ocidentais) e representa uma prevenção contra a possibilidade de diagnosticá-las incorretamente e considerá-las patologias mediante sua inclusão em categorias diagnósticas tradicionais. Do ponto de vista etiológico, ela postula que os fatores transpessoais causais podem ter sido negligenciados em distúrbios como o vício e as emergências espirituais. Em seu aspecto terapêutico, ela argumenta que as crises transpessoais podem ser potencialmente benéficas se trabalhadas psicoterapeuticamente, em vez de taxadas de patologias e deixadas de lado. Finalmente, a perspectiva transpessoal indica que a incapacidade de identificar e satisfazer nossa natureza e nossas necessidades transpessoais pode estar por trás de muito do sofrimento individual, cultural e global que nos cerca.

Os ensaios desta parte voltam-se para os problemas clínicos transpessoais. Primeiramente, temos dois ensaios assinados por Christina e Stanislav Grof. Em seu hoje clássico artigo "Emergência espiritual; a compreensão e o tratamento das crises transpessoais", que marcou a fundação de um novo campo clínico, eles revêem os tipos, causas e tratamentos de crises transpessoais. Em "O vício como emergência espiritual", eles analisam as maneiras pelas quais o vício pode mascarar ou conduzir à emergência espiritual e as implicações para sua compreensão e tratamento.

Existe uma crença desastrosamente difundida de que os mestres espirituais são inteiramente imunes às neuroses que atormentam a todos nós. Embora o desenvolvimento e as experiências transpessoais possam eliminar ou ao menos atenuar certas patologias, ainda não se sabe ao certo quais as dimensões da personalidade que são transformadas e quais as que continuam intactas e problemáticas. Aqui jaz, portanto, um importante campo para futuras pesquisas transpessoais. Georg Feuerstein analisa essas questões em "A sombra do guru iluminado". Finalmente, em "O espectro das patologias", Ken Wilber revê as dificuldades que podem surgir em estágios específicos do desenvolvimento transpessoal.

Emergência espiritual: a compreensão e o tratamento das crises transpessoais

Christina Grof e Stanislav Grof

Há indícios cada vez mais concretos de que muitas pessoas que passam por episódios de estados não-ordinários de consciência estão sofrendo uma crise evolutiva e não uma doença mental. O reconhecimento deste fato tem importantes conseqüências teóricas e práticas. Se adequadamente identificadas e tratadas como estágios difíceis de um processo natural de desenvolvimento, essas experiências — emergências espirituais ou crises transpessoais — podem resultar na cura emocional e psicossomática, produzir a resolução criativa de problemas e estimular a transformação da personalidade e a evolução da consciência. É isso o que reflete a expressão "emergência espiritual", que significa "crise", mas também o potencial para ascensão a um estado mais elevado do ser.

A psiquiatria tradicional não reconhece a diferença entre as experiências místicas e as psicóticas. Todos os estados pouco comuns de consciência são vistos essencialmente como patológicos. Não se reconhece que alguns dos dramáticos estados experienciais que envolvem alterações da consciência podem ser potencialmente terapêuticos e transformadores. Assim, a psiquiatria faz uso rotineiro e indiscriminado de abordagens de controle e supressão a fim de provocar o cessamento de tais experiências. Entretanto, o emprego de medidas repressivas indiscriminadas pode, no caso das crises transpessoais, resultar em cronicidade e dependência de tranqüilizantes e outros medicamentos, com a possibilidade de sérios efeitos colaterais e empobrecimento da personalidade. Portanto, o esclarecimento teórico do conceito de crise transpessoal e o desenvolvimento de abordagens eficazes para seu tratamento são aparentemente da maior importância.

As emergências espirituais (crises transpessoais) podem ocorrer de modo espontâneo, sem a ação de fatores de precipitação, ou podem ser deflagradas por estresse emocional, exaustão física, enfermidades, acidentes, experiências sexuais intensas, trabalho de parto, drogas psicodélicas ou várias práticas de meditação.

Evidências provenientes de várias áreas comprovam o conceito de emergência espiritual: história, antropologia, religião comparada, psiquiatria clínica, pesquisa da consciência, terapia psicodélica, psicologia junguiana, novas psicoterapias experimentais e muitas outras.

É importante frisar que nem toda experiência de estados incomuns de consciência e de alterações perceptivas, emocionais, cognitivas e psicossomáticas intensas se enquadra na categoria de emergência espiritual. Muitos distúrbios mentais estão diretamente relacionados com disfunções cerebrais ou doenças de outros órgãos e sistemas do corpo. Por conseguinte, torna-se indispensável um minucioso exame médico e psiquiátrico antes de se considerar a indicação de quaisquer terapias alternativas. Mesmo o trabalho puramente psicológico com pessoas cujos problemas não são de natureza essencialmente médica pode acarretar dificuldades que exijam avaliações médicas. Aqui se incluem, por exemplo, a recomendação de nutrição, ingestão de minerais e vitaminas e repouso adequados, além da prevenção da desidratação.

Abaixo relacionamos os critérios de avaliação que indicam que uma pessoa pode estar passando por uma emergência espiritual e deve recorrer a tratamento alternativo:

1. Episódios de experiências incomuns que envolvam alterações no funcionamento perceptivo, emocional, cognitivo e psicossomático e nos quais se verifique uma acentuada ênfase no aspecto transpessoal do processo, como a presença de seqüências de morte e (re)nascimento e fenômenos mitológicos e arquetípicos.
2. Ausência de algum distúrbio orgânico cerebral.
3. Ausência de alguma doença física de outro órgão ou sistema que possa ser responsabilizado pelo distúrbio mental.
4. Condição somática e cardiovascular geral razoavelmente boa, o que permitirá ao paciente submeter-se com segurança ao estresse que possa decorrer do trabalho experiencial e da estratégia de descobrimento.
5. Capacidade de ver o distúrbio como um processo psicológico interno e de abordá-lo de uma forma internalizada; capacidade de estabelecer uma relação de trabalho adequada.
6. Ausência de um longo histórico de hospitalizações e tratamentos psiquiátricos convencionais, o qual em geral tende a tornar a aplicação da novas abordagens bem mais difícil.

FORMAS DE EMERGÊNCIA ESPIRITUAL

Todas as formas de experiência transpessoal podem ser vistas como exteriorizações dinâmicas de profundos domínios inconscientes e superconscientes da psique humana, formando um *continuum* indivisível e multidimensional, sem limites claramente definidos. É evidente, portanto, que não é possível demarcar indubitavelmente, na prática, os vários tipos de emergência espiritual.

Todavia, achamos que não só é possível como útil traçar uma distinção entre os principais padrões experienciais verificados com especial freqüência. Embora muitas vezes eles se superponham, cada um possui características particulares.

1. Despertar do poder da serpente (Kundalini)
2. Viagem xamânica
3. Renovação psicológica através da ativação do arquétipo central

4. Abertura psíquica e mediúnica
5. Afloramento de um padrão cármico
6. Estados de possessão

O despertar do poder da serpente (Kundalini)

De acordo com as escolas hindu e budista tântrica, Kundalini é a energia criativa do universo, sendo feminina em sua natureza. Em seu aspecto exterior, ela é manifesta no mundo empírico. Em seu aspecto interior, ela jaz adormecida na base da espinha humana; nesta forma, a tradição a representa simbolicamente como uma serpente enrolada três vezes e meia. Se ativada pela prática espiritual, através do contato com um guru ou espontaneamente, ela desperta sob a forma de energia ativa, ou *Shakti*, e sobe pelos condutos do corpo sutil (chamados *nadis*), abrindo, limpando e iluminando os centros psíquicos ou *chakras*.

Embora não seja sem riscos e problemas, o despertar da Kundalini em geral é visto como potencialmente propício à cura psicossomática, à reestruturação positiva da personalidade e à evolução da consciência. Entretanto, devido ao extraordinário poder desse processo, os livros sagrados referem-se a ele com toda a seriedade e recomendam a orientação de um mestre experiente às pessoas nele envolvidas.

O despertar da Kundalini pode ser acompanhado de dramáticas manifestações físicas e psicológicas chamadas *kriyas*. Dentre as mais espantosas, reportam-se fortes sensações de calor e energia subindo a espinha, associadas a estremecimentos, espasmos, tremores violentos e complexos movimentos de torção. Bastante comum é também o riso e o choro involuntários, bem como o entoar de mantras e cânticos, o falar em línguas diferentes, a emissão de sons vocais e animais e a adoção espontânea de gestos (*mudras*) e posturas (*asanas*) iogues.

O indivíduo é capaz de visualizar padrões geométricos, luzes brilhantes e formas complexas de santos, divindades, demônios e seqüências mitológicas inteiras. Os fenômenos acústicos incluem uma variedade de sons. As manifestações emocionais do despertar da Kundalini vão desde o êxtase, arrebatamento orgástico e estados de paz e tranqüilidade indescritíveis até ondas de depressão, ansiedade e agitação no limiar de sentimentos de insanidade e/ou morte.

O processo do despertar da Kundalini pode simular diversos distúrbios psiquiátricos e complicações médicas. O conhecimento íntimo da síndrome da Kundalini é essencial para que o clínico faça um diagnóstico correto e diferenciado.

A jornada xamânica

As crises transpessoais deste tipo têm uma profunda semelhança com aquilo que os antropólogos chamam de *doença xamânica* ou *iniciatória*. Trata-se da dramática experiência de um estado não-ordinário de consciência que marca o início da carreira de muitos xamãs.

A experiência central da jornada xamânica é um profundo encontro com a morte e o subseqüente renascimento. Os sonhos e visões iniciatórios incluem o descenso ao mundo subterrâneo sob a orientação de espíritos ancestrais, ataques de demônios, exposição a torturas físicas e emocionais inimagináveis e, por fim, a completa aniquilação. Em seguida vem uma seqüência característica de renascimento e ascensão a reinos sobrenaturais. Embora os detalhes dessas provações variem consideravelmente de acordo com as diferentes tribos e os diferentes xamãs, todas elas têm em comum a atmosfera geral de horror e sofrimento inumano.

Nas experiências dos indivíduos cujas crises transpessoais têm fortes características xamânicas, frisa-se o sofrimento físico e o encontro com a morte seguido de renascimento e elementos de ascensão ou vôo mágico. Além disso, eles caracteristicamente sentem-se em conexão especial com os elementos da natureza. Não raro, passam a sentir-se dotados de poderes extraordinários e da capacidade de curar.

A boa integração entre a "doença xamânica" e o adequado funcionamento dentro do cotidiano é condição indispensável para a aceitação como xamã. Como a crise iniciatória, os episódios transpessoais de tipo xamânico podem levar a uma boa adaptação e funcionamento excelente em certas áreas, se contarem com o apoio apropriado.

A renovação psicológica através da ativação do arquétipo central

Este tipo de crise transpessoal foi examinado pelo analista junguiano John Weir Perry. Em seu trabalho clínico com pacientes psicóticos jovens, ele verificou que a natureza do desenvolvimento psicopatológico se transformava drasticamente quando os pacientes recebiam um apoio sensível; o resultado era a cura emocional, a renovação psicológica e a profunda transformação da personalidade desses jovens.

Os indivíduos que passam por este tipo de crise vêem-se no centro do processo do mundo ou sendo o centro de todas as coisas, o que Perry atribui à ativação daquilo que ele chama de *arquétipo central*. Eles se preocupam com a morte e os temas do sacrifício ritual, martírio, crucificação e vida além-túmulo. Outro tema importante é o retorno aos primórdios do mundo, à criação, ao estado paradisíaco original ou ao primeiro ancestral.

Essas experiências concentram-se tipicamente num embate cataclísmico de forças opostas num nível global ou até cósmico, tendo a qualidade de um combate sagrado ou — na forma mundana dos protagonistas — um combate entre capitalistas e comunistas, americanos e russos, brancos e amarelos ou sociedades secretas contra o resto do mundo. A forma arquetípica desse conflito envolve as forças da luz e das trevas, Cristo e Anticristo ou Demônio, Armagedon e Apocalipse.

Um dos elementos característicos desse processo é a preocupação com a reversão de opostos. Isso é expresso de forma particularmente acentuada na área sexual, envolvendo uma intensa desconfiança em relação ao sexo oposto, desejos ou pânicos homossexuais, medo do outro sexo e reversão de sexo. Esses problemas se caracterizam por encontrar sua solução no tema da união dos opostos, particularmente o Matrimônio Sagrado (hierosgamos). Essa união é de natureza mitológica, uma fusão arquetípica dos aspectos masculinos e femininos da personalidade.

O processo culmina numa apoteose, uma experiência de elevação a um estado de exaltação que freqüentemente se associa à sensação de um novo nascimento ou renascimento, o outro lado do tema supremo da morte.

O trabalho de Perry demonstra claramente a importância capital que adquire o processo arquetípico revivido neste tipo de crise transpessoal e a necessidade de tratar com respeito esses estados. Se adequadamente compreendidos e trabalhados, eles possuem potencial de cura e transformação, podendo levar a uma reestruturação positiva da personalidade e à renovação psicológica e espiritual.

Abertura psíquica e mediúnica

A crise transpessoal deste tipo se caracteriza por um espantoso acúmulo de casos de percepção extra-sensorial (PES) e outras manifestações parapsicológicas. Nas fases agudas desse processo, o indivíduo pode ver-se literalmente mergulhado em ocorrências paranormais e extraordinárias, entre as quais diversas formas de experiências fora do corpo.

Muitas tradições espirituais descrevem o afloramento de capacidades paranormais como um estado comum e particularmente ambíguo da evolução da consciência. Considera-se essencial evitar deslumbrar-se diante das novas habilidades e interpretá-las como sinal da singularidade de seu portador. O risco daquilo que Jung chamou de "inflação do ego" provavelmente é maior aqui que em qualquer outro tipo de crise espiritual.

Entretanto, em nossa cultura, que tende a aceitar acriticamente a visão de mundo pragmaticamente bem-sucedida porém simplista da ciência mecanicista, o risco oposto pode ser ainda mais importante. Nessa situação, muitas pessoas costumam interpretar as experiências de telepatia, clarividência ou sincronicidade como sinais de auto-sugestão e até mesmo de insanidade, porque a ciência contemporânea nega a possibilidade de sua existência.

Afloramento de um padrão cármico

Na forma completamente desenvolvida deste tipo de crise transpessoal, o indivíduo passa por seqüências dramáticas que aparentemente se processam num contexto temporal ou espacial diverso, em outro período histórico ou outro país. Essas experiências podem ser bastante realistas, fazendo-se acompanhar de fortes emoções positivas ou negativas e intensas sensações físicas. A pessoa envolvida apresenta caracteristicamente a convicção de estar desencavando esses eventos de sua própria memória, revivendo episódios de suas próprias encarnações anteriores. Além disso, aspectos específicos de tais seqüências parecem de repente lançar uma nova luz sobre vários problemas emocionais, psicossomáticos e interpessoais da vida atual da pessoa, problemas esses que anteriormente podem ter sido julgados obscuros e incompreensíveis.

A plena vivência e a integração completa de seqüências de vida passada têm a característica típica de provocar drásticos efeitos terapêuticos. Problemas emocionais, psicossomáticos e interpessoais podem ser radicalmente aliviados ou até desaparecer após uma forte seqüência cármica. Por essa razão, os terapeutas deveriam reconhecer esse fenômeno e utilizá-lo, independentemente de seu próprio sistema de crenças ou da verdade histórica de tais seqüências.

Estados de possessão

Este tipo de crise transpessoal pode ocorrer no contexto da psicoterapia experimental, tratamento com drogas psicodélicas e como desenvolvimento espontâneo da vida do indivíduo.

Quer o arquétipo do mal surja numa sessão de terapia quer dentro das condições da vida cotidiana, o indivíduo identifica tipicamente a energia envolvida como demoníaca e tenta suprimi-la de todas as maneiras. É possível que um padrão latente deste tipo se esconda por trás de psicopatologias sérias como a depressão suicida, a agressividade homicida, os impulsos de comportamento anti-social e a ânsia por álcool e drogas. Tais manifestações costumam alienar os parentes, os amigos e até os profissionais envolvidos com o paciente.

A resolução desse problema exige o acompanhamento de pessoas que não tenham medo da natureza misteriosa das experiências e que possam contribuir para o completo afloramento e exteriorização do padrão arquetípico.

A resolução freqüentemente se processa após dramáticas seqüências de engasgamento, vômito de projéteis ou comportamento motor frenético com perda temporária de controle. Com bom acompanhamento, as experiências deste tipo podem ser extremamente terapêuticas e liberadoras. Recentemente, o interesse dos profissionais por esse fenômeno ganhou novo alento com o estudo das personalidades múltiplas.

A ASSISTÊNCIA TERAPÊUTICA NAS CRISES TRANSPESSOAIS

A primeira e a mais importante das tarefas que aguardam o profissional que trabalha com pessoas que passam por crises transpessoais é o estabelecimento de uma relação que conte com a confiança do paciente. A partir daí, torna-se possível mediar uma nova compreensão do processo no qual o paciente está envolvido e angariar seu respeito em relação ao potencial de cura e de transformação nele presente. Essa abordagem é diametralmente oposta à estratégia psiquiátrica tradicional que usa rótulos patológicos e a supressão indiscriminada de todos os estados não-ordinários de consciência. O princípio básico da nova estratégia é apoiar o processo e cooperar com ele a fim de utilizar seu potencial positivo.

É de importância fundamental para o resultado positivo das crises transpessoais que o paciente reconheça a natureza intrapsíquica das experiências incomuns.

O grau do auxílio exigido depende da natureza, profundidade e intensidade do processo. Certas pessoas se afligem e se confundem com o teor de suas experiências, mas conseguem administrar a vida cotidiana até certo ponto. Em situações como essa, uma nova compreensão, além da recomendação de leituras pertinentes e discussões de apoio que facilitem a integração das experiências incomuns, às vezes são o suficiente.

A estratégia geral aqui é a de criar situações na vida cotidiana que possibilitem o exame completo do material emergente, tais como períodos de meditação ou experiência introspectiva facilitada pela música. Isso, ao que parece, libera o tempo restante da intrusão de elementos inconscientes. Por outro lado, também é possível utilizar técnicas que retardam o processo, se as circunstâncias exigirem o cumprimento integral de tarefas práticas. Entre essas técnicas, destacamos a dieta mais consistente, a ingestão de bebidas com grandes quantidades de açúcar ou mel, exercícios físicos intensos como o *jogging*, a natação, caminhada ou jardinagem, a suspensão de situações estressantes ou superestimulantes e de quaisquer práticas espirituais e, em casos extremos, o uso ocasional de tranqüilizantes leves como medida temporária.

Se o processo for tão intenso que interfira na vida cotidiana mesmo após o emprego das medidas descritas acima, talvez haja necessidade de sessões experienciais regulares, nas quais o processo seja facilitado através do uso de técnicas de descobrimento desenvolvidas por psicologias humanistas e transpessoais ou por diferentes tradições espirituais do mundo. Dessas, a terapia da Gestalt, a psicossíntese, a imaginação ativa e o desenho de mandalas (junguianos), certas abordagens neoreichianas, o trabalho corporal concentrado e o uso de música e movimentos expressivos parecem ser particularmente úteis.

Em todos os estágios do processo, a expressão artística — desenho de mandalas, psicodrama, dança, movimento expressivo e escrita criativa — pode ser de grande utilidade.

O vício como emergência espiritual

Christina Grof e Stanislav Grof

É possível que para muitas pessoas, por trás da ânsia por drogas ou álcool, esteja a ânsia por transcendência e completude. Se assim for, a dependência de drogas e álcool, bem como todos os outros vícios, podem ser em muitos casos uma forma de emergência espiritual. O vício difere de outras formas de crise transformadora pelo fato de a dimensão espiritual muitas vezes se esconder por trás da óbvia natureza destrutiva e autodestrutiva da doença. Em outras variedades de emergências espirituais, as pessoas defrontam-se com problemas devidos aos estados mentais espirituais ou místicos. Em contraste, ao longo do processo de dependência, muitas dificuldades ocorrem porque a busca de dimensões internas mais profundas não está sendo empreendida.

Os alcoólatras e outros dependentes descrevem sua queda nos abismos do vício como "bancarrota espiritual" ou "doença de alma", e a cura de seu espírito empobrecido como "renascimento". Como diversas emergências espirituais seguem essa mesma trajetória, é possível aprender muitas lições de assistência durante as crises de transformação com os programas bem-sucedidos no tratamento de abuso de álcool e drogas.

Para muitas pessoas, por trás da ânsia por drogas, álcool e outros tipos de dependência, está a ânsia pelo Eu Superior ou Deus. Muitas pessoas que se recuperaram falam de sua busca incansável de algum pedaço desconhecido que faltava em suas vidas, descrevendo como se dedicavam a uma busca vã de substâncias, alimentos, relacionamentos, posses ou posições de poder e destaque numa tentativa de satisfazer uma ânsia insaciável. Em retrospecto, elas reconhecem ter feito uma trágica confusão, levadas a uma percepção errônea que lhes dizia que as respostas estavam fora delas mesmas.

Algumas até descrevem seu primeiro *drink* e sua primeira droga como a primeira experiência espiritual que tiveram, um estado em que as fronteiras individuais se dissolvem e a dor cotidiana desaparece, levando-as a um estado de pseudo-unidade, conforme declara William James no seguinte trecho de *As variedades da experiência religiosa*:

> A influência do álcool sobre a humanidade deve-se indubitavelmente a seu poder de estimular as faculdades místicas da natureza humana, em geral reduzidas a pó pela frieza dos fatos e pela aridez crítica do período de sobriedade.

Depois de chegar ao fundo de sua doença e entrar num programa de recuperação espiritual, os dependentes em convalescência costumam exclamar: "Era isso o que eu estava procurando!" Sua recém-conquistada lucidez, a ligação com um Poder mais Elevado e com outros seres humanos oferecem-lhes o estado de união que eles buscavam, e o desejo insaciável diminui.

Para muitas pessoas, a dependência do álcool, de drogas e de outras substâncias é uma forma de emergência espiritual. Como ocorre em muitas outras emergências espirituais, a jornada do viciado até o fundo do poço e daí para a recuperação é muitas vezes um processo de morte e renascimento do ego.

Durante a morte do ego, quer ela seja devida a um episódio de despertar espiritual ou da chegada de um indivíduo ao fim de sua carreira de alcoólatra, tudo o que se é ou se foi — todos os relacionamentos e pontos de referência, todas as racionalizações e proteções — entram em colapso e a pessoa é deixada nua, sem mais nada a não ser o âmago do seu ser.

Desse estado de absoluta e terrível rendição, não há para onde ir senão para cima. Como parte do renascimento que se segue a essa morte devastadora, a pessoa se abre facilmente para uma existência espiritualmente orientada, durante a qual a prática ou o serviço se tornam impulsos essenciais. Muitas pessoas se surpreendem ao descobrir uma fonte constante de benevolência interior que lhes dá força e orientação. Elas chegam à percepção de que a vida sem a espiritualidade é trivial e pouco gratificante.

A chave para essa redenção é o fim da ilusão de que se pode controlar a própria vida e a aceitação de auxílio vindo de um Poder mais Elevado.

Bill Wilson, co-fundador dos Alcoólicos Anônimos, falou e escreveu com eloqüência sobre o alcoolismo e a necessidade de uma dimensão espiritual na recuperação. Sua transformação teve início num quarto de hospital onde, terrivelmente doente, recebia tratamento médico após uma de suas inúmeras farras. Seu biógrafo diz:

> Agora nada havia em frente, a não ser a morte ou a loucura. Era o fim, a beira do precipício. "A escuridão terrível tornou-se completa", disse Bill. (...) Em seu desespero e desamparo, Bill gritou: "Faço qualquer coisa, qualquer coisa!" Ele havia chegado (...) a um estado de entrega completa e absoluta. (...) Ele gritou: "Se houver um Deus, que apareça!"
>
> [Palavras de Wilson:] "De repente, meu quarto resplandeceu numa luz branca indescritível. Fui tomado de um êxtase que escapa a qualquer descrição. (...) Eu estava de pé [no alto de uma montanha] onde soprava um forte vento. Um vento que não era ar, mas espírito. Com força total e clara, ele soprou através de mim. E então veio o sublime pensamento: 'Você é um homem livre'. (...) [Uma] imensa paz me arrebatou e (...) eu tomei consciência de uma Presença que parecia um verdadeiro mar de espírito vivo. Eu jazia às margens de um novo mundo. (...) Pela primeira vez, senti que realmente era parte de algo. Soube que era amado e que poderia dar amor em troca."
>
> Bill Wilson jamais voltou a beber.

A sombra do guru iluminado

Georg Feuerstein

Quando se examinam as biografias e autobiografias dos adeptos do presente e do passado, fica claro que a personalidade dos homens e mulheres iluminados e místicos avançados permanece em grande parte intacta. Cada um manifesta qualidades psicológicas específicas, conforme suas características genéticas e sua história de vida.

Alguns são propensos à passividade; outros são espetacularmente dinâmicos. Alguns são calmos; outros são ferozes. Alguns não têm o menor interesse em estudar; outros são grandes eruditos. O que esses seres que despertaram têm em comum é o fato de não mais se identificarem com o complexo da personalidade, qualquer que seja a sua configuração, mas viverem fora da identidade do Eu. A iluminação, então, consiste na transcendência do hábito do ego, mas *não* apaga a personalidade.

Isso levanta a questão crucial: a iluminação também deixa intactos certos traços que no indivíduo não-iluminado poderiam ser ditos neuróticos? Eu acredito que sim. Se eles forem verdadeiros mestres, seu propósito prioritário deve ser a comunicação da Realidade transcendental. No entanto, seu comportamento no mundo exterior é sempre uma questão de estilo pessoal. Os devotos, evidentemente, preferem pensar que seu guru ideal é livre de manias, sendo qualquer idiossincrasia creditada à necessidade de ensinar os outros. Porém, mesmo a mais rápida reflexão mostra que isso é simples fantasia e projeção.

A personalidade do adepto com certeza está orientada para a autotranscendência e não para a auto-realização. Contudo, ela se caracteriza tipicamente por não seguir uma trajetória de auto-atualização. Emprego aqui essa expressão em sentido mais restrito do que o que lhe deu Maslow: a intenção de concretizar a integridade psíquica baseada na integração da sombra. Na terminologia junguiana, a sombra é o aspecto oculto da personalidade, o agregado de materiais reprimidos.

Os caminhos espirituais tradicionais são em grande parte baseados no ideal vertical de libertação em relação ao condicionamento do corpo-mente. Por conseguinte, concentram-se naquilo que é concebido como o bem supremo — o Ser transcendental. Essa idéia espiritual unilateral tira de foco a psique humana: os interesses pessoais desta se tornam insignificantes e suas estruturas são vistas como algo a ser transcendido o mais rápido possível, em vez de transformado. Naturalmente, todos os métodos de autotranscendência envolvem um certo grau de autotransformação. Porém, como regra geral, isso não abrange um esforço dirigido de trabalhar com a sombra e atingir a integração psíquica. Isso pode explicar por que tantos místicos e adeptos são extremamente excêntricos e autoritários, parecendo ter personalidades pouco integradas do ponto de vista social.

Ao contrário da transcendência, a integração ocorre no plano horizontal. Ela estende o ideal de integridade à personalidade condicional e seu nexo social. Entretanto, a integração só faz sentido quando a personalidade e o mundo condicionais não são tratados como opositores irrevogáveis da Realidade final, mas valorizados enquanto manifestações suas. Após encontrar o Divino nas profundezas da própria alma, o adepto deve então encontrar o Divino em toda a vida.

O espectro das patologias

Ken Wilber

DISTÚRBIOS PSÍQUICOS

Por "patologia psíquica" designo especificamente todas as crises e patologias espirituais que podem (1) surgir espontaneamente; (2) manifestar-se em qualquer um dos níveis inferiores do desenvolvimento durante períodos de estresse profundo (por exemplo, episódios psicóticos); e (3) acometer o *iniciante* de uma prática contemplativa.

1. Espontâneas

A mais dramática das patologias psíquicas é o despertar espontâneo e geralmente não-desejado de energias ou capacidades psíquico-espirituais. Na melhor das hipóteses, essas crises representam um aborrecimento para o indivíduo acometido; na pior, elas são devastadoras. O despertar da Kundalini, por exemplo, pode ser uma espécie de dinamite psicológica.

2. Episódios de características psicóticas

Um dos mais desconcertantes aspectos dos surtos esquizofrênicos transitórios ou episódios de características psicóticas é que eles costumam canalizar percepções espirituais bastante profundas, mas fazem-no através de uma estrutura do eu que é neurótica, limítrofe ou até francamente psicótica (principalmente esquizo-paranóide).

3. Iniciante

As patologias psíquicas que podem acometer o novo adepto incluem:

a) *Inflação psíquica*. As energias e percepções universais e transpessoais do nível psíquico são atribuídas exclusivamente ao ego individual, com resultados extremamente desequilibradores (principalmente se houver resíduos narcisistas).

b) *Desequilíbrio estrutural devido a falha na prática da técnica espiritual*. Ele é particularmente comum nos caminhos de purificação e purgação, nas iogas Kriya e Charya e nas técnicas mais sutis, como o mantrayana. Tal desequilíbrio em geral se manifesta através de uma ansiedade leve e generalizada ou de sintomas de conversão psicossomática (dores de cabeça, arritmia cardíaca leve, distúrbios intestinais, etc.).

c) *A Noite Escura da Alma*. Quando a experiência do Divino começa a esvair-se (o que inicialmente acontece), a alma pode sofrer uma profunda depressão de abandono (que *não* deve ser confundida com as depressões neurótica, limítrofe ou existencial).

d) *Objetivos de vida clivados*. Por exemplo, "Fico no mundo ou me retiro para fazer meditação?" Esse processo pode ser extremamente sofrido e psicologicamente paralisante. Ele expressa uma forma de clivagem profunda entre as necessidades superiores e inferiores do eu.

e) *"Pseudodukkha"*. Em certos caminhos de meditação (por exemplo, a Vipassana), a fase inicial do treinamento da percepção traz uma certeza cada vez maior da natureza dolorosa da existência manifesta em si. Quando essa certeza se torna avassaladora, falamos de "pseudodukkha". Pseudodukkha é, em geral, o resultado de uma contaminação residual existencial, psiconeurótica ou, na maioria das vezes, limítrofe. O indivíduo não ganha uma compreensão da amargura da vida; ele simplesmente segue pela vida amargamente.

f) *Distúrbios prânicos*. Referem-se a um mau direcionamento da energia Kundalini nos primeiros estágios de seu despertar. Vários canais psíquicos (prânicos) são sobre ou subdesenvolvidos, fechados ou prematuramente abertos, como ocorre nos distúrbios chamados de "cavalo-de-vento" (*rlung*) pelo Budismo tibetano. Os distúrbios prânicos são geralmente causados pela visualização e concentração inadequadas. Prevalecem normalmente os sintomas psicossomáticos mais violentos, como espasmos musculares incontroláveis, fortes dores de cabeça, dificuldade respiratória, etc.

g) *"Mal iogue"* (Aurobindo). Segundo Aurobindo, esse distúrbio ocorre quando o desenvolvimento dos níveis psíquicos ou mais elevados de consciência sobrecarrega o corpo físico-emocional, resultando (ainda segundo Aurobindo) em coisas que vão desde alergias a problemas intestinais e distúrbios cardíacos.

DISTÚRBIOS SUTIS

A manifestação da estrutura básica sutil da consciência traz consigo a possibilidade de um nível sutil de desenvolvimento do eu: um novo modo do eu, com novas relações objetuais, novas motivações, novas formas de vida, novas formas de morte — e novas formas de possíveis patologias.

Os dois pontos vulneráveis dizem respeito (1) à diferenciação-separação-transcendência da dimensão psíquico-mental anterior e (2) à identificação-integração-consolidação do eu arquetípico sutil e suas relações objetuais. Aparentemente, esta patologia ocorre com mais freqüência entre meditantes de nível intermediário a avançado. Em seguida, listamos algumas de suas muitas formas.

1. Falha na integração-identificação

A estrutura sutil básica — que é concebida e percebida por diferentes tradições como um Ser, uma Força, uma Percepção, uma Forma Divina ou uma Presença auto-iluminada (à qual, para simplificar, chamaremos de Presença ou Consciência Arquetípica) — é apreendida primeiramente "por cima e por trás", metaforicamente falando, da consciência psíquico-mental. Afinal, na medida em que a contemplação se aprofunda, o eu se diferencia de seu cenário psíquico e ascende a uma identificação intuitiva com essa Base, Percepção, Presença ou Consciência Arquetípica. Aos poucos, percebemos que a Presença ou Forma Divina é nosso próprio arquétipo, uma imagem de nossa natureza essencial. Essa Identidade surge ligada a um *testemunhar* das relações objetuais da consciência sutil — espaço infinito, iluminações audíveis (*nada*), os reinos do conhecimento superior de Brahma. O fato de o praticante *não* perceber essa Identidade com a Consciência Anterior *depois* de o praticante ser de fato estruturalmente capaz disso, é a patologia central que define essas síndromes, pois constitui, nesse momento, uma fratura entre o eu e o Arquétipo — na terminologia cristã, uma patologia da alma.

Essa fratura ocorre por uma razão elementar: a identificação com a Presença ou Consciência Arquetípica exige a *morte* do eu psíquico-mental. Em vez de sofrer essa humilhação, o eu se *contrai* no seu próprio ser isolado, fraturando a mais elevada identidade arquetípica anterior.

2. Pseudonirvana

Isso é apenas a confusão entre as formas, iluminações, arrebatamentos, êxtases, percepções ou absorções sutis ou arquetípicas e a liberação final. Não se trata de uma patologia, a menos que se busquem níveis finais ou causais de consciência. Neste caso, *todo* o domínio sutil e todas as suas experiências, se a eles nos ativermos, são considerados patológicos, "makyo", ilusões sutis — o Zen na verdade chama a isso de "doença zen".

3. Pseudo-realização

Este é o equivalente no nível sutil à pseudo*dukkha no psíquico.* À medida que a meditação Vipassana prossegue rumo aos níveis sutis de consciência, um estágio de percepção chamado "realização" se apresenta. *Todo* o conteúdo da consciência parece terrível, opressivo, repugnante, doloroso e abominável; há dores físicas extremas e grande desconforto psíquico-mental. Entretanto, esta não é a patologia deste estágio. Ela é *normal* nele, um estágio que envolve uma percepção intensa da natureza absolutamente insatisfatória dos fenômenos quando vistos separadamente do númeno. Essa dor intensa age como a motivação para transcender toda manifestação concebível em absorção nirvânica. A patologia da pseudo-realização ocorre quando esse processo não chega ao fim e a alma se extenua às margens da sua própria agonia. Aparentemente, na sua forma estrutural profunda, essa patologia é idêntica ao que anteriormente se chamou de incapacidade de obtenção da Consciência Arquetípica e do testemunho estável de todas as relações objetuais do nível sutil.

DISTÚRBIOS CAUSAIS

O último dos principais fulcros do autodesenvolvimento tem duas ramificações: o ramo que podemos chamar de Informal ou Não-Manifesto e todo o universo da Forma ou Reino Manifesto. O desenvolvimento normal requer sua devida diferenciação (no aspecto causal) e sua integração final. A patologia, por outro lado, decorre de falhas em qualquer um desses dois movimentos cruciais.

1. Incapacidade de diferenciação

A incapacidade de aceitar a morte final do eu arquetípico (que é simplesmente o nível mais sutil da identidade individual isolada) prende a consciência a algum aspecto do reino manifesto. A Grande Morte não acontece e a Consciência Informal não consegue se distinguir do reino manifesto nem transcendê-lo, bloqueada pelo menor movimento de contração, apreensão, busca ou desejo; o bloqueio final: o desejo de libertação.

2. Incapacidade de integração ou doença do Arhat

A consciência é capaz de distinguir-se de *todos* os objetos da consciência ou de todo o reino manifesto a ponto de não se apresentarem a ela quaisquer objetos (*jnana samadhi*, *nirvikalpa samadhi*, *nirvana*). Embora essa seja a meta "final" de alguns caminhos, na verdade uma sutil disjunção, dualismo ou tensão ainda existe na consciência, a saber, entre o reino manifesto e o não-manifesto. Apenas quando se penetra essa disjunção o reino manifesto surge como uma modificação da Consciência, e não uma perturbação desta. Este é o clássico *sahaj-bhava samadhi*. Até hoje não li nenhum texto nem ouvi nenhum sábio que falasse de um nível além desse.

SEÇÃO SETE

A BUSCA DE INTEGRIDADE: TERAPIAS TRANSPESSOAIS

A psicoterapia é a arte, ciência e prática do estudo da natureza da consciência e do que pode contribuir para sua redução ou seu desabrochar.

— James Bugental[1]

As psicoterapias são o reflexo de pressupostos sobre a natureza humana que norteiam a seleção de objetivos e técnicas terapêuticas. Como a visão transpessoal da natureza humana é tão abrangente, sua visão da terapia é igualmente ampla. Por conseguinte, a maioria dos terapeutas transpessoais parte do princípio de que nenhuma estratégia ou técnica terapêutica pode por si só se aplicar a todos os problemas, dimensões ou níveis psicológicos. Portanto, considera-se de hábito que as diferentes terapias e técnicas são potencialmente complementares, e não necessariamente conflitivas. Cada uma tem uma contribuição única a oferecer, e a tarefa do terapeuta é reconhecer quais os pontos fortes, os limites e a área ótima de aplicação de cada uma das abordagens. Por conseguinte, os terapeutas transpessoais buscam mesclar o que há de melhor no trabalho ortodoxo a técnicas e perspectivas transpessoais, recorrendo a cada uma dessas coisas quando adequado, a fim de atender às necessidades individuais de seus clientes.

Por ser a terapia transpessoal tão abrangente, a formação do terapeuta deve sê-lo igualmente. É compreensível que se relute em estabelecer padrões num campo tão novo e crescente, que incentiva a diversidade, a experimentação e os valores transconvencionais. Entretanto, à medida em que o campo cresce, cresce também a necessidade de princípios de formação clínica. Os princípios que a seguir fornecemos servem como base para a discussão. Eles incluem a formação e a habilitação convencionais, a formação transpessoal, o trabalho experimental em psicoterapia e alguma disciplina transpessoal e padrões éticos.

A formação convencional exige um diploma em alguma disciplina da saúde mental e licenciamento clínico. A formação clínica transpessoal requer conhecimento da teoria transpessoal, diagnose, terapias e trabalho clínico supervisionado. Também é essencial um bom conhecimento dos problemas e questões espirituais. É comum o surgimento de questões relativas à espiritualidade no decorrer da terapia, mas muito poucos terapeutas têm formação para lidar com elas.[2]

A capacidade de realizar com os pacientes um trabalho psicológico e transpessoal em profundidade depende da profundidade das explorações que faz o próprio terapeuta. Portanto, é necessário que os psicoterapeutas transpessoais se submetam, por sua vez, à psicoterapia de orientação transpessoal e à prática contínua de disciplinas transpessoais como a ioga e a meditação. O ideal seria que tais disciplinas fizessem parte da prática de vida do terapeuta, permitindo-lhe o aprofundamento de sua exploração transpessoal.

Os critérios éticos incluem os padrões profissionais convencionais. Entretanto, estes servem mais como ponto de partida que como objetivo final, já que o crescimento transpessoal exige uma excepcional sensibilidade ética.

É óbvio que tais requisitos são exigentes; talvez mais que os de qualquer outra escola de psicoterapia. Porém, da mesma forma que o crescimento transpessoal exige muito dos que o buscam, exige também dos que pretendem promovê-lo em terceiros. Para ajudar os outros a se transformar, precisamos transformar-nos primeiro. Nas palavras do Buda:

> *Para endireitar o que é torto,*
> *É preciso antes fazer algo mais difícil —*
> *Endireitar a ti mesmo.*[3]

Na psicoterapia em geral, e na psicoterapia transpessoal em particular, a relação terapêutica é o meio através do qual a cura se processa. O estudo teórico, a formação clínica e a exploração interior são os meios pelos quais a capacidade de ser uma presença curadora se refina. Esse processo de refinamento é a tarefa de vida do terapeuta e uma dádiva para os pacientes. Pois, como diz Ram Dass:

> *O que uma pessoa tem a oferecer a outra*
> *é o seu próprio ser — nada mais, nada menos.*[4]

Neste capítulo, Ken Wilber prossegue com sua pesquisa do espectro da patologia e do desenvolvimento transpessoal em "O espectro das terapias", no qual ressalta as abordagens terapêuticas para problemas em cada um dos principais estágios transpessoais. Frances Vaughan dá-nos uma visão geral da psicoterapia transpessoal, enquanto Bryan Wittine identifica seus pressupostos principais. Finalmente, Michael Murphy defende a criação de "práticas integrais" que recorram a terapias e disciplinas diversas e promovam um desenvolvimento equilibrado de coração, corpo e mente.

O espectro das terapias

Ken Wilber

PATOLOGIA PSÍQUICA

O desenvolvimento contemplativo em geral possui três níveis ou estágios mais amplos (inicial, intermediário e avançado). As tarefas e capacidades que caracterizam cada um desses níveis são diferentes; diferentes distorções, patologias ou distúrbios podem, portanto, ocorrer em cada um, e essas distorções ou patologias podem ser tratadas por diferentes tipos de terapia "espiritual" (alguns dos quais podem também beneficiar-se da combinação com terapias convencionais).

1. Espontâneas

Para a patologia resultante do despertar espontâneo e não-desejado de energias ou percepções psíquico-espirituais, parecem existir só duas modalidades gerais de tratamento: a pessoa pode "deixar o barco correr", às vezes com a supervisão de um psiquiatra convencional que pode interpretar esse despertar como um surto limítrofe ou psicótico e prescrever medicação (que normalmente congela o processo e impede quaisquer desenvolvimentos reparadores futuros), ou pode se engajar *conscientemente* no processo através da adoção de uma disciplina contemplativa. No caso do despertar da kundalini, o Caminho dos Iogues é a via mais indicada, por uma razão específica: os caminhos que visam aos reinos mais elevados (sutil e causal) contêm muito poucos ensinamentos explícitos sobre os estágios do despertar psíquico da kundalini (procura-se em vão em textos de Eckhart, São João da Cruz, zen, etc., por alguma menção ou explicação acerca da kundalini). Se possível, o indivíduo deve entrar em contato com um praticante qualificado da ioga que possa trabalhar em conjunto, se desejado, com um terapeuta mais convencional.

2. Episódios de características psicóticas

No caso de episódios genuinamente psicóticos ou de caraterísticas psicóticas, com componentes espirituais periódicos porém distorcidos, pode-se indicar a terapia junguiana. As disciplinas contemplativas são em geral contra-indicadas; elas exigem um ego firme, que o psicótico ou limítrofe não possuem. Após um período suficiente de construção estrutural, o indivíduo poderá dedicar-se a algum caminho contemplativo menos extenuante (por exemplo, mantrayana).

3. Iniciantes

a) *Inflação do ego*. Em geral, pode ser trabalhada com uma versão mais sutil da "desilusão ótima", uma separação contínua entre o fato psíquico e as fantasias narcisistas. Se essa técnica falhar repetidamente, a razão geralmente estará na reativação de um resíduo narcísico-limítrofe ou até psicótico por uma percepção psíquica. Nesse caso, a meditação deve ser imediatamente interrompida e, se necessário, deve-se dar início à construção estrutural (seja psicanalítica ou junguiana). Se o indivíduo reagir a esta e afinal puder compreender o como e o porquê de sua inflação psíquica, a meditação poderá ser retomada.

b) *Desequilíbrio estrutural (devido à má prática da técnica espiritual)*. O indivíduo deve verificar isso com seu mestre de meditação; tais desequilíbrios — de nenhum modo incomuns — reafirmam a extrema importância da escolha cuidadosa de um mestre qualificado.

c) *A Noite Escura da Alma*. A leitura de relatos de pessoas que venceram esta fase pode ser de grande utilidade. Em períodos de profundo desespero, a alma pode fazer orações de súplica (dirigidas a Jesus, Maria, Kwannon, Allá, etc.) em vez de orações contemplativas. Isso não precisa ser desestimulado — é uma prece que o indivíduo está fazendo a seu próprio Arquétipo mais elevado. Os textos referentes à Noite Escura não mencionam absolutamente nenhum caso de suicídio (o que contrasta vivamente com as depressões existenciais ou limítrofes, por exemplo). É como se a depressão da Noite Escura tivesse um propósito "superior", "purgativo" ou "inteligente" — e isso, naturalmente, é exatamente o que os contemplativos alegam.

d) *Objetivos de vida clivados*. É importante (principalmente em nossa sociedade e principalmente neste ponto da evolução) que a prática espiritual do indivíduo se integre a seu trabalho e sua vida cotidiana. Na minha opinião, o caminho da reclusão ascética muitas vezes introduz uma profunda clivagem entre as dimensões superior e inferior da existência e, em geral, confunde a supressão da vida mundana com a transcendência da vida mundana.

e) *Pseudodukkha*. O mestre é às vezes a pessoa menos indicada para se consultar neste caso específico. Os mestres espirituais geralmente não têm nenhum conhecimento da dinâmica das desordens limítrofes ou psiconeuróticas. Seu conselho pode ser: "Redobre seu esforço!", o que é, antes de mais nada, precisamente o que deflagra o problema. Na maioria dos casos, o praticante deve interromper a meditação por alguns meses.

f) *Distúrbios prânicos*. Estes distúrbios são notórios por induzir sintomas semelhantes aos da histeria, os quais, se permanecerem sem tratamento, podem levar a doenças psicossomáticas reais. O mais recomendável é que se trabalhe em conjunto com o mestre de meditação iogue (e um médico, se necessário).

g) *Mal iogue*. A melhor "cura" é também a melhor prevenção: fortalecimento e purificação do corpo físico-emocional através de exercícios, dieta lactovegetariana e consumo restrito de cafeína, açúcar, nicotina e drogas sociais.

PATOLOGIA SUTIL

1. Falha de Integração-Identificação

Este autor não tem conhecimento de nenhuma modalidade de tratamento desta patologia a não ser a adoção (ou a intensificação) de um caminho de contemplação do nível sutil, que, neste ponto, em geral *começa* a envolver alguma forma de *questionamento*, velado ou aberto, acerca da *contração* que constitui a sensação do eu à parte. Diz-se que o tratamento terapêutico consiste numa verdadeira *visualização* dessa contração, que bloqueia a percepção sutil ou arquetípica, e *não* numa tentativa de identificar-se diretamente com a própria percepção arquetípica.

2. Pseudonirvana

Muitas das tradições contemplativas mais sofisticadas possuem inúmeras "rotinas de verificação" que ajudam o praticante a analisar as sutis experiências extáticas, luminosas, jubilosas e "tentadoras", e assim a ganhar por fim uma postura de distanciamento ou desapego diante desse nível arquetípico.

3. Pseudo-realização

Ao contrário do pseudodukkha, que em geral requer uma interrupção da prática da meditação, não há outra cura para a pseudo-realização senão mais meditação. A única coisa mais dolorosa que continuar a meditar é parar de meditar. O Zen refere-se a este tipo especial de "mal zen" como sendo semelhante a "engolir uma bola de ferro em brasa". Aparentemente, ele constitui um dos poucos *distúrbios* em relação aos quais se pode *terapeuticamente* dizer: "Redobre seus esforços!"

Em muitas das patologias do nível sutil, ao que parece ainda não é tarde demais para a adjunção da psicoterapia se — e apenas se — o terapeuta simpatizar com a idéia (e tiver um relativo conhecimento acerca) de interesses transcendentais ou espirituais. É possível que a liberação psicoterapêutica de energias emocionais reprimidas, por exemplo, seja o impulso necessário à integração do nível sutil.

PATOLOGIA CAUSAL

1. Incapacidade de diferenciação

Essa diferenciação ou distanciamento final (em relação à forma manifesta) envolve uma sutil mas oportuna colaboração do discípulo e do mestre. O discípulo, na forma final e originária do senso do eu à parte (eu arquetípico), ainda resiste à dissolução total e final do senso do eu à parte. O discípulo e o mestre "juntos", através de um "esforço sem esforço", liberam essa postura. Essa "queda" na cessação ou vazio informe e não-manifesto rompe todos os apegos exclusivos às formas e destinos manifestos, e a Consciência enquanto Tal (ou Subjetividade Absoluta) se diferencia de todos os objetos, superiores ou inferiores, e de todas as tendências arquetípicas ou contrações originárias (*klesas*, *vasanas*, etc.). A repetição dessa "queda" — ou "movimento" repetido do manifesto ao não-manifesto e de volta ao primeiro — "queima" os desejos e inclinações originários pelos modos contraídos e separados de existência do eu.

2. Incapacidade de integração

Esta "patologia final" — uma incapacidade de integrar os reinos manifesto e não manifesto — ocorre quando as *klesas* e *vasanas* originárias (ou formas e inclinações arquetípicas) são vistas *apenas* como abismos e não como meio de *expressão* ou manifestação da Sabedoria ilimitada (Espírito ou ser absoluto). A superação dessa disjunção e a reunião ou reintegração do vazio-forma e da sabedoria *é* o "caminho supremo", o caminho da "mente ordinária" (Maha Ati), dos "olhos abertos" (Free John) e da "mente cotidiana" (Ch'an) — em que todos os fenômenos, superiores ou inferiores, exatamente como são, são vistos como expressões já perfeitas e selos da mente naturalmente iluminada.

Cura e integridade: a psicoterapia transpessoal

Frances Vaughan

A psicoterapia transpessoal é um esforço de cura que visa à integração dos aspectos físicos, emocionais, mentais e espirituais do bem-estar. Um de seus objetivos, é o objetivo clássico de um viver normal e saudável. Afirma-se o potencial de cura das experiências transpessoais e exploram-se as questões espirituais numa perspectiva psicológica. Alguns psicoterapeutas transpessoais consideram o cuidado da alma a principal tarefa da psicoterapia.

Um terapeuta transpessoal pode empregar técnicas terapêuticas tradicionais e recorrer também a métodos derivados de disciplinas espirituais como a meditação e o treinamento da mente. O paciente será então incentivado a acompanhar os processos mentais e corporais e a explorar em profundidade a vida interior da psique, resultando isso na descoberta de um tesouro de recursos interiores e da capacidade inata de auto-regeneração.

Na terapia transpessoal, a consciência não só é o instrumento da mudança como também é o seu objeto. O trabalho destina-se tanto à mudança do comportamento e do conteúdo da consciência quanto ao desenvolvimento da percepção da própria consciência enquanto *contexto* da experiência. Idealmente, a abordagem transpessoal visa dar um fim ao transe consensual que perpetua a ilusão. Como a consciência é muitas vezes constrangida pelas identificações egocêntricas, as questões da identidade e do autoconceito também podem ser abordadas. Finalmente, a relação da pessoa com a sociedade e o meio ambiente natural é vista como parte integrante do amadurecimento psicológico.

Vale a pena fazer uma distinção entre o *contexto* da terapia, estabelecido pelas crenças e valores do terapeuta, o *conteúdo* da terapia, que consiste na experiência do paciente, e o *processo*, no qual tanto o terapeuta quanto o paciente participam e através do qual a cura ocorre.

Estabelece-se um contexto transpessoal na psicoterapia quando o terapeuta afirma a importância das questões espirituais para a saúde mental. O terapeuta que tiver explorado pessoalmente o domínio transpessoal, do ponto de vista da experiência e do intelecto, estará portanto mais bem equipado para dar assistência a outros indivíduos que exploram as fronteiras transpessoais. Assim, além da autenticidade modelar que se espera de qualquer bom terapeuta, o terapeuta transpessoal deve estar disposto a dar andamento a seu próprio trabalho interior e sua própria prática espiritual.

A orientação transpessoal não invalida outras abordagens, as quais podem ser pertinentes para diferentes pessoas em diferentes momentos. Entretanto, ela exige um contexto mais amplo do que o geralmente construído pelas abordagens convencionais. A abordagem transpessoal permite uma visão mais abrangente das possibilidades através das quais uma pessoa pode abrir mão de seu passado e viver mais integralmente no presente. À luz da perene sabedoria dos ensinamentos espirituais, ela afirma a possibilidade de vivermos em harmonia com os outros e com o meio ambiente, menos movidos pelo medo e pela ganância e mais motivados pela compaixão e pelo senso de finalidade.

O contexto transpessoal implica a necessidade de o terapeuta ter conhecimento da centralidade da consciência e da percepção como determinantes do resultado da terapia. Por exemplo, o potencial de cura da relação terapêutica pode ser realçado quando o terapeuta vê o paciente como uma pessoa potencialmente criativa, em vez de simplesmente reativa às circunstâncias externas. À medida que o paciente aos poucos deixa de se identificar como vítima para assumir uma postura mais responsável e criativa, decorrente da percepção de sua liberdade pessoal, o trabalho pode se concentrar cada vez mais nas questões transpessoais.

A psicoterapia transpessoal não se concentra exclusivamente na resolução de problemas *per se*. Tal qual o pescador que ensina a pessoa faminta a pescar, em vez de simplesmente dar-lhe um peixe, o terapeuta incentiva o paciente a cultivar vários de seus recursos interiores e sua capacidade de resolver problemas. Além disso, o terapeuta reconhece que não existe nenhuma técnica ou método que possa sozinho resultar em cura para todos.

O conteúdo da terapia transpessoal é a experiência de vida do paciente. Como os pacientes que têm interesses espirituais costumam buscar terapeutas transpessoais, parte do conteúdo pode ser mítico, arquetípico, pessoal ou transpessoal. Quando o conteúdo é claramente transpessoal, isto é, quando o paciente está tentando compreender suas experiências transpessoais, o terapeuta reafirma o potencial de cura que estas possuem sem rotulá-las como patológicas nem desvalorizá-las. As abordagens convencionais que desvalorizam essas experiências podem contribuir para sua repressão e subseqüentes distúrbios.[1] Essa é uma das razões pelas quais os terapeutas transpessoais devem ser explicitamente identificados dentro da comunidade.

Carl Jung foi um dos primeiros psicoterapeutas a reconhecer o valor da experiência transpessoal: "O fato é que a abordagem do numinoso é a verdadeira terapia e, na medida em que você consegue atingir a experiência numinosa, estará livre da maldição da patologia."[2] Além disso, Jung escreveu, em carta a Bill W., fundador dos Alcoólicos Anônimos, que "o vício do álcool era o equivalente, num nível inferior, da sede espiritual de nosso ser pela completude". A experiência religiosa ou "uma forma mais elevada de educação da mente, além dos confins do mero racionalismo",[3] portanto, devem auxiliar na recuperação das dependências.

Embora as experiências transpessoais apresentem potencial de cura, seus efeitos são em geral temporários, a menos que se promova um esforço de estabilização da percepção adquirida. Por conseguinte, a tarefa da psicoterapia vai além da indução de tais experiências até a tarefa de integrá-las eficientemente à vida cotidiana. À medida que os comportamentos, valores e atitudes começam a mudar, descobertas reveladoras podem levar à percepção que transforma a qualidade da experiência subjetiva e dos relacionamentos pessoais.

Do ponto de vista transpessoal, a integridade implica a integração harmoniosa dos aspectos físicos, emocionais, mentais e espirituais do bem-estar e da responsabilidade social. Muitas terapias visam ao físico, emocional e mental, mas a dimensão espiritual costuma ser esquecida ou negligenciada.

A seguir, fornecemos um breve sumário de alguns métodos comumente associados à terapia transpessoal que podem aplicar-se a qualquer nível do desenvolvimento. Todos eles podem ser utilizados para ajudar os pacientes a se abrir à experiência interior e a cultivar seus recursos interiores.

Saúde física. Além de cultivar a percepção de como a saúde psicológica é afetada pelos hábitos de exercício e alimentação, a psicoterapia transpessoal pode incluir o trabalho corporal (bioenergética, hatha ioga, t'ai chi chuan, aikidô, *biofeedback*, percepção sensorial e terapia dos movimentos, por exemplo). Essas disciplinas promovem essa consciência pela concentração da atenção em sensações físicas sutis, sendo que algumas delas se concentram especialmente no autodomínio e na integração entre corpo e mente. Outras liberam os bloqueios emocionais e os padrões habituais de tensão, permitindo à pessoa sentir-se mais relaxada e livre.[4]

Catarse emocional. A liberação dos bloqueios emocionais, qualquer que seja o método empregado, é essencial à cura das feridas do passado e à libertação da pessoa para que viva integralmente no presente. A exploração transpessoal mediante vários métodos, como o trabalho respiratório ou criação orientada de imagens e sonhos, pode exercer um forte efeito sobre a cura emocional. Um dos métodos mais eficazes para a catarse emocional num contexto transpessoal é a respiração holotrópica, desenvolvida por Stanislav e Christina Grof.

Reatribuição cognitiva. Aprendendo a ver suas experiências de outro modo e a alterar a percepção de eventos que envolvam sofrimento, a pessoa consegue ver nas dificuldades oportunidades de aprendizagem liberando vergonhas, culpas e raivas associadas ao passado a fim de viver com mais liberdade no presente. Se tiver a oportunidade, a psique pode aprender a ver tanto o eu quanto o mundo com compaixão.

Questões existenciais. Em épocas de crise, o confronto de questões existenciais como o valor, o sentido e a escolha podem levar à exploração transpessoal. Embora alguns psicoterapeutas considerem a espiritualidade um paliativo ilusório para as dolorosas realidades da existência humana, não há dúvida de que a proximidade da morte levanta questões espirituais que fogem ao âmbito da formação clínica convencional. A generalizada negação da morte na cultura ocidental reflete uma negação igualmente difundida das realidades transpessoais.

Muitas pessoas se encontram entre o terror das trevas e o ceticismo da luz. A tarefa do terapeuta transpessoal é então assistir os pacientes no confronto de seus próprios medos e na descoberta de uma fonte de sabedoria em si mesmos.

Trabalho com imagens e sonhos. Estes métodos incluem técnicas como a análise dos sonhos, a imaginação ativa, o diálogo gestaltista e a indução hipnótica de estados alterados. Eles podem ser utilizados para fortalecer o ego ou explorar as dimensões transpessoais da psique. O trabalho transpessoal não depende da técnica, mas de como ela é utilizada.

Se, por exemplo, o terapeuta não tiver orientação transpessoal, os potenciais transpessoais do trabalho com os sonhos são negligenciados. O psicanalista tradicional pode, por exemplo, subestimar o fato de que os sonhos podem ser mais do que a via régia para o inconsciente pessoal, de que eles sempre foram considerados uma importante fonte de revelação e inspiração nas tradições religiosas de todo o mundo, podendo dar acesso aos domínios transpessoais.

Meditação. A meditação pode enriquecer a compreensão da dimensão espiritual da vida e ser muito útil à terapia. Diferentes tipos de meditação promovem diferentes efeitos, porém a maioria tende a intensificar a autopercepção e a sensibilidade à maneira como a mente funciona. As práticas de concentração que se prendem à própria mente, tranqüilizando-a, são úteis por vezes no tratamento da ansiedade. A prática da meditação perceptiva, por outro lado, pode ter especial utilidade na descoberta de lembranças reprimidas e outros materiais inconscientes.

Desidentificação. Mediante o acesso a conteúdos da consciência tais como os sentimentos, pensamentos e fantasias, a meditação permite ao praticante distinguir a consciência de seus conteúdos, contribuindo assim para o processo de desidentificação, que é central para o trabalho transpessoal. Como o ego tende a se identificar predominantemente com as emoções, papéis e relacionamentos, a transcendência do ego se torna mais fácil quando há uma desidentificação da personalidade e da história pessoal.

Quando o paciente está preparado, os exercícios de desidentificação (por exemplo, "Tenho pensamentos mas não sou meus pensamentos; tenho emoções mas não sou minhas emoções; tenho um corpo mas não sou meu corpo") reforçam a identificação com a percepção pura e a capacidade de dirigir e utilizar os processos psicológicos sem se identificar exclusivamente com nenhum deles.

Confissão. A relação terapêutica fornece uma versão contemporânea da confissão para muitas pessoas que se separaram da religião formal. Qualquer terapeuta confiável pode representar o papel de confessor se dispuser de um local seguro, no qual se possam explorar os recônditos mais sombrios e secretos da psique. A cura se processa quando os aspectos rejeitados ou negados do eu são aceitos e reintegrados numa visão mais ampla da completude.

Estados alterados de consciência. O uso de técnicas como a música, o jejum, batuques, cânticos, dança e ingestão de drogas para alterar a consciência é tão antigo quanto a história. O uso de estados alterados na hipnoterapia e no relaxamento profundo é familiar à maioria dos clínicos. A investigação de outros métodos de alteração da consciência sem o uso de drogas coube a pesquisadores transpessoais pioneiros como Stanislav e Christina Grof (respiração holotrópica), Elmer e Alyce Green (*biofeedback*) e Michael Harner (batuque xamânico). Seu trabalho indica que alguns estados alterados podem apresentar fortes efeitos terapêuticos. Por conseguinte, os terapeutas transpessoais têm tentado trabalhar com tais estados na terapia, quando tal é apropriado.

Na prática, o clínico transpessoal pode trabalhar com um grande número de processos diferentes, dependendo do que for adequado a um determinado paciente. Como muitos dos pacientes que buscam a terapia transpessoal já se encontram num caminho espiritual, é comum que os terapeutas sejam procurados para resolver questões espirituais específicas. Isso obriga o terapeuta a distinguir a espiritualidade saudável das práticas espirituais que mascaram certos problemas psicológicos.

Freqüentemente se presume que a psicoterapia transpessoal seja mais indicada para os pacientes relativamente saudáveis e voltados para o crescimento. De acordo com Seymour Boorstein,[5] psiquiatra transpessoal com formação psicanalítica, as técnicas transpessoais também podem ser de grande valia no tratamento de indivíduos com distúrbios graves, já que o acesso à parte espiritual da natureza de cada um pode representar uma fonte de nutrição interior. Entretanto, ele previne que às vezes as pessoas vêm à terapia já com um mau uso de certas práticas, como a meditação, a fim de evitar os relacionamentos ou mascarar patologias. Em tais casos, o terapeuta pode aconselhar a suspensão da prática.

Uma armadilha para os terapeutas em geral é a tendência a impor, consciente ou inconscientemente, suas próprias crenças aos pacientes. A manutenção de uma atitude de distanciamento pode ser particularmente difícil para o terapeuta que houver ele mesmo entrado em contato recente com uma prática espiritual gratificante. O compromisso de assistir o paciente na descoberta de seu próprio caminho, em vez de recomendar um determinado sistema, é de suma importância. Se o objetivo é se aperceber das dimensões transpessoais da consciência, não deve haver conflito entre o processo psicoterapêutico e o processo de crescimento espiritual.

As palavras do Buda no Kalamas Sutra parecem ser pertinentes para qualquer um que trabalhe nessa área:

> Não acredite no que tiver ouvido; não acredite em tradições apenas por terem sido passadas de geração em geração; não acredite numa coisa porque é falada por muitos; não acredite meramente porque a declaração escrita de algum velho sábio está sendo pronunciada; não acredite em conjecturas; não acredite simplesmente na autoridade dos mais velhos ou de seus mestres. Depois da análise e da observação, quando estiver de acordo com a razão e conduzir ao bem e ao benefício de todos, então acredite no que quer que seja e tente pô-lo em prática. [6]

Pressupostos da psicoterapia transpessoal

Bryan Wittine

Os gregos tinham uma palavra, *pou sto*, que significa um lugar de onde partir, uma base ou conjunto de princípios com os quais operar. O objetivo deste ensaio é sugerir um *pou sto* para a prática da psicoterapia transpessoal.

Sabe-se que as crenças e a disposição de espírito do terapeuta — conscientes e inconscientes — determinam em grande parte a natureza da terapia e, principalmente, seu resultado. Por isso, creio que seja útil explicitar alguns dos pressupostos fundamentais adotados por muitos terapeutas transpessoais.

Conforme a vejo, a terapia transpessoal é uma abordagem de cura/crescimento que visa estabelecer uma ponte entre a tradição psicológica ocidental, inclusive as perspectivas psicanalíticas e psicológico-existenciais, e a filosofia perene universal. O que diferencia a terapia transpessoal de outras orientações não é nem a técnica nem os problemas apresentados pelos pacientes, mas a perspectiva espiritual do terapeuta.

A abordagem transpessoal busca ajudar os pacientes a integrar as dimensões pessoais e transcendentais ou espirituais da existência, ajudá-los a realizar sua individualidade criativa e única, ao tempo em que se aponta sua ligação com a dimensão atemporal, não-formal e profunda do ser.

Os cinco postulados seguintes são uma tentativa de entrelaçar a psicologia ocidental e a sabedoria perene. Eles representam um *pou sto* para o trabalho clínico de orientação transpessoal. Na minha opinião, a psicoterapia transpessoal reafirma: (a) a necessidade de cura/crescimento em todos os níveis do espectro da identidade — egóico, existencial e transpessoal; (b) a crescente percepção do Eu, ou centro profundo do Ser, por parte do terapeuta e sua perspectiva espiritual da vida como essenciais ao processo terapêutico; (c) o processo de despertar de uma identidade inferior para uma identidade superior; (d) a natureza regeneradora e restauradora da intuição e da percepção interior; e (e) o potencial transformador da relação terapêutica, não só para o paciente como também para o terapeuta.

POSTULADO 1

A Psicoterapia Transpessoal é uma abordagem de cura e de crescimento que se dirige a todos os níveis do espectro da identidade — Egóico, Existencial e Transpessoal.

"Quem sou eu?" e "O que sou eu?" são as questões centrais existentes no campo da psicologia. A demanda de respostas para essas eternas questões é tão antiga quanto elas próprias.

E a resposta? Wilber, um dos mais influentes expoentes da psicologia transpessoal, opina que ela depende inteiramente do ponto onde estejamos no espectro da identidade. Nossa identificação se determina a partir de onde tracemos a linha divisória entre o que identificamos como "eu" e o que excluímos como "não-eu".

Eu ressalto especialmente três níveis, dimensões ou faixas neste espectro — egóico, existencial e transpessoal —, que vão desde o estritamente isolado e individual até o oniabrangente e universal. Vejo-os como níveis interpenetrantes numa "hierarquia de completudes". As dimensões mais elevadas vão além das inferiores, apesar de as incluírem.

Nossa identidade egóico-mental é toda uma constelação de conceitos, imagens, representações do eu e dos objetos, identificações, subpersonalidades e mecanismos de tolerância e defesa associados ao sentimento de separação, de diferença em relação a todas as outras pessoas.

Na minha opinião, uma das tarefas primárias da psicoterapia transpessoal é idêntica à de muitas outras psicoterapias ocidentais: facilitar a formação e o desenvolvimento de uma identidade egóica estável e coerente quando tal é necessário ao paciente. Muitas pessoas procuram a terapia por precisar de um senso mais claro de quem são enquanto indivíduos distintos, isolados. Sua auto-identidade pode ser descrita como pré-egóica. Elas se identificam quase que inteiramente com certos aspectos aceitáveis de seus eus totais (que Jung chamou de *persona*) e negam, reprimem ou projetam os aspectos inaceitáveis (a *sombra* junguiana).

Assim, o trabalho no nível egóico constrói limites, integra polarizações, substitui os conceitos não-funcionais do "eu" e do "outro" e modifica a estrutura do caráter de modo que os pacientes possam interagir com as demais pessoas e com o mundo de forma mais gratificante.

Uma vez desenvolvida uma identidade egóica mais coerente, os indivíduos podem embarcar num processo que os leva mais longe em sua jornada de autodescoberta, isto é, a do desdobramento de seu "eu" existencial ou da verdadeira individualidade interior.

Parece-me que, em geral, os pacientes liberam as potencialidades inerentes a seu "eu" existencial na medida em que confrontam aquilo que Bugental chama de dados existenciais ou condições de ser humano. Como pessoas, possuímos um corpo, somos finitos, capazes de escolher e agir e estamos separados dos outros, embora nos relacionemos com eles. Todos os seres humanos estão sujeitos a essas mesmas condições de existência.

O fato de possuirmos um corpo significa que estamos sujeitos à juventude, maturidade e velhice, a mudanças contínuas, à saúde e às doenças — enfim, a todas as alegrias e tristezas da dependência do físico e da vida no planeta Terra. Por termos um corpo, também somos finitos. Nada que tenha um corpo é permanente. A única certeza de nossa vida neste mundo é que um dia ela terá fim; a maior dúvida é quando isso vai acontecer.

Em minha experiência clínica, sempre vejo que os pacientes se tornam mais conscientes de si mesmos, dos outros e do mundo à medida que reconhecem a existência desses dados. Eles passam a valorizar a autenticidade e aos poucos vão tornando seu comportamento e sua maneira de comunicar-se mais compatível com seus sentimentos e idéias íntimas. Passam a adotar um estilo de vida regido mais pelas normas de seu "centro vital" — o "eu" existencial — que pela necessidade de aprovação ou direção por uma autoridade exterior.

Neste nível, a tarefa da psicoterapia transpessoal é contribuir para enfraquecer a tirania de um ego mentalmente enrijecido, de maneira que o *dharma* do indivíduo possa vir à tona. Os pacientes vão aos poucos liberando as energias da superestrutura de sua identidade egóico-mental condicionada, dirigindo-as para a atualização das habilidades, funções e talentos que lhes são próprios.

Na psicologia transpessoal, parte-se do princípio de que os "eus" egóico-mental e existencial sejam incompletos. Quando a identidade é basicamente egóica, o indivíduo se identifica com uma concepção mental de quem é e do que é o mundo, concepção essa que é em grande parte determinada pelas representações do "eu" e dos objetos formadas na infância durante a interação com as pessoas que dele cuidaram. Assim, o indivíduo "vive em sua própria cabeça", destacado de sua individualidade intrínseca e do corpo físico. Quando a identidade é existencial, o indivíduo já passou a enfrentar e aceitar os dados da vida humana — todos temos um corpo e somos finitos, livres e relacionados —, mas ainda é um indivíduo e, por conseguinte, separado dos outros, do meio ambiente e do universo. De acordo com a filosofia perene, não poderemos ser completos antes de havermos despertado para um nível mais profundo de identidade, o "Eu".

A filosofia perene nos diz que viemos do "Eu" Primordial e nele encontramos nosso fundamento. Estamos dissociados ou inconscientes de nossa origem, mas a ela podemos retornar — não aprendendo algo de novo, mas recordando nossa verdadeira identidade. Todas as religiões historicamente condicionadas têm sua própria forma de dizer isso.

Ao longo do processo psicoterapêutico, alguns pacientes começam a reconhecer uma verdade profunda: por mais que eles possam vir a ser grandes e por mais que venham a possuir ou realizar, jamais se sentirão completos. A primeira das quatro nobres verdades do Budismo — a impermanência, a dor e a precariedade da existência corporal — é sentida de modo forte e até chocante. Por conseguinte, predispostos por um imperativo interior, sua atenção começa a voltar-se para questões de ordem espiritual.

Em minha prática psicoterapêutica as experiências transpessoais às vezes acontecem quando o paciente incorpora um ou mais dados existenciais em seu próprio ser ou, então, quando consegue superar de maneira muito profunda um padrão defensivo cristalizado. Essas pessoas muito naturalmente passam a levar em consideração sua relação com Deus, o Mistério supremo, seu lugar no esquema da evolução das coisas, a vida após a morte e as disciplinas espirituais.

Uma última observação antes de finalizar o Postulado 1: é essencial não esquecer que os níveis egóico, existencial e transpessoal de identidade são níveis que se interpenetram numa "hierarquia de totalidades". Por essa razão, *os interesses de vida dos pacientes podem dizer respeito a todos os níveis simultaneamente.* Isso é algo que costuma não ser frisado na teoria dos modelos hierárquico e desenvolvimentista de funcionamento humano, mas que se torna evidente quando o trabalho clínico emprega tais modelos.

POSTULADO 2

A psicoterapia transpessoal reconhece que a percepção do terapeuta sobre o Eu em desenvolvimento, bem como a visão espiritual de mundo desse Eu são essenciais ao processo de formulação da natureza e ao resultado da terapia.

Na minha opinião, pode-se considerar transpessoal a terapia cujo terapeuta visa à realização do Eu, o centro mais profundo do Ser.

Na medida em que vemos nossos pacientes egoicamente, temos a tendência de vê-los como indivíduos isolados, diferentes de nós mesmos. Contudo, na medida em que despertamos para a identidade transpessoal, constatamos também a unidade essencial que nos liga a todas as pessoas e a todos os seres vivos. Portanto, aos olhos do terapeuta que trilha o caminho da auto-realização, a pessoa que está sentada à sua frente não é apenas uma constelação de características pessoais; ela se torna também uma expressão atualizada do Eu que todos compartilhamos.

Quais as implicações desse ponto de vista? Acredito que há algo muito importante nesse princípio, embora só possa ser apreendido se o terapeuta houver despertado para o centro profundo do Ser do paciente. Em essência, antes de mais nada, devemos ver e sentir nossos pacientes como o Eu que de fato são, que é o mesmo Eu verdadeiro que somos. A meu ver, através desse reconhecimento da verdadeira identidade tanto dos pacientes quanto nossa, ampliamos nossa visão daquilo que cada paciente é e do que ela é capaz. Se a nossa estrutura de compreensão do paciente for ampla, nós o ajudaremos a libertar-se de alguns dos deficientes construtos egóicos em relação ao eu e ao mundo, bem como das crenças subjacentes a seus interesses mais presentes. Além disso, nós o ajudaremos a ampliar seu senso de identidade. O reconhecimento da verdadeira natureza do paciente, sua luz e beleza interior, sua criatividade, força e dignidade, com olhos de aceitação, compreensão e carinho incondicional — isto é, tudo aquilo que para Assagioli representa as qualidades do Eu —, é o cerne da cura na psicoterapia transpessoal.

Vaughan fala de algo semelhante a isso como "conscientização que cura".

POSTULADO 3

A psicoterapia transpessoal é o processo de despertar de uma identidade inferior para uma identidade superior.

"O que você pensa que é é uma crença que deve ser desfeita" (*A Course in Miracles*). A filosofia perene considera que a auto-identidade e o sentimento do mundo nos níveis egóico e existencial do espectro de identidade são decorrentes de nossos pensamentos e crenças. Na psicoterapia transpessoal, a cura envolve a percepção de uma identidade superior, a qual vem à luz quando abrimos mão das concepções do eu e do mundo que temos e não questionamos.

Libertando-nos gradualmente da identificação exclusiva com a identidade pré-egóica, podemos despertar para a identidade egóica; libertando-nos da identificação exclusiva com a limitada estrutura egóica do eu e do mundo, podemos acercar-nos da identidade existencial; libertando-nos da identificação exclusiva com a noção individual e corporificada do eu, podemos por fim ascender à nossa verdadeira identidade, o Eu, a origem e a fonte de toda a nossa experiência. A cada transcendência daquilo que pensávamos ser, aproximamo-nos de quem realmente somos; até que afinal, paradoxalmente, retornamos ao Eu que jamais abandonamos.

Este Postulado tem conseqüências importantes para a condução da psicoterapia transpessoal. Enquanto terapeutas, não empregamos necessariamente determinadas práticas a fim de ajudar os pacientes a viver experiências transpessoais. Para usar a metáfora da cebola que vai se desfazendo em camadas, o que fazemos é ajudar os pacientes — compassiva, embora persistentemente — a identificar e a libertar-se das definições restritivas do eu e dos padrões de vida que impedem o aumento da conscientização do eu e o surgimento de uma identidade superior.

Se o paciente aos poucos abandona as defesas e resistências da identidade inferior ao longo da terapia, é provável que chegue a uma "noite escura" — a crise do despertar. Ele adquire uma profunda consciência do pouco que seu antigo estilo de vida tem a oferecer, percebendo que o preço que exige em termos de vida e criatividade é imenso. São João da Cruz chamou de "noite escura dos sentidos" uma transição semelhante, caracterizando-a como uma etapa normal do crescimento espiritual: é quando aquele que busca o espírito, cansando-se das "coisas dos sentidos", ainda não pode valer-se por consolo das "coisas de Deus".

É preciso muita técnica, além de coração aberto, para que se guie um paciente em meio a essa crise do despertar. É imprescindível que os terapeutas percebam que se trata de *uma crise de cura, não de uma crise patológica*. O paciente se decompõe e, no entanto, essa crise marca o nascimento de uma nova pessoa. Creio que uma das maiores funções que temos como terapeutas é a de promover esse parto.

Enquanto terapeutas, temos de estar preparados para permanecer psicologicamente presentes e dar apoio aos nossos pacientes durante essa experiência de nascimento. Basicamente, o maior preparo que podemos ter é submeter-nos às nossas próprias noites escuras e aprender com elas que o nascimento segue-se à morte.

POSTULADO 4

A psicoterapia transpessoal facilita o processo do despertar através do enriquecimento da conscientização interior e da intuição.

Segundo a filosofia perene, a verdade jaz dentro de nós mesmos e a salvação vem através da expansão de nossa conscientização introspectiva. A psicoterapia transpessoal faz o máximo uso da capacidade humana e natural de dirigir a atenção para o interior e para o eu, tornando-nos mais atentos a nossos reinos interiores. A capacidade de aprender a viver em conexão direta com um centro interior e com uma noção íntima das coisas é em si mesma curativa e restauradora. Entretanto, essa capacidade está deficiente na maioria das pessoas.

Para desenvolver a intuição e conhecer a sabedoria intrínseca de nossos mananciais mais profundos, temos de abrir mão da supremacia da mente voltada para o julgamento e a análise e desviar nossa atenção de seu foco exclusivo no mundo objetivo. Devemos conscientizar-nos mais de nossos interiores. Muitos dos seres humanos, se não a maioria, podem atingir níveis mais profundos de sabedoria interior, intuindo em si mesmos tudo aquilo de que necessitam para tornar suas vidas mais de acordo com o que realmente desejam, caso se disponham a voltar-se para dentro. Como observa Perls (1969), "a conscientização *per se* — em si e por si — pode ser curativa".

POSTULADO 5

Na psicoterapia transpessoal, a relação terapêutica é um veículo para o processo de despertar tanto no caso do paciente quanto no do psicoterapeuta.

A meu ver, a psicoterapia transpessoal se distingue das demais abordagens terapêuticas pelo tipo de atenção que dá à relação entre terapeuta e paciente. Essa relação pode ser vista como um veículo para o despertar não só do paciente como também do terapeuta. Toda pessoa que vem à psicoterapia transpessoal nos oferece uma oportunidade de curar nossas próprias feridas e perceber nossa própria autenticidade de forma mais completa. Na cura de cada paciente, nós também nos curamos; em nossa cura, o mesmo se dá com eles.

OBSERVAÇÕES FINAIS

Acredito que os psicoterapeutas transpessoais ainda têm de esclarecer o *pou sto* de sua orientação. É absolutamente essencial que sejamos explícitos quanto aos princípios e pressupostos que adotamos e nos quais baseamos nossa interação com os pacientes, já que o que pensamos sobre os pacientes e sobre o processo da psicoterapia reflete irrevogavelmente a forma como interagimos com eles, o que esperamos que façam na terapia e o resultado da jornada terapêutica.

Enquanto terapeutas transpessoais, devemos ser claros em nossos pressupostos se esperamos contribuir para uma abordagem abrangente, voltada para o ser humano total — egóico, existencial e espiritual.

Práticas integrais: corpo, coração e mente

Michael Murphy

Precisamos desenvolver *práticas integrais*, as quais defino como práticas transformadoras que se dirigem de forma abrangente às dimensões somática, afetiva, cognitiva, volitiva e transpessoal da natureza humana. A criação de práticas integrais no mundo moderno é um pouco como montar um quebra-cabeça cujas peças provenham de todas as partes do mundo. É possível detectar indícios dessa educação do ser humano total já entre os filósofos gregos. Sua presença se faz mais consistente, todavia, entre os pensadores do Renascimento. Além disso, podemos encontrar a idéia de totalidade do Budismo zen e em Patanjali (*Yoga Sutras*), segundo o qual o aspirante à espiritualidade adquire virtudes éticas e, em seguida, disciplina o corpo, as energias vitais e os processos mentais antes de submeter-se às práticas meditativas que conduzem à união com Deus.

Apesar de podermos recorrer a práticas consagradas pelo tempo, como a ioga, o zen ou o misticismo judeu-cristão, não precisamos nos limitar às realizações do passado. Para integrar as dimensões pessoal e transpessoal da vida, podemos recorrer à sabedoria da psicologia moderna e às psicologias transpessoais, como a Psicossíntese. Se acrescentarmos a esses "ingredientes" os conhecimentos decorrentes da prática de artes marciais, da somática e da moderna pesquisa de esportes, poderemos construir as disciplinas transformadoras adequadas a nossa era.

Com efeito, a maioria dos programas espirituais tradicionais não funciona bem quando acriticamente implantados no seio da cultura moderna. Nesta época de grande reinvenção religiosa, é preciso discernimento e sabedoria para sintetizar o melhor do velho e do novo a fim de forjar iogas modernas.

Cada prática e cada professor promovem um determinado conjunto de virtudes, ao passo que outras são negligenciadas ou suprimidas. Por exemplo, é típico das práticas contemplativas ascéticas não considerar o pendor do corpo para a transformação, a glória do relacionamento interpessoal e a necessidade de individuação e criatividade (que costumam ser interpretadas como asserções do ego). As terapias transformativas geralmente sofrem de uma unilateralidade que reflete a orientação de seus fundadores. Considere-se a terapia da Gestalt, que colocou uma grande ênfase na abertura, sinceridade e coragem em detrimento da empatia e da bondade. Enquanto certas artes marciais, como o aikidô, quase conseguem tornar-se práticas integrais, a maioria se concentra na meditação e no físico, mas não se aproxima da dimensão interpessoal da vida.

Assim, em geral, as práticas transformadoras podem subverter nossa integridade colocando determinadas virtudes acima das demais. Além disso, o sistema de crenças que lastreia essas abordagens na maioria das vezes determina quais os aspectos da realidade que devem ser respeitados e cultivados e quais os que devem ser ignorados e suprimidos. Se você vê o mundo como *maya* ou ilusão, seu foco será profundamente extramundano. Se, por outro lado, você vê a integração pessoal como a mais elevada das metas, pode suprimir sua capacidade de transcendência. É por isso que reivindico práticas integrais que equilibrem, integrem e expressem nossa natureza multifacetada.

É possível criá-las através de experimentação pessoal judiciosa, norteada pela sabedoria do passado e movida pelo espírito de aventura. Você pode fazer uma tentativa consciente de mesclar quaisquer atividades físicas, como as artes marciais, o t'ai chi, a hatha ioga, a corrida ou outro esporte, com qualquer prática interpessoal ou transpessoal a que se dedique com regularidade. Se estiver envolvido com a meditação diária, por exemplo, pense em fazer algum exercício físico para fortalecer sua musculatura e seu sistema nervoso. Se estiver fazendo psicoterapia ou Psicossíntese, pense em acrescentar um componente somático à sua terapia para imprimir em seu corpo a percepção intelectual e as descargas emocionais.

Nossa capacidade metanormal tem mais chance de desabrochar se a prática integral contar com um apoio institucional. Sempre que a vida em comunidade abraça um estilo de vida transformador — como é o caso do hassidismo, cujos rituais religiosos enriquecem todos os aspectos da vida —, a prática se amplia e se aprofunda. Precisamos projetar estruturas sociais que reforcem nossas práticas transformadoras. Se a idéia lhe agrada, crie um grupo de apoio entre os amigos que possa inspirar a prática. Do contrário, mesmo com as melhores intenções, você pode reincidir na inércia dos velhos hábitos e condicionamentos. Precisamos uns dos outros para crescer.

O desdobramento do estupendo potencial da humanidade é incerto. É uma questão de arregaçar as mangas: pode ser que aconteça ou não, a depender das opções a longo prazo que fizermos em relação à crise global.

Veja-se o que temos diante de nós atualmente: uma epidemia de drogas, violência gratuita e febre de consumo. Tudo isso põe em risco nossa vida interior e a saúde do meio ambiente. Temos uma opção: podemos nos anestesiar e permanecer dependentes das atividades exteriores ou redirigir nossas energias para as práticas integrais, que oferecem alternativas criativas para os problemas ecológicos e sociais que hoje enfrentamos em casa e no trabalho. Se nos concentrarmos no desenvolvimento interior e promovermos nossas extraordinárias capacidades, aprenderemos a viver mais despreocupadamente na Terra, conservando os preciosos recursos naturais e encontrando prazer e motivação numa abordagem de vida mais compassiva e voltada para o interior.

III PARTE

Bases e Aplicações

SEÇÃO OITO

CIÊNCIA, TECNOLOGIA E TRANSCENDÊNCIA

Para ver as coisas como elas são, não há melhor ponto de partida do que a ciência moderna. Da mesma forma, não há pior ponto de chegada. (...) A ciência domina a mente moderna. Em qualquer instância, das premissas às conclusões, a mente contemporânea é guiada pela ciência. Seu domínio é mais forte na medida em que desconhecemos sua extensão.

— Huston Smith[1]

O surgimento da ciência e da tecnologia tem dirigido os rumos da cultura e da história por muitos séculos. Os milagres tecnológicos — desde a microcirurgia até os programas de exploração espacial — são os sinais mais evidentes; mas a ciência e a tecnologia exercem influência fortíssima, embora sutil, também sobre o nosso modo de pensar. Nossa visão do que somos, da mente e da realidade, de nossa relação com o mundo e com o próximo, foi afetada de maneira muito profunda.

As tecnologias, valores e visões de mundo promovidos pela ciência foram imensamente benéficos em muitos aspectos, mas também criaram problemas que estão por trás das presentes crises culturais, globais e religiosas. Os perigos óbvios da tecnologia, como por exemplo as armas nucleares, escondem outro tipo mais sutil de perigo embutido em certas filosofias e valores científicos. Considere-se o cientificismo e sua filosofia do positivismo lógico. Seu pressuposto básico é o de que só o que é observável e mensurável pela ciência e pela tecnologia pode ser reconhecido como conhecimento válido. O resultado é uma visão truncada do homem e do mundo, porque as dimensões mais sutis da vida são desprezadas ou vistas de maneira reducionista como meros epifenômenos da existência biológica. Na comparação de Huston Smith, as dimensões mais elevadas, como "os valores, os sentidos, objetivos e qualidades de vida, escapam à ciência como o mar escapa à rede dos pescadores".[1]

Alfred North Whitehead, agraciado com um prêmio Nobel, já disse, entretanto, que "essa postura dos cientistas não passa de blefe".[2] Afinal de contas, se alguém afirma que só a ciência pode fornecer dados aceitáveis, outro tem o direito de perguntar: "Que prova científica tem você disso?" A resposta é "Nenhuma".

Mesmo que essa postura seja puro blefe, foi por muito tempo um blefe bem-sucedido, que acabou reduzindo nossa visão da natureza a "algo insosso, sem som, sem cheiro, sem cor — um mero coletar de material sem fim e sem sentido", como diz o mesmo Whitehead.[2] De acordo com essa visão, não havia espaço para o sentido, o propósito, a consciência ou o espírito. O resultado foi aquilo que Lewis Mumford chamou de "universo desqualificado" e Max Weber, de "desencanto do mundo".

Evidentemente, os seres humanos também se desencantaram e diminuíram. A começar pelo filósofo setecentista Thomas Hobbes, os homens foram cada vez mais vistos como meras máquinas sofisticadas. As versões que essa visão encontrou no século XX descrevem-nos como as "máquinas de estímulo e resposta" dos behavioristas, os "computadores úmidos" da inteligência artificial, "a única forma que o DNA usa para produzir mais DNA", ou as "máquinas de sobrevivência — robôs programados às cegas para preservar as moléculas egoístas conhecidas por genes".[3] É desnecessário acrescentar que a mente foi em geral igualmente desconsiderada, sendo vista pela biologia social, por exemplo, como um mero "epifenômeno da maquinaria neurônica do cérebro".[3]

Por conseguinte, é claro que as experiências e religiões transcendentais foram descartadas como projeções de potenciais não realizados (Feuerbach), expressões de desejos infantis (Freud) ou sintomas de distúrbios clínicos, por exemplo. William James com toda razão denominou essa postura de "materialismo médico":

> O materialismo médico reduz São Paulo a pó quando chama sua visão no caminho de Damasco de lesão de descarga do córtex occipital, sendo ele um epiléptico. Arrasa com Santa Teresa, classificando-a como histérica, e com São Francisco de Assis, a quem tacha de degenerado hereditário.[4]

O materialismo médico ainda vai muito bem, obrigado. Basta lembrar a recente afirmação de Francis Crick, também agraciado com um prêmio Nobel, de que a crença na existência de Deus pode ser devida a perigosas moléculas mutantes, a que chamou de "teotoxinas".

Assim, além de trazer enormes benefícios, a ciência e a tecnologia promoveram visões de mundo que desencantaram e diminuíram nossas próprias visões do mundo, da humanidade, da mente e das experiências transpessoais. Entretanto, a segunda metade deste século assistiu a uma reviravolta parcial, na qual a conexão supostamente necessária entre a ciência e o desencanto foi rompida por razões de ordem tanto filosófica quanto científica.

Do ponto de vida filosófico, os dois maiores partidários do desencanto, a saber, o cientificismo e o positivismo lógico, deixaram a desejar. Além disso, os movimentos filosóficos do pós-modernismo e do construtivismo obrigaram-nos a reconhecer que nossas interpretações e visões de mundo são construídas e condicionadas por fatores sociais como a linguagem, o período histórico, a raça, o sexo, a classe social e a ideologia cultural dominante. Portanto, uma visão de mundo não é apenas uma descrição de como as coisas "realmente são", mas também uma construção ou projeção. Por conseguinte, a visão de mundo do desencanto — tantas vezes presumida como decorrência lógica da ciência — pode ser vista agora como uma opção culturalmente condicionada, ao menos em parte. Enquanto tal, ela é apenas uma dentre muitas possíveis visões de mundo compatíveis com a ciência, não sendo nem uma prova nem um requisito desta.[5]

Do ponto de vista do transpersonalismo, é fundamental reconhecer isso. Por essa razão, os pesquisadores vêm dando considerável atenção à natureza da ciência e sua posição adequada em relação aos estudos transpessoais. Os pesquisadores de orientação transpessoal também promoveram inúmeros trabalhos experimentais, sendo alguns de seus estudos descritos nas partes que este livro dedica à meditação e ao sonhar lúcido. Os ensaios que se seguem contêm algumas de suas mais significativas idéias no que se refere à natureza e ao impacto da ciência e da tecnologia.

Uma das idéias de maior destaque vem de Charles Tart: a de que o âmbito da pesquisa científica pode ser expandido com o desenvolvimento do que chamou de "ciências de estados específicos". Ele propõe que deve haver um treinamento de cientistas que operem nos estados alterados como observadores-participantes que relatem suas experiências. Tart argumenta que, devido à natureza inerente de tais experiências e conhecimentos, talvez precisemos de diversas ciências de estados específicos, diferentes porém complementares.

"Diferentes visões de diferentes estados" consiste em duas cartas escritas por Gordon Globus em resposta a Charles Tart. Essas cartas sem dúvida estão entre as respostas mais notáveis e menos convencionais jamais enviadas a uma revista científica, já que foram escritas em dois diferentes estados de consciência e chegam a conclusões diametralmente opostas sobre a validade da hipótese de Tart. Aqui temos a rara situação em que um pesquisador respeitado nega a necessidade ou utilidade de ciências de estados específicos quando se encontra em seu estado habitual e, no entanto, considera a sugestão procedente quando se encontra num estado alterado. Isso representa um reforço inestimável para a validação dos fenômenos específicos dos estados. Curiosamente, a revista *Science* recusou-se a publicar as cartas.

Ken Wilber defende a necessidade de complementar as observações sensoriais da ciência com abordagens filosóficas e contemplativas. Em seu ensaio "Olho no olho: ciência e psicologia transpessoal", ele aponta as distinções tradicionais entre três diferentes "olhos do conhecimento" ou formas de saber: o modo empírico (sensorial), o racional — da lógica e da filosofia — e o modo contemplativo (da contemplação/meditação). Cada um deles possui seu próprio domínio dos dados e seu próprio meio de avaliação desses dados, sobrepondo-se apenas parcialmente um ao outro. Wilber opina que as disciplinas transpessoais têm a invulgar capacidade de empregar todos os três modos de conhecimento. Por isso, elas podem criar uma disciplina mais abrangente, integrada e equilibrada, comprometida e capaz de investigar as dimensões biológica, psicológica, social e espiritual do ser humano usando adequadamente a ciência, a filosofia e a contemplação.

Em "Ciência e misticismo", o físico Fritjof Capra aborda mais uma vez o tema da complementaridade. Afirma ele que nem a observação científica nem a percepção mística podem ser reduzidas ou compreendidas uma pela outra, mas que elas se beneficiam mutuamente e, juntas, dão ensejo a uma visão mais completa do mundo do que aquela que separadamente poderiam criar.

O surgimento da antropologia transpessoal marca a extensão da perspectiva transpessoal para mais uma disciplina. Esse novo campo é brevemente descrito por Charles Laughlin, John McManus e Jon Shearer. Com sorte, nos próximos anos veremos o nascer de outras disciplinas como a filosofia e a política transpessoais.

Na segunda metade do século XX, algo completamente inesperado veio questionar ainda mais a conexão entre a ciência e o desencanto, dando lugar a um grande interesse pelos fenômenos transpessoais e afetando a cultura de maneira que ainda se faz sentir. Trata-se da descoberta de tecnologias que induzem as experiências transcendentes. Temos exemplos nas drogas psicodélicas, que provocam diversos e potentes estados alterados; no *biofeedback*, que referendou a alegação da ioga de poder controlar voluntariamente o sistema nervoso autônomo; na tecnologia da ressurreição, que elevou em muitas potências o número de pessoas que passam por experiências de quase-morte; e nas viagens espaciais, que evocaram experiências transpessoais em astronautas e cosmonautas. O resultado disso tudo foi um aumento dramático na quantidade de pessoas que vivem experiências transpessoais — experiências cujo impacto conjunto sobre a vida dos seres humanos e da cultura ainda aguarda análise mais extensa.

A maioria dos astronautas e cosmonautas, por exemplo, são engenheiros ou pilotos de provas que aprenderam como se controlar e distanciar emocionalmente. Apesar disso, todos eles reagiram com estupefação à beleza estonteante da visão da Terra emoldurada pela negra infinitude do espaço. "Ninguém", disse o cosmonauta Oleg Makarov, "seria capaz de conter seu coração maravilhado pela indescritível visão do planeta." [6]

O impacto que alguns deles sentiram foi tamanho que os levou a profundas experiências transpessoais. Os dois tipos mais gerais se enquadram no que foi chamado de "efeito panorâmico" e "percepção do universo". O primeiro consiste numa percepção da unidade, interdependência e fragilidade da vida na Terra; o segundo, numa percepção da unidade e interconexão de todas as coisas.[7] Com a contribuição da mídia, essas experiências vêm exercendo seu impacto e transformando nossa consciência coletiva, fazendo com que as viagens ao espaço ainda possam revelar-se um marco importantíssimo e grande catalisador da evolução humana.

No artigo "A experiência de quase-morte", Ken Ring fornece um relato muito claro e amplo acerca da natureza e das implicações desse tipo de experiência. Quanto mais sabemos a seu respeito, mais misteriosa ela se torna, pois não há uma única explicação — biológica, psicológica ou espiritual — que se tenha revelado satisfatória. Os sobreviventes demonstram um dramático aumento em sua apreciação da vida, do amor, da aprendizagem e do interesse pelos outros. Como milhões de pessoas hoje já passaram por essas experiências, Ring se pergunta se suas transformações psicológicas poderiam deflagrar uma transformação coletiva na nossa cultura. O impacto das tecnologias indutoras da transcendência sobre a nossa cultura e a nossa consciência pode muito bem estar apenas no início.

Diferentes visões de diferentes estados

Gordon Globus

30 de junho de 1972
Aos editores de *Science*
Sociedade Americana para o Progresso da Ciência

Prezados senhores:

Eu gostaria de parabenizar a *Science* pela publicação do controvertido ensaio "Estados de consciência e ciências específicas de estado", de Charles Tart. Tart frisa com acerto a importância da investigação científica dos estados alterados de consciência (EACs). É difícil imaginar um momento da história científica em que a ciência tenha ficado tão para trás em relação à cultura de uma forma geral que mesmo os alunos menos brilhantes percebem o quanto são irrelevantes os poucos estudos de comportamento feitos a respeito das drogas psicodélicas. Infelizmente, a perspectiva da filosofia da ciência adotada por Tart é tão limitada e sua visão das relações entre as "ciências de estados específicos" é tão radical que sua tese certamente será desconsiderada por aqueles a quem ele se dirige — isto é, os representantes do *establishment* científico "ortodoxo" —, se lerem seu ensaio num estado normal de consciência.

A discussão acerca da "natureza pública da observação" enquanto regra básica do método científico está praticamente fora de questão. Tart está certo quando afirma que "as observações devem ser públicas no sentido de que devem estar sujeitas ao questionamento de qualquer observador adequadamente treinado". Entretanto, além de sujeitas ao questionamento, as observações devem também ser igualmente acessíveis a todos os observadores. O problema metodológico no que se refere aos EACs é justamente o fato de que o sujeito possui o privilégio de um acesso a sua própria consciência que nenhum outro observador pode ter.

Esse é o maior problema na investigação dos EACs, ao lado das dificuldades inerentes à descrição de EACs complexos, ao treinamento do observador e até as suas "características inatas".

Até que a investigação empírica prove o contrário, parece-me mais justificável desenvolver uma ciência para todos os estados de consciência — normais e extraordinários — que defender uma dúbia ciência (e cientistas) para cada estado de consciência.

Gordon G. Globus, médico.

10 de julho de 1972
Aos editores de *Science*
Sociedade Americana para o Progresso da Ciência

Prezados Senhores:

Esta é uma carta em resposta a minha carta anterior, na qual eu criticava a recente polêmica de Tart sobre a questão dos estados alterados de consciência. Aconteceu-me lembrar do ensaio de Tart enquanto me encontrava num EAC e — para grande surpresa minha — sua afirmação de que uma ciência específica para um determinado EAC pode ser independente de ciências específicas de outros EACs agora me parece bastante acertada. *Por conseguinte, imediatamente redigi esta carta enquanto me encontrava no EAC.*

No presente momento, tenho praticamente a certeza de que não conseguiria avaliar o que é um EAC se me encontrasse num estado normal de consciência. É como se o pico do EAC me tomasse de surpresa e me fizesse perceber o quanto ele é uma experiência extraordinária, coisa de que eu me esqueço quando estou fora do EAC. Parece-me claro que, se tivesse de conversar com alguém num estado normal, essa pessoa não teria como avaliar a singular experiência que vivo neste momento. Da mesma forma, posso prever que não terei condições de avaliá-la totalmente quando retornar ao estado normal.

Portanto, estou estarrecido diante deste extraordinário paradoxo: a proposta de Tart para a criação de ciências de estados específicos me parece absurda quando estou num estado normal e, ao mesmo tempo, afigura-se-me como bastante correta do ponto de vista de minha "incorrigível experiência" quando estou num EAC. Mantendo minha postura crítica em relação a todas as outras questões levantadas pelo ensaio de Tart das quais previamente discordara.

PÓS-ESCRITO: De volta ao estado normal, defendo a existência de uma única ciência voltada para todos os possíveis estados de consciência e acredito haver alguma explicação para o fato — comprovado por minha experiência em EACs — de que um EAC seja completamente incompreensível do ponto de vista do estado normal. É evidente que posso lembrar o que aconteceu enquanto me encontrava no EAC, mas não posso rememorá-lo da mesma forma que o vivi naquele momento, isto é, a memória não é verídica. Ao que me parece, não há como recuperar completamente a experiência do EAC sem voltar a ele, o que serve de apoio à tese de Tart. Entretanto, os dados científicos disponíveis acerca da "aprendizagem dependente de estado" podem explicar esse fenômeno com facilidade.

Portanto, ao que tudo indica, Tart tem um bom argumento em defesa das ciências de estados específicos no nível da experiência, mas, no conceitual, uma única ciência ainda poderia abarcar todos os estados de consciência. De qualquer modo, a diferença entre minhas cartas, escritas a primeira no estado normal e a segunda num estado alterado de consciência, reforça o interesse científico por esses fenômenos intrigantes.

Gordon G. Globus, médico.

Olho no olho: ciência e psicologia transpessoal

Ken Wilber

Provavelmente, é verdade que a principal questão referente à psicologia transpessoal hoje é a sua relação com a ciência empírica. O ponto mais importante *não* é o âmbito da psicologia transpessoal nem tampouco seu assunto ou sua metodologia. Também não é seu ponto de partida, suas conclusões nem suas fontes porque, de acordo com o pensamento contemporâneo, *todas* essas questões são secundárias se considerarmos em primeiro lugar a questão da própria *validade* da psicologia transpessoal — quer dizer, se ela é uma *ciência empírica.* Essa discussão se baseia no argumento de que, se a psicologia transpessoal não for uma ciência empírica, não terá uma epistemologia válida nem meios aceitáveis de aquisição de conhecimento. É inútil definir o âmbito, a amplitude ou os métodos de investigação da nova e "mais nobre" área da psicologia — a transpessoal — até que se possa comprovar a *posse* de verdadeiros conhecimentos sobre o assunto, sejam eles quais forem.

Por conseguinte, gostaria de empreender uma rápida análise da natureza da ciência e da psicologia transpessoal, detendo-me na relação entre elas.

OS TRÊS OLHOS DA ALMA

São Boaventura, um dos filósofos preferidos dos místicos, disse que homens e mulheres têm, pelo menos, três modos de aquisição de conhecimento ou "três olhos", como os denominou: o *olho da carne,* através do qual percebemos o mundo exterior — tempo, espaço e objetos; o *olho da razão*, pelo qual obtemos algum conhecimento da filosofia, da lógica e da própria mente; e o *olho da contemplação*, por meio do qual chegamos a um conhecimento das realidades transcendentes.

Essa terminologia — olho da carne, da mente e da contemplação — é cristã, mas idéias semelhantes podem ser encontradas em todas as principais escolas tradicionais da psicologia, filosofia e religião. Os "três olhos" de uma pessoa correspondem, com efeito, ao que a filosofia perene descreve como os três domínios fundamentais do ser: o grosseiro (carnal e material), o sutil (mental e anímico) e o causal (transcendente e contemplativo). Esses domínios já foram extensivamente descritos, restando-me apenas ressaltar a unanimidade do testemunho de filósofos e psicólogos tradicionais.[1,2,3]

Prosseguindo com as noções introduzidas por Boaventura, na contemporaneidade poderíamos dizer que o olho da carne integra um seleto mundo de experiência sensorial compartilhada, que ele parcialmente cria e propaga. Esse é o "domínio grosseiro", o reino de tempo, espaço e matéria. É o domínio compartilhado por todos aqueles que possuem o mesmo olho da carne. Trata-se basicamente de inteligência sensorial e motora: o olho da carne — constância objetual. Ele é o *olho empírico,* o olho da experiência sensorial. É necessário frisar que emprego aqui o termo "empírico" em sua acepção filosófica: capaz de detecção pelos cinco sentidos ou prolongamentos seus.

O olho da razão — ou, em geral, o olho da mente — participa do mundo das idéias, das imagens, da lógica e dos conceitos. Pelo fato de o pensamento moderno basear-se em tão grande medida exclusivamente no olho empírico, é importante lembrar que o olho mental *não pode* reduzir-se ao olho carnal. O campo da mente transcende — apesar de incluir — o campo dos sentidos. Embora o olho da mente recorra ao olho da carne para obter boa parte de sua informação, nem todo o conhecimento mental decorre exclusivamente do conhecimento carnal nem lida unicamente com os objetos do domínio carnal. Nosso conhecimento *não* é totalmente empírico e carnal. A verdade de uma dedução lógica se baseia em sua coerência interna e não em sua relação com objetos sensoriais.

O olho da contemplação está para o da razão como o olho da razão está para o da carne. Assim como a razão transcende a carne, a contemplação transcende a razão. Assim como a razão não pode decorrer do conhecimento da carne nem reduzir-se a ele, a contemplação não pode decorrer da razão nem reduzir-se a ela. Ao passo que o olho da razão é transempírico, o olho da contemplação é transracional, translógico e transmental.

Suponhamos que todos os seres humanos possuam um olho da carne, um olho da razão e um olho da contemplação; que cada olho tenha seu próprio objeto de conhecimento (sensorial, mental e transcendental); que um olho superior não se reduza nem se explique em termos de um olho inferior; que cada olho seja útil e válido em seu próprio campo e que incorra em falácia quando tenta por si mesmo apreender um domínio superior ou inferior em sua totalidade.

O único ponto que gostaria de frisar é que quando um olho tenta usurpar o papel de algum outro, dá-se um erro de categoria, o qual pode ocorrer em qualquer direção: o olho da contemplação não está preparado para revelar os fatos que dizem respeito ao olho da carne; como o olho da carne é incapaz de apreender as verdades do olho da contemplação. A sensação, a razão e a contemplação descobrem suas próprias verdades em seus próprios domínios: cada vez que um olho tenta ver pelo outro, o resultado é uma visão distorcida.

Acontece que o erro de categoria é o maior problema de quase todas as grandes religiões. O Budismo, tanto quanto o Cristianismo e outras religiões, continha revelações finais acerca da realidade final. Entretanto, essas revelações transverbais invariavelmente misturavam-se a verdades racionais e fatos empíricos. A humanidade ainda não aprendeu, por assim dizer, a distinguir e separar os olhos da carne, da razão e da contemplação. E, num exemplo, como a revelação era confundida com a lógica e com o fato empírico, apresentando-se os três como *uma única verdade,* ocorreram duas coisas: os filósofos entraram em cena e destruíram o lado racional da religião, e a ciência veio e destruiu o lado empírico... A partir desse ponto, a espiritualidade foi derrubada no Ocidente, permanecendo apenas a filosofia e a ciência.

No decorrer de um século, todavia, a filosofia enquanto sistema racional — um sistema baseado no olho da mente — foi, por sua vez, dizimada, e o foi por obra do novo empirismo científico. Nesse momento, o conhecimento humano *reduziu-se* única e exclusivamente ao olho da carne. Abandonaram-se os olhos da contemplação e da mente — e a humanidade resumiu seu meio de aquisição de conhecimento válido ao olho da carne.

A ciência tornou-se cientificismo. Ela parou de falar apenas pelo olho da carne, passando a ser porta-voz também dos olhos da mente e da contemplação. Fazendo isso, sujeitou-se exatamente aos mesmos erros de categoria que havia apontado na teologia dogmática, pelos quais a religião pagou um preço alto. Os cientificistas tentaram forçar a ciência e seu olho da carne a trabalhar pelos três olhos, e isso constitui um erro de categoria. E por isso não apenas a ciência, mas também o mundo, pagaram caro.

Assim, com efeito, o único critério da verdade passou a ser o critério científico, isto é, uma aferição motora e sensorial perpetrada pelo olho da carne e baseada na mensuração. No entanto, a verdadeira questão é que "essa posição adotada pelos cientistas (...) foi puro blefe": o blefe de tomar a parte pelo todo.[4] O olho da carne passou a afirmar que aquilo que não podia ver não existia — quando deveria ter dito simplesmente que não via o que não podia ver.

UMA CIÊNCIA "MAIS NOBRE"

Será que os próprios cientistas não definiram o método científico de maneira demasiado estreita? Será que uma ciência mais ampla não poderia estudar o domínio dos olhos da mente e da carne? Estará a ciência porventura presa ao olho da carne, ou poderá ela expandir-se para englobar também os olhos da mente e da contemplação? Será a ciência de estado específico — a ciência voltada para estados mais elevados da consciência — uma possibilidade ou um erro bem-intencionado?

Charles Tart acredita que o método científico vem desnecessária e arbitrariamente limitando-se ao olho da carne devido a um "viés fisicista",[5] ou seja, o pressuposto de que só as entidades materiais são dignas de estudo. Ele acha que o método científico em si mesmo pode ser separado de seus acréscimos materialistas e aplicado a estados mais elevados da consciência e do ser — e é precisamente isso o que constitui o conceito de ciência de estado específico. Por conseguinte, Tart conclui que "a essência do método científico é perfeitamente compatível com o estudo de diversos estados alterados de consciência".

Minha opinião a respeito é dupla: em primeiro lugar, a definição que Tart dá à ciência é tão ampla que permite sua aplicação a qualquer tipo de coisa. Em segundo, à medida em que tornamos mais restritas e mais firmes as suas proposições a fim de evitar essa dificuldade, menos aplicáveis elas passam a ser em relação aos estados mais elevados da consciência, e mais próximas se tornam da antiga ciência fisicista.

Se assim é, aparentemente o método científico não se presta aos estados mais elevados da consciência e do ser, devendo permanecer, em suma, o que tem sido desde sempre: o melhor método até agora criado para descobrir fatos pertencentes ao domínio do olho da carne. A meu ver, em sua tentativa pioneira de legitimar a *existência* de estados mais elevados da consciência, Tart inadvertidamente aplicou aos estados mais elevados critérios específicos dos estados inferiores.

A pesquisa empírica/física empreendida pelo olho da carne e seus correlatos representará sempre um importante *auxílio* para a psicologia transpessoal, mas jamais constituirá seu âmago, pois esta interessa-se unicamente pelo olho da contemplação. A psicologia transpessoal é um empreendimento (não uma ciência) de estado específico que, por transcender os olhos da carne e da razão, tem a liberdade de valer-se de ambos: o olho carnal para os estudos empírico-científicos e o olho mental para a investigação filosófico-psicológica. Contudo, nenhum dos dois olhos pode apreendê-la nem defini-la.

A QUESTÃO DA COMPROVAÇÃO

É importante ter em mente que o método científico não é a única forma de conhecimento; ele é simplesmente um olho refinado da carne, havendo para além dele tanto o conhecimento mental quanto o conhecimento contemplativo. Assim, o fato de a psicologia transpessoal não ser uma ciência não significa que ela não seja válida, verificável, cognitiva ou que seja emocional, anti-racional e destituída de sentido. Os psicólogos transpessoais geralmente entram em pânico quando se diz que a psicologia transpessoal não é uma ciência, porque os cientificistas nos ensinaram que os meios "não-científicos" não são "verificáveis". Mas se a psicologia transpessoal é não-científica, como *pode* ser verificada?

Isso parece ser um problema porque não achamos que todo conhecimento é essencialmente semelhante em estrutura. Ou seja, todo conhecimento consiste em três componentes básicos:

1. *Um componente instrumental ou injuntivo* — trata-se de um conjunto de instruções, simples ou complexas, internas ou externas. Todas se resumem à seguinte fórmula: "Se você quer ver isso, faça isso";
2. *Um componente iluminador* — trata-se de uma forma iluminadora de *ver* por parte do olho do conhecimento específico evocado pelo componente injuntivo. Além da possibilidade de auto-iluminação, este componente traz consigo a possibilidade de:
3. *Um componente coletivo* — trata-se de uma verdadeira comunhão da visão ilu-

minadora com outras pessoas que estão usando o mesmo olho. Se a visão compartilhada for consensual, constitui uma comprovação coletiva do verdadeiro ver.

São esses os componentes básicos de qualquer tipo de conhecimento verdadeiro, qualquer que seja o olho em questão. O conhecimento só se complica quando um dos olhos tenta adequar seu conhecimento ao de um olho superior ou inferior, mas esses componentes básicos subjazem mesmo a essa complicação. Em outras palavras, qualquer que seja o tipo de conhecimento, a instância injuntiva exige que *o olho indicado seja treinado até que possa adequar-se à sua iluminação*. Isso não se aplica apenas à arte, à ciência, à filosofia ou à contemplação — na verdade, é aplicável a todas as formas válidas de conhecimento.

Porém, se uma pessoa se recusa a treinar um determinado olho (carnal, mental ou contemplativo), é o mesmo que se recusar a ver, autorizando-nos a desconsiderar suas opiniões e a excluir seu voto na comprovação coletiva. Alguém que não quer aprender geometria não deve ter direito a voto no julgamento da verdade do teorema de Pitágoras, do mesmo modo que alguém que não quer aprender a contemplação não deve julgar a verdade da natureza de Buda.

Tenho a impressão de que o mais importante que a psicologia transpessoal tem a fazer é tentar evitar os erros de categoria: confundir o olho da carne com o da mente ou o da contemplação (ou, conforme os modelos mais detalhados, como o Vedanta, evitar confundir os seis níveis). Não é preciso entrar em pânico quando alguém perguntar: "Onde está a prova empírica da transcendência?" Basta explicar quais os métodos instrumentais de que dispomos para nosso conhecimento e convidar o indivíduo a verificar pessoalmente. Se ele aceitar e compreender, estará habilitado a fazer parte da comunidade daqueles cujo olho é adequado ao reino da transcendência. Antes disso, essa pessoa não terá condições de opinar acerca de questões da transcendência. Não temos obrigação de ouvi-la, assim como um físico não tem a obrigação de ouvir alguém que se recusa a aprender matemática.

Enquanto isso, o psicólogo transpessoal deve a todo custo evitar os erros de categoria. Não deve apresentar noções transcendentes como se fossem fatos científicos empiricamente observados, porque elas *não podem ser cientificamente verificadas*. Fazendo isso, estaria permitindo que todo o campo fosse julgado um amontoado de absurdos. O psicólogo transpessoal tem a liberdade de usar (cientificamente) o olho da carne para coletar dados auxiliares, como tem a liberdade de usar o olho da mente para coordená-los, esclarecê-los, criticá-los e analisá-los. Mas não se deve confundir um domínio com o outro e, principalmente, deve-se evitar confundi-los ambos com o domínio da contemplação. Os olhos da carne e da razão não podem pretender "provar" o Transcendente, delimitá-lo nem descrevê-lo adequadamente. Quanto mais o psicólogo transpessoal cometer esses erros, mais sua área estará sujeita à sina da teologia medieval: acabará tornando-se pseudociência e pseudofilosofia, permitindo o ataque dos cientistas e dos filósofos — e com toda a razão.

A psicologia transpessoal está numa posição extraordinariamente favorável: ela pode se arrogar o privilégio de ter uma abordagem equilibrada e completa da realidade — uma abordagem que possa incluir tanto o olho da carne quanto o da razão e o da contemplação. E acredito que a história do pensamento acabará por demonstrar que mais do que isso é impossível, e que menos é desastroso.

Ciência e misticismo

Fritjof Capra

Estará a ciência moderna, com todo o seu sofisticado maquinário, apenas redescobrindo a milenar sabedoria oriental? Deverão, portanto, os físicos abandonar o método científico e começar a meditar? Ou será possível haver uma influência recíproca entre ciência e misticismo — talvez mesmo uma síntese?

Eu acho que todas essas perguntas têm respostas negativas. A meu ver, a ciência e o misticismo são duas manifestações complementares da mente humana: manifestações de suas faculdades racionais e intuitivas. O físico atual vê o mundo através de uma extrema especialização da mente racional; o místico, através de uma extrema especialização da mente intuitiva. As duas abordagens são inteiramente diferentes e envolvem bem mais que uma certa visão do mundo físico. Contudo, elas são "complementares", como aprendemos a dizer na física. Uma não é abarcável pela outra nem pode ser reduzida à outra, mas ambas são necessárias, suplementando-se para uma compreensão mais completa do mundo. Lembrando as palavras de um velho provérbio chinês, os místicos compreendem as raízes do *Tao*, mas não seus galhos e ramificações; os cientistas compreendem os galhos, mas não as raízes. A ciência não precisa do misticismo, e o misticismo não precisa da ciência, mas os seres humanos precisam de ambos. A experiência mística é necessária à compreensão da natureza mais profunda das coisas, e a ciência é essencial à vida moderna. Por isso, o que precisamos não é uma síntese, mas uma interação dinâmica entre a intuição mística e a análise científica.

Antropologia transpessoal

Charles D. Laughlin, Jr., John McManus e Jon Shearer

Embora até hoje jamais tenha sido consignada sob um rótulo exclusivo, como o de "transpersonalismo," a pesquisa antropológica envolvendo fases alternativas da consciência é extensa e responsável por grande parte do material transcultural que serve de base para os trabalhos teóricos transpessoais de outras disciplinas.

As sociedades podem reprimir o acesso à experiência e a seu estudo e assimilação, ignorando sistematicamente ou sancionando negativamente a fase da consciência na qual se origina aquela determinada experiência. A nossa, por exemplo, é uma sociedade relativamente *monofásica*, isto é, uma sociedade que restringe a experiência e o conhecimento a uma faixa muito limitada de fases fenomenológicas. Em geral, para nossa cultura, as únicas fases da consciência adequadas ao acúmulo de informações sobre o mundo são as que se enquadram na "consciência normal da vigília".

Um fato de imensa importância do ponto de vista antropológico é o fato de a maioria das sociedades humanas funcionar com base em múltiplas realidades, vividas diretamente por alguns ou por todos os membros do grupo através da *consciência polifásica*. A maioria das sociedades requer uma integração das experiências (a "consciência unificadora" de Maslow) provenientes de duas ou mais fases alternativas (a integração entre a consciência da vigília, da meditação e do sonho no Tantrismo tibetano, por exemplo). É possível sustentar que a incapacidade de integrar a experiência polifásica pode dar origem à psicopatologia. O desenvolvimento da consciência unificadora requer a devida transmissão de informações através de linhas básicas, num processo que denominamos *trançado transfásico*.

As sociedades que reconhecem a importância das experiências oriundas de fases alternativas de consciência tendem a modular socialmente o fluxo de informação entre fases (1) através do controle ritual das linhas básicas (incubação de sonhos, danças públicas, ingestão de drogas em condições socialmente controladas, estipulação coletiva de técnicas para acesso a uma fase alternativa, etc.) e (2) fornecendo um sistema de símbolos polifásicos em torno dos quais as informações sobre a experiência podem ser organizadas ou transmitidas, conforme o necessário à sua integração. A incapacidade de percepção da função transfásica do simbolismo tem resultado muitas vezes numa incompreensão de certos elementos culturais amplamente difundidos. De vez em quando os antropólogos se perguntam, por exemplo, se o xamã realmente crê na eficácia das curas que promove, se sabe estar usando truques de prestidigitação. Esse aparente paradoxo se desvanece quando nos damos conta de que o teatro terapêutico da fase de vigília pode fornecer os elementos da experiência terapêutica direta nas fases alternativas (sonhos ou transe, digamos).

Com pouquíssimas exceções, o trabalho da maioria dos antropólogos deixa transparecer um viés etnocêntrico em favor da monofasia. Isso é uma grande ironia quando se considera que a antropologia talvez seja a mais antiga das disciplinas transpessoais existente entre as ciências. Enquanto a maioria dos antropólogos não hesita em registrar as descrições de experiências transpessoais oferecidas pelos informantes, poucos acham necessário o risco de adentrar a fase da consciência cujas experiências são obtidas fenomenologicamente. A diferença aqui é crucial do ponto de vista teórico e metodológico, pois a falta de percepção intuitiva por parte dos antropólogos monofásicos em termos da maneira como as realidades múltiplas se integram tem sido um dos maiores obstáculos à formação de uma teoria menos rudimentar da cultura e da consciência.

O certo é que, devagar, estamos começando a ver que existem experiências reais e diretas por trás de muita coisa que nós, antropólogos, julgamos ser crenças bizarras, mitos, lendas e "superstições". É preciso examinar cuidadosamente a possibilidade de nossos informantes — ou aqueles que foram seus mestres — haverem de fato experimentado uma realidade que dá lugar à tradição que ora analisamos.

Outra constatação está na nossa presente percepção de que os fatos da língua e outros modos de comunicação simbólica *não* são conhecimento, mas — na melhor das hipóteses — expressões simplificadas de eventos cognitivos. Por conseguinte, existem severas limitações à participação vicária em fases alternativas de consciência para o pesquisador de orientação monofásica. Finalmente, muitas das questões levantadas atualmente pelos transpersonalistas exigem uma observação participadora em seu sentido maior. Há uma demanda de antropólogos com percepção e coragem suficientes para submeter-se à experiência direta de realidades múltiplas, armados apenas com a hermenêutica de sua cultura de origem e dispostos a descrever — por experiência própria — a fenomenologia da cultura observada. Em outras palavras, a demanda atual é pelos antropólogos que Tart poderia chamar de "cientistas de estado específico".

As várias vantagens da constituição de um quadro de antropólogos transpersonalistas vêm sendo até aqui apenas sugeridas. Contudo, seria bom torná-las inteiramente explícitas. Em primeiro lugar, o antropólogo transpessoal especialmente treinado teria condições de discernir até que ponto vai o trançado transfásico de uma dada instituição cultural. Isto é, ele poderia dominar as atividades de uma determinada fase da consciência destinadas a catalisar experiências de outras fases da consciência. Assim, o antropólogo poderia tomar parte em "cerimônias de possessão" ou numa dança balinesa Kris, tornar-se um aprendiz de xamã ou recorrer a um oráculo para interpretar seus sonhos. Num sentido muito real, essas atividades do antropólogo transpessoal não seriam senão extensões do método de observação participante. Depois que os antropólogos compreenderem inteiramente as deficiências inerentes à monofasia, realmente não haverá outra alternativa a não ser a orientação transpessoal.

Em segundo lugar, os antropólogos transpessoais poderão investigar a fenomenologia polifásica subjacente às *cosmologias* dos povos não-ocidentais. Constitui um interessante paradoxo o fato de que a visão sistêmica que os ambientalistas tanto procuraram incutir no processo de tomada de decisão do moderno planejamento social pareça estar presente e seja familiar ao pensamento de muitos dos assim chamados povos primitivos. Nossa impressão é que as experiências transpessoais vividas através da consciência polifásica se transformarão num dos maiores ingredientes da promoção e do reforço das características sistêmicas das cosmologias em toda parte — se não sob a forma de experiência direta adquirida por todos os membros do grupo, pelo menos como experiência obtida e transmitida por uns poucos adeptos (os xamãs, criadores e transformadores dos mitos). É através da experiência transpessoal, afinal de contas, que a humanidade é potencialmente capaz de experimentar diretamente a unidade essencial de toda realidade fenomenológica, capaz de experimentar a dissolução do ego pessoal e a participação como elemento formador de um ser maior (o *Eu-Tu* de Buber, a "absorção" do Budismo) e capaz de expandir seu conhecimento da realidade transcendendo as barreiras da existência corpórea e viajando aos reinos situados além dos limites impostos por seu ambiente operacional imediato.

Em terceiro lugar, como Roszak, Teilhard de Chardin e Weil, dentre outros, afirmaram, a humanidade parece trazer em si um impulso nato para a busca da experiência transpessoal. Essa alegação encontra apoio na tendência universal para alterar o fluxo "natural" da consciência através de técnicas, imposições e drogas socialmente prescritas. Concordamos com a hipótese de Carl Jung de que esse impulso é nada mais nada menos que a busca da unidade estrutural do organismo por meio da integração entre o ego pessoal e o verdadeiro eu. O meio primordial através do qual a humanidade promove mais facilmente a integração entre os aspectos conscientes e inconscientes do organismo reside aparentemente nos princípios organizacionais do simbolismo, experimentado em fases alternativas da consciência.

Nossa sociedade atualmente se encontra à beira de uma transformação espiritual que vai de um período de repúdio à experiência transpessoal — inclusive aos rituais e técnicas destinados a promover esse tipo de experiência e aos sistemas hermenêuticos que conduzem às experiências transpessoais e lhes dão sentido — à precipitada adoção das mais variadas abordagens concebíveis para sua obtenção, desde as drogas psicodélicas e "psicogismologia" até os gurus do leste da Índia.

O papel intermediário da antropologia transpessoal nessa confusão poderia ser de grande utilidade, afetando o curso dos fatos de pelo menos três maneiras: (1) Existe neste momento um potencial para a construção de um *corpus* teórico neurocognitivo, psicológico e transcultural, destinado a esclarecer a natureza da experiência transpessoal. Essa construção necessariamente exigiria a identificação das estruturas operacionais que intermedeiam a consciência e os elementos e relações aos quais ela dá coerência. Uma teoria nesses moldes explicaria como técnicas diversas levam a experiências diversas e como os elementos culturais estão envolvidos. (2) Partindo de premissas teóricas firmes, o antropólogo transpessoal poderia participar de diversos programas para alterar a consciência e assim avaliá-los com mais discernimento, podendo apontar quais os válidos e quais os que não passam de charlatanismo. (3) Pode-se conceber que um campo de antropologia transpessoal aplicada possa desenvolver-se a ponto de permitir ao antropólogo tornar-se um xamã que possa guiar os outros, profissionais ou não, em sua tentativa de unificar a consciência através da polifasia. Entretanto, é mais provável que o antropólogo encontre sua platéia mais atenta em meio aos profissionais da cura, principalmente a medicina e a psicologia clínica. De qualquer modo, a familiaridade transcultural com os meios e métodos de acesso à experiência transpessoal e à consciência unificadora realçaria ainda mais o papel de "agente cultural" do antropólogo.

Evidentemente, existem perigos intrínsecos na fórmula do transpersonalista como *expert*. Esses riscos são os mesmos que ameaçam os egos profissionalmente legitimados: "Eu sei o que você não sabe!" Quando falamos do antropólogo transpessoal profissional, não nos referimos a alguém que tenha feito algumas "viagens" de ácido. Pelo contrário, referimo-nos a disciplinados e amadurecidos investigadores das fases alternativas da consciência com anos de experiência atrás de si. São pessoas que conseguiram, ao menos em parte, um vislumbre da estrutura da própria experiência. Naturalmente o processo de aprendizagem é algo essencial ao movimento transpessoal.

A FORMAÇÃO DOS ANTROPÓLOGOS TRANSPESSOAIS

Nem todo estudante de antropologia pode ou deve ser treinado como transpersonalista. Em primeiro lugar, o confronto com a experiência transpessoal não permite que o transpersonalista permaneça o mesmo. Na verdade, as experiências transpessoais envolvem um certo risco ou bem-estar psicológico das pessoas, principalmente quando transcorrem sem a orientação de um xamã ou um adepto tarimbado. Talvez isso fique mais claro quando se pensa nas experiências transpessoais como incursões ao inconsciente.

Portanto, o antropólogo transpessoal em potencial deve ser um indivíduo com uma estrutura egóica firme, sólida e, ao mesmo tempo, flexível; um indivíduo capaz de enfrentar as novidades sem riscos de traumas muito severos — de preferência um indivíduo que esteja ao menos um pouco habituado à experiência transpessoal.

Pelo menos no início, precisaremos de pessoas com capacidade de raciocínio abstrato que possam permanecer cientistas e, ao mesmo tempo, participar integralmente das investigações polifásicas. Como aprenderam muitas gerações de etnógrafos, não se pode manter indefinidamente um pé em cada mundo, por assim dizer. No entanto, precisamos de gente que tenha condições de registrar e transmitir a fenomenologia das fases de forma estritamente científica, além de desenvolver técnicas para aferir os modelos científicos de fatos polifásicos.

Um candidato à especialização em antropologia transpessoal deveria receber, além da formação ortodoxa habitual, a instrução e orientação especializadas necessárias para familiarizá-lo mais com os tipos de experiência transpessoal. Sugerimos que esse treinamento comece com um período de psicoterapia transpessoal intensiva.

Após o término da auto-exploração inicial, o estudante poderia dar início a um longo período de exploração transpessoal sob a supervisão de orientadores competentes. A faixa de técnicas e experiências variaria de acordo com as tendências do estudante e o talento do orientador, mas poderia ir desde as experiências psicodélicas controladas, a meditação intensa envolvendo retiros demorados, a hipnoterapia e a psicanálise (principalmente a de tendência junguiana) até a incubação de sonhos. O resultado dessas várias investigações da consciência polifásica poderia ser processado e formalizado sob a forma de seminários com a participação de ao menos um transpersonalista experimentado como instrutor e todos os estudantes de antropologia transpessoal do curso.

Nesses seminários, as pessoas seriam incentivadas a procurar meios de comunicar aos colegas os aspectos cientificamente pertinentes de suas experiências, desenvolvendo assim o instrumental teórico para uso posterior na área. Eles poderiam também comparar e avaliar as várias abordagens teóricas que tentam explicar a experiência transpessoal e a consciência polifásica. Naturalmente, a qualquer ameaça de problemas mais sérios, as pessoas que apresentassem níveis mais altos de estresse psicológico seriam aconselhadas a abandonar a formação transpessoal e seguir um curso de antropologia mais ortodoxo.

Evidentemente não defendemos uma concentração de esforços para produção única e exclusiva de antropólogos transpessoais. Todos os pesquisadores da área deveriam sensibilizar-se com os problemas inerentes ao estudo das sociedades polifásicas, de modo que não deixem de coletar dados relevantes por desconhecer seu próprio viés monofásico.

A experiência de quase-morte

Kenneth Ring

O que realmente acontece com a pessoa que diz ter sobrevivido a uma experiência de quase-morte (EQM)? Talvez a melhor forma de compreender isso (por meio da palavra escrita) seja imaginar que seja algo que está acontecendo a você mesmo neste exato momento. Existem, contudo, dois requisitos importantes que devemos mencionar antes de prosseguir. Primeiro: embora em geral essas experiências se enquadrem num padrão comum, elas variam imensamente em termos do número de elementos experienciais que se prestam à definição do padrão prototípico. Em resumo, algumas são mais completas que outras. Segundo: na medida em que a experiência é mais profunda surgem diversos "ramos" diferentes que podem ser seguidos depois da experiência do "tronco" básico da EQM. Para a finalidade que pretendemos, é necessário que você imagine uma EQM relativamente completa, a qual progredirá ao longo de um dos ramos mais comuns.

Provavelmente, a primeira sensação seria de extrema paz e grande bem-estar. Você não sentiria nenhuma dor nem, aliás, nenhuma sensação física. É possível que tivesse consciência de uma espécie de silêncio cristalino, puro, diferente de qualquer coisa que jamais tivesse vivido antes. É provável, inclusive, que você tivesse total consciência de que, o que quer que ocorresse, você estaria absolutamente são e salvo nessa atmosfera de paz inebriante.

Então você começaria a ter uma espécie de percepção visual do ambiente em que está. A primeira coisa que notaria é que enquanto você — sua verdadeira pessoa — parece observar tudo de cima, seu *corpo* está "lá embaixo", rodeado por um amontoado de gente preocupada. Na verdade, você jamais se sentiu tão bem antes — sua percepção é extremamente nítida e clara, sua mente parece funcionar de forma hiperlúcida e você se sente mais cheio de vida do que em qualquer outro momento de sua vida.

De repente, sua atenção se volta para uma escuridão suave e convidativa, e você se vê movimentando-se em meio a ela — sem corpo, mas com uma inequívoca sensação de mobilidade. À medida que se move, você percebe que essa escuridão tem configuração semelhante à de um túnel.

Quando vai se aproximando do fim do túnel, você se apercebe de um minúsculo ponto de luz. Esse ponto rapidamente se torna cada vez maior e a luz, cada vez mais forte e radiante. Embora seja extremamente branca e brilhante, a luz absolutamente não fere seus olhos. Você nunca viu luminosidade igual — parece não ter fim, cobrindo todo o seu campo de visão. À medida que você se aproxima da luz, começa a sentir-se invadido por ondas tremendas de algo que só pode ser descrito como puro amor e que penetra até o mais íntimo do seu ser. Agora já não há pensamentos — só a imersão total nessa luz. Todo o tempo cessa: isso é eternidade, é perfeição. Na luz, você se sente de volta à sua verdadeira morada.

Entretanto, em meio a essa perfeição atemporal, você se apercebe de uma *presença* definida que de algum modo se associa a essa luz. Não se trata de uma pessoa, mas de uma espécie de *ser*, uma forma que você não consegue ver, mas a cuja consciência a sua mente parece estar ligada. Essa presença informa-o de que é necessário que você decida se vai continuar ali ou se vai voltar. No mesmo instante em que esse pensamento lhe é comunicado, você vê de repente tudo o que lhe aconteceu na vida como se fosse um milhão de imagens que, apesar disso, são as mais precisas e nítidas. Não há sentimento algum de julgamento, mas, quando o véu que cobria a sua vida se descerra à sua frente, você capta o sentido essencial da sua vida e vê, com a mais absoluta clareza, que precisa voltar, que sua família e, principalmente, seus filhos precisam de você.

Esse é o último fragmento de percepção transcendental que você tem. O que consegue perceber em seguida é que está com dores terríveis, internado numa unidade de tratamento intensivo. Apesar de impedido de falar, você é capaz de lembrar de cada detalhe do que lhe aconteceu.

O que é claro para você é que isso não foi sonho nem alucinação. Tampouco foi algo que você simplesmente imaginou. Tudo foi constrangedoramente real e absolutamente objetivo: mais verdadeiro que a própria vida. Você gostaria de poder falar com alguém a respeito do que viveu, mas quem poderia entender, mesmo que você encontrasse palavras adequadas para descrevê-lo? Tudo o que você sabe é que isso constitui a coisa mais profunda que já lhe aconteceu e que a sua vida e a sua compreensão da vida jamais voltarão a ser as mesmas.

Assim costumam ser as mais comuns dentre as experiências *profundas* de quase-morte e seus resultados imediatos. De qualquer modo, isso é o que para muita gente é "como morrer". Obviamente, a mera descrição de uma experiência como essa suscita uma infinidade de questões empíricas e interpretativas; não fornece nenhuma resposta inequívoca a respeito do que ocorre na morte (exceto, talvez, para os que tiveram a experiência), muito menos para o que acontece *depois* da morte biológica. Contudo, nos últimos anos, têm-se feito diversas pesquisas acerca dessas experiências.

PARÂMETROS E INTERPRETAÇÕES PARA A EQM

Com que freqüência essas experiências costumam realmente ocorrer? Caso se tomassem cem casos consecutivos de pacientes com diagnóstico de morte clínica, quantos dos sobreviventes relatariam EQMs?

As primeiras pesquisas (Ring, 1980; Sabom, 1982) indicam que a resposta estaria em torno de 40%, e essa estimativa foi confirmada pelos resultados de um levantamento feito pelo Gallup (Gallup, 1982). A maioria das pessoas não consegue lembrar de nada após uma crise em que ficaram à beira da morte, mas existe uma percentagem muito alta entre os que alegam ter lembranças conscientes e relatam experiências que, ao menos em parte, estão em conformidade com a EQM prototípica que descrevemos acima. Alguns pacientes esparsos relatam experiências idiossincráticas que geralmente aparentam ter um caráter alucinatório. Existe uma fração igualmente pequena dos casos que parece ser de experiências negativas.

Outra pergunta muito repetida é: "A maneira pela qual o paciente chega à beira da morte afeta a experiência?" Em geral, o padrão é muito nítido: qualquer que seja a sua causa, uma vez que a EQM começa a desenrolar-se, ela é essencialmente invariável e assume a forma anteriormente descrita. Além disso, as pesquisas relativas às EQMs decorrentes de tentativas de suicídio demonstraram que o padrão prototípico está igualmente presente nelas.

Se as variáveis contingenciais não têm influência significativa sobre a experiência, que dizer das características pessoais? Pode-se dizer que certas pessoas têm mais probabilidade de viver uma experiência como essa de acordo com sua educação, personalidade, crenças ou até informações prévias acerca das EQMs? Mais uma vez, as pesquisas demonstram que os fatores individuais e sociais exercem um papel irrelevante. As variáveis demográficas — sexo, raça, classe social ou educação, por exemplo — provaram não ter relação nem com a incidência nem com a forma da EQM. Da mesma maneira, é evidente que não há um tipo especial de pessoa — definível por atributos psicológicos — que tenha particular probabilidade de viver uma experiência de quase-morte. Os ateus e agnósticos não são menos sujeitos a relatar experiências prototípicas do que as pessoas religiosas, embora provavelmente a interpretação que lhes dão seja diferente. Por último, o conhecimento prévio não parece aumentar a probabilidade de se ter uma EQM.

Quando chegamos à questão — que é da máxima importância — da *universalidade*, temos de admitir que esta é uma área de pesquisa que lamentavelmente ainda deixa a desejar. Entretanto, tudo indica que, apesar de um certo grau de variação cultural, é possível que haja certas constantes universais, como a sensação de estar fora do corpo, a passagem através da escuridão rumo a uma luz brilhante e o encontro com seres "celestiais".

Finalmente, tomemos a questão da interpretação geral da EQM. Há uma pletora de teorias e um mínimo de consenso a respeito. Essas teorias normalmente se encaixam em três grandes categoria: biológicas, psicológicas e transcendentais, embora muitas das interpretações não se restrinjam a uma única perspectiva. As teorias biológicas tendem a ressentir-se do reducionismo e do tom contrário à sobrevivência da alma, ao passo que nas transcendentais a ênfase, apesar de não ser empiricamente comprovável, é compatível com a interpretação sobrevivencialista. Naturalmente as teorias psicológicas ocupam, em muitos aspectos, uma posição intermediária entre as precedentes.

Embora já contem uma década, as pesquisas sobre a experiência de quase-morte infelizmente não apresentaram nenhum tipo de interpretação totalmente aceitável. Além disso, recentemente tentei demonstrar (Ring, 1984) que as questões secundárias relativas à interpretação são muito mais complexas do que alguns teóricos inicialmente estimaram.

A importância maior da experiência de quase-morte não recai tanto na fenomenologia nem nos parâmetros que a experiência possa ter, mas em seus efeitos *transformadores*. São justamente esses efeitos que nos fornecem uma maneira de inserir a EQM em certas linhas evolucionárias mais amplas — linhas que aparentemente impelem a humanidade em direção ao próximo estágio de seu desenvolvimento coletivo. A fim de compreender a base dessa relação, devemos analisar primeiro as formas como uma EQM altera a vida, a conduta e o caráter dos que a ela sobrevivem.

EFEITOS TRANSFORMADORES DA EQM

Os trabalhos mais recentes sobre as experiências de quase-morte se voltam cada vez mais para o estudo de seus efeitos subseqüentes, e suas conclusões são unânimes em revelar descobertas bastante estimulantes. Em primeiro lugar, esses trabalhos indicam que, além de as EQMs apresentarem um padrão comum de elementos transcendentais, o caráter transformador de seus efeitos subseqüentes também apresenta um padrão coerente. Em segundo lugar, esse padrão de mudanças tende a ser tão positivo e específico em seus efeitos que pode ser visto como indicativo de *um despertar geral para os mais elevados potenciais humanos*. A fim de verificar como isso se processa e estabelecer as premissas para sua possível importância evolucionária, vejamos agora mais uma vez as descobertas levantadas pelo estudo que fizemos (Ring, 1984).

Essa pesquisa considerou três amplas categorias de efeitos subseqüentes: (1) mudanças em valores pessoais e no conceito que o indivíduo tem de si mesmo: (2) mudanças na orientação religiosa ou espiritual; e (3) mudanças na percepção psíquica. Qual, então, é o perfil psicológico que se poderia deduzir desse estudo?

Primeiramente, no que se refere aos valores pessoais, as pessoas saem dessas experiências com um aumento em sua *apreciação da vida*. Isso em geral se traduz numa reação mais completa à beleza natural da vida e numa marcada tendência à concentração no momento presente. A preocupação com as mazelas do passado e com os problemas do futuro tende a diminuir. Em decorrência disso, as pessoas conseguem viver mais completamente o presente, o momento, de forma que a maior atenção ao ambiente e o frescor da percepção são como conseqüências naturais. Além disso, essas pessoas têm mais apreço por si mesmas no sentido de nutrir mais *auto-estima*. Na maioria dos casos, não se trata de inflação do ego, mas antes de uma espécie de aceitação de si próprias como realmente são — algo que por vezes elas atribuem ao tremendo senso de afirmação que receberam "da Luz".

Entre as mudanças que acompanham uma experiência de quase-morte, talvez uma das mais evidentes seja o *redobrado interesse pelo bem-estar do próximo*. Isso constitui algo muito genérico e importante, que tem diferentes aspectos. Para efeito desta análise, descreverei brevemente as principais formas através das quais isso se expressa: aumento da paciência, tolerância e compaixão pelos outros e, particularmente, uma redobrada capacidade de expressar amor. Com efeito, após uma EQM as pessoas costumam enfatizar a importância de dar amor como valor primordial da vida. Além disso, elas aparentemente passam a ter mais vontade de ajudar os outros, afirmando ter adquirido uma percepção maior dos problemas humanos e maior compreensão de seus semelhantes. Finalmente, elas aparentam demonstrar uma incondicional aceitação de todos os seres humanos, talvez pelo fato de terem conseguido aceitar-se dessa forma. De certa maneira, todas essas mudanças poderiam ser caracterizadas como exemplos de uma *maior apreciação do ser humano* que, como tal, pode representar ainda outra faceta do que parece ser um fator de apreciação geral, o qual a EQM se presta a intensificar.

Verifica-se um claro e coerente declínio de outros valores. A importância dada às coisas materiais, ao sucesso pelo sucesso e à necessidade de impressionar os outros, por exemplo, diminui. Em geral, a cotação dos valores voltados para o ser humano sobe, ao passo que o interesse pelo sucesso material despenca.

Essas pessoas costumam buscar uma compreensão mais profunda da vida, principalmente em seus aspectos religiosos ou espirituais. Além disso, elas tendem a envolver-se na busca de um maior grau de autoconhecimento, dispondo-se a entrar em organizações e a fazer leituras ou outras atividades que promovam esse fim.

Normalmente, as mudanças de comportamento que essas pessoas alegam ter sofrido são ratificadas pela família e pelos amigos mais íntimos.

No que se refere à área das mudanças religiosas e espirituais, não é de surpreender que também aqui haja efeitos subseqüentes de amplo alcance. Em geral, todavia, tais mudanças costumam assumir uma forma que encontra sua melhor descrição na palavra *universalismo*. Para caracterizar essa orientação universalista, faz-se necessário distinguir alguns dos componentes que contribuem para a espiritualização do modelo de visão de mundo adotado por aqueles que tiveram uma experiência de quase-morte.

Em primeiro lugar, apesar de se dizerem mais espiritualizadas, essas pessoas não se dizem necessariamente mais religiosas. Com isso, talvez queiram indicar que sofreram uma profunda mudança em sua percepção espiritual íntima, mas que seu comportamento não se tornou por isso mais ou menos religioso. Elas afirmam, por exemplo, sentir-se muito mais perto de Deus que antes, embora dêem menos importância aos aspectos formais e exteriores do culto religioso. Além disso, a EQM as torna mais capazes de professar uma fé incondicional na "vida após a morte", fazendo-as ter certeza de que "a Luz" — ou alguma forma de existência *post-mortem*

— brilhará para todos, quaisquer que sejam suas convicções (ou até mesmo a falta de convicções) acerca do que ocorre na morte.

Muitas vezes se delinea uma maior abertura diante da idéia da reencarnação.

Finalmente, a EQM leva as pessoas a crer em algo conhecido pelos estudantes de religião comparada como "unidade transcendental das religiões": a noção de que existe uma só visão transcendental do Divino por trás das grandes tradições religiosas do mundo.

A hipótese de que a EQM deflagra o desenvolvimento e uma maior sensibilidade psíquica encontra reforço não só em minhas descobertas, mas também nas de diversos outros estudiosos (Greyson, 1983; Kohr, 1983). As pessoas que sobrevivem a este tipo de experiência alegam maior número de episódios de telepatia e clarividência, mais experiências precognitivas (principalmente através de sonhos), maior consciência das sincronicidades, mais experiências fora do corpo e maior suscetibilidade àquilo que os parapsicólogos chamam de "estados psi-condutivos de consciência", ou seja, estados psicológicos que aparentemente facilitam a ocorrência de fenômenos físicos.

Após havermos revisto as conclusões acerca de alguns dos principais efeitos subseqüentes às EQMs, devemos estabelecer uma estrutura teórica que se preste à sua conceitualização. Acredito que não só é possível como plausível atribuir à experiência de quase-morte um papel crucial na catálise do desenvolvimento pessoal. Falando mais especificamente, essa experiência parece funcionar como catalisadora na promoção do *despertar espiritual e do crescimento* do indivíduo, graças a seu poder de lançá-lo num estado transcendental de consciência cujo impacto é o de provocar a liberação de uma "programação interna" universal dos potenciais humanos mais elevados. É possível que cada um de nós tenha um centro espiritual latente que esteja programado para manifestar-se de determinada forma se for ativado por um estímulo forte o suficiente. Uma experiência de quase-morte sem dúvida tende a estimular uma *transformação espiritual radical* na vida do sobrevivente, afetando seu conceito sobre si mesmo, suas relações com os outros, sua visão de mundo e também seu modo de funcionamento psicológico. Porém, não obstante a profundidade que essas mudanças possam atingir, qual a relação que tudo isso tem com as questões mais vitais da evolução humana e da transformação do planeta?

IMPLICAÇÕES DA EQM PARA A EVOLUÇÃO HUMANA E A TRANSFORMAÇÃO DO PLANETA

Acredito que apenas muito parcialmente se possa compreender a importância da experiência de quase-morte partindo-se de uma perspectiva estritamente psicológica, isto é, uma que se concentre na experiência *do indivíduo* e seus efeitos sobre ele. Todavia, é possível chegar a uma compreensão mais completa se transferirmos o plano da análise do individual para o sociológico.

Antes de mais nada, lembre-se que há estimativas que dão conta de que cerca de *oito milhões* de adultos norte-americanos já passaram por esse fenômeno. Sabemos também que as crianças relatam o mesmo tipo de experiência. Embora não possamos chegar nem à mais grosseira estimativa do número de pessoas que já passaram por essa experiência no mundo inteiro, não parece fora de propósito presumir que diversos outros milhões de pessoas fora dos Estados Unidos tenham tido uma EQM. Entretanto, o mais importante não é o número de pessoas que conhecem essa experiência, mas *como a EQM as afeta posteriormente.*

A radical transformação espiritual que normalmente acompanha a experiência em questão não é de forma alguma exclusiva dela. Ao contrário, conforme disse Grof recentemente, as experiências transcendentais tendem a induzir padrões semelhantes de mudança espiritual nos indivíduos que as sofrem, independentemente da forma em que ocorrem. Para resumir, a EQM é apenas *um meio* de catalisar uma transformação espiritual.

Com a probabilidade de melhoria e disseminação da tecnologia de ressuscitação em todo o mundo, parece inevitável que muitos milhões mais venham a sobreviver a experiências de quase-morte e, com isso, sofrerão transformações que obedecem a esse padrão arquetípico.

Será possível que a alta incidência de experiências transcendentais *represente um impulso coletivo em direção a uma maior conscientização da humanidade em geral*? Será possível que a EQM seja em si mesma um *mecanismo evolutivo* com o efeito de catapultar as pessoas para a próxima etapa do desenvolvimento humano através da ativação de potenciais anteriormente adormecidos? Na verdade, será que não podemos ver em tais pessoas — à medida que elas abandonam sua antiga personalidade e se tornam mais tolerantes e compassivas — o protótipo de uma linhagem nova e espiritualmente mais avançada da espécie humana? Não representam elas porventura as pioneiras de uma nova estirpe que nasce entre nós — uma ponte evolutiva para o próximo degrau da nossa progressão enquanto espécie; o "elo" que nos faltava? Embora altamente polêmicas e instigantes, essas perguntas não são de todo especulativas.

A meu ver, o surgimento de uma nova cultura cooperativa planetária não é uma conseqüência necessária do tipo de mudança evolutiva de consciência que eu detecto neste momento. Antes, vejo essa mudança como um potencial da espécie humana que começa a se manifestar. Se ele vai crescer a ponto de transformar a Terra é uma questão que depende de diversos fatores, entre eles a nossa tentativa consciente de harmonizar-nos com essas tendências e a busca do despertar. Para mim, é muito claro que nenhum potencial coletivo que provenha das prolíficas experiências transcendentais exclui a possibilidade de destruiçao de nosso planeta.

Ao mesmo tempo, esse recente e curioso fenômeno — a experiência de quase-morte — parece ser o porta-voz de uma poderosa mensagem de fé para toda a humanidade: o homem deve ter a certeza de que mesmo em seus mais negros momentos (ou talvez principalmente neles) a Luz virá para mostrar-lhe o caminho para diante. Cabe a nós reunir a coragem e a sabedoria para segui-la.

SEÇÃO NOVE

A FILOSOFIA DA TRANSCENDÊNCIA

A filosofia não é algo que deva ser estudado pelas respostas definitivas que possa dar às suas próprias perguntas, mesmo porque, via de regra, não se conhece a verdade de nenhuma resposta. Ao contrário, a filosofia deve ser estudada porque suas perguntas expandem nossa imaginação e nosso intelecto, diminuindo a certeza dogmática que nos fecha a mente à especulação e, acima de tudo, porque, através da grandeza do universo que contempla, a filosofia engrandece a mente, permitindo-lhe a união com o universo que constitui seu bem maior.

— Bertrand Russell[1]

Todas as disciplinas investigativas repousam sobre uma rede de pressupostos filosóficos acerca da natureza da vida e da realidade. Esses pressupostos fundamentais são um fator muito influente, apesar de muitas vezes inconsciente, na determinação de nossas convicções sobre a mente e a natureza humana. Por exemplo, o materialista que acredita que a matéria é o elemento primário da realidade e que a vida e a consciência são meros acidentes, dignos apenas de curiosidade, verá a mente e a natureza humana de forma muito diversa da que vê a pessoa que crê que básica é a consciência, cuja criação — a vida — é dotada de finalidade. Embora possa considerar fascinantes as pessoas e as mentes, o materialista as verá em última instância como simples máquinas destituídas de significado que podem ser reduzidas a relações entre neurônios e combinações químicas. Para o idealista, por outro lado, as pessoas e as mentes são possíveis partes de uma consciência universal, partilhando com ela sua ilimitada significação.

Do mesmo modo, as pessoas que valorizam a contemplação e a vasta gama de experiências transpessoais que ela permite provavelmente chegam a conclusões acerca da mente e da consciência bastante diferentes daquelas obtidas por positivistas lógicos que confiam apenas na ciência. Em outras palavras, nossos pressupostos sobre o que é a mente refletem nossos pressupostos sobre o universo; a psicologia é um reflexo da filosofia.

No entanto, esses pressupostos filosóficos raramente são investigados. Como lamenta Ken Wilber, "a maioria dos psicólogos, com base na ilusão de fazer ciência empírica, acha que pode ignorar a filosofia, quando na verdade sua psicologia empírico-analítica tem por lastro oculto sistemas metafísicos e arbitrários pressupostos epistemológicos. Na melhor das hipóteses, a metafísica oculta é uma má metafísica (do mesmo modo que a motivação inconsciente geralmente é patológica)".[2]

Em "Visões de mundo transpessoais: reflexões históricas e filosóficas", Robert McDermott afirma que a psicologia transpessoal não tem dado suficiente atenção aos pressupostos e implicações filosóficos. O movimento transpessoal ainda carece de uma filosofia transpessoal adequada. McDermott diz que o transpersonalismo talvez tenha muito a aprender com os movimentos filosóficos afins, como o romantismo e o transcendentalismo norte-americanos.

Têm havido alguns esforços para ligar a psicologia transpessoal à filosofia perene — o núcleo de sabedoria filosófica e psicológica comum às grandes tradições religiosas. Talvez a psicologia transpessoal represente em parte uma redescoberta e uma descrição contemporânea de certas dimensões psicológicas da filosofia perene. Esta, por sua vez, pode contribuir para a criação de um modelo teórico a partir do qual se construirá essa disciplina.

Aldous Huxley, que mais que ninguém contribuiu para a popularização da expressão, declarou que determinados aspectos da filosofia perene surgiram "em todas as partes do mundo e, em suas formas mais completamente desenvolvidas, têm lugar entre todas as mais nobres religiões".[3] De fato, a filosofia perene "tem sido, de uma forma ou de outra, a filosofia oficial dominante da maior parte da humanidade civilizada ao longo da maior parte de sua história".[4]

Em seu ensaio, Huxley arrola quatro afirmações centrais à filosofia perene: o mundo e todas as suas criaturas são expressões de uma realidade divina subjacente; com uma formação adequada, os seres humanos podem vir a conhecer essa realidade; e são capazes de reconhecer sua unidade com essa base divina; finalmente, esse reconhecimento da base divina como nossa verdadeira natureza é o mais nobre objetivo da existência humana.

De acordo com a filosofia perene, o substrato ou natureza fundamental da realidade é espírito ou consciência, também chamados Brahman, Tao ou Deus. Essa realidade fundamental situa-se além de qualquer qualidade, descrição e conceito. Em "A grande cadeia do ser", Ken Wilber afirma que essa realidade fundamental também se manifesta ou projeta como universo. Esse universo seria organizado segundo uma hierarquia ontológica ou, melhor, uma holoarquia. Essa holoarquia do ser, que constitui a grande cadeia, se inicia na matéria e passa por domínios de sutileza crescente, relativos à mente, à alma e ao espírito. Embora as diferentes tradições empreguem diferentes palavras para descrevê-la, os pressupostos gerais no que se refere a essa holoarquia são os mesmos.

Numa cultura de orientação materialista, as pessoas normalmente se identificam apenas com os níveis físico e mental da grande cadeia. Com uma formação adequada, todavia, seremos capazes de expandir nosso senso de identidade até chegar ao reino do espírito, e esse movimento é desenvolvimento.

Para Wilber, o principal problema da filosofia e da psicologia contemporâneas é que, em sua paixão pela ciência (que se concentra na investigação da matéria), filósofos e psicólogos em grande parte restringiram sua investigação à matéria. Por conseguinte, tanto a filosofia quanto a psicologia ignoraram ou até negaram a existência dos níveis mais sutis da grande cadeia. O resultado é que houve uma limitação no âmbito e na significância dessas disciplinas — e de nossa visão da realidade.

Apesar de serem idéias de peso, Donald Rothberg chama a atenção para o fato de que nem a filosofia perene nem a grande cadeia do ser encontram ampla aceitação entre a psicologia e a filosofia vigentes. Embora muitos psicólogos transpessoais se sintam atraídos pela filosofia perene, questões de importância crucial ainda aguardam respostas. Entre elas, temos a da possibilidade real de uma identificação de estruturas comuns entre diferentes tradições filosóficas e religiosas, a da validade dos modelos e a da melhor forma de compreensão e expressão da filosofia perene na atualidade.[5] Tais críticas precisam ser cuidadosamente examinadas e levadas em consideração pelo pensamento transpessoal.

Em "Sabedoria oculta", Roger Walsh sustenta que as filosofias e psicologias transpessoais que chegaram a fundar uma tradição no mundo são disciplinas de estados múltiplos que não só descrevem como também desenvolvem estados múltiplos de consciência. O treinamento por meio da contemplação para se obter acesso a tais estados talvez seja, por conseguinte, essencial à compreensão e à construção das disciplinas transpessoais.

A conclusão mais importante é: sem treinamento pela contemplação, estamos sujeitos a deixar escapar a mais profunda sabedoria existente nas filosofias e psicologias transpessoais sem perceber que essa sabedoria existe e sem reconhecer que a perdemos. O resultado é uma visão das disciplinas transpessoais, da realidade e de nós mesmos cuja trágica pobreza nos passa despercebida.

Visões de mundo transpessoais: reflexões históricas e filosóficas

Robert A. McDermott

Este ensaio constitui um tentativa de demonstrar que os pressupostos que subjazem às disciplinas transpessoais exigem como pré-requisito uma visão de mundo essencialmente filosófica. A psicologia transpessoal, que é sem dúvida a fonte da qual se originaram as diversas acepções do transpersonalismo, evoluiu da psicologia humanística principalmente devido a diferenças que são em grande parte filosóficas ou ao menos envolvem uma diferença de visão de mundo, não simplesmente uma diferença dentro de uma disciplina específica.

Na primeira metade deste trabalho, tentarei mostrar que as características distintivas do transpersonalismo se evidenciam a partir do caminho que levou da psicologia acadêmica tradicional à psicologia humanística e desta à psicologia transpessoal. Tomando esse desenvolvimento como ponto de partida, a segunda parte do ensaio tratará de situar o transpersonalismo, seja qual for a sua forma, dentro de uma posição filosófica mais construtiva e articulada. Afirmo que a visão de mundo transpessoal — ou transpersonalismo — ganha maior inteligibilidade e significação no contexto específico do romantismo, podendo realizar um potencial maior se aderir à epistemologia participativa desposada no século XIX por Goethe, Coleridge e Emerson, entre outros, e no início deste século por William James e Rudolf Steiner. Em forma incipiente, é essa a epistemologia que se encontra nos trabalhos dos psicólogos transpessoais.

O SURGIMENTO DE VISÕES DE MUNDO TRANSPESSOAIS

Este trabalho pressupõe que o pensamento ocidental contemporâneo, principalmente nos Estados Unidos e na Europa Ocidental, ruma lenta porém definitivamente para a criação de um novo paradigma — um novo conjunto de pressupostos dominantes. Esses pressupostos por fim substituirão a visão de mundo newtoniana, mecanicista e materialista que dominou o Ocidente desde o século XVII, e se tornarão tão fundamentais que, com o correr do tempo, constituirão por sua vez os pressupostos inconscientes sobre os quais serão erigidos o pensamento e a expressão cultural subseqüentes.

Embora seja não só prematuro como presunçoso afirmar que o novo paradigma será definido como transpersonalismo, não é demais dizer que a psicologia transpessoal apresenta alguns dos requisitos essenciais a um maior desenvolvimento do paradigma emergente. A psicologia transpessoal surgiu há pouco tempo e de modo muito modesto — na verdade, a partir de um pequeno grupo de psicólogos radicados na *Bay Area* de San Francisco que queriam estabelecer as diferenças entre suas práticas e teorias psicológicas e as da psicologia humanística. Apesar de esse fato ser notório, vale a pena repetir que Abraham Maslow, Anthony Sutich e Stanislav Grof — os pais do movimento pela psicologia humanística —, num segundo momento e com a colaboração de outros colegas, deram início a um novo movimento pela organização de uma linha que Grof chamou de "transpessoal".

Os psicólogos transpessoais tiveram um convívio feliz na comunidade de psicologia humanística por cerca de dez anos antes de passarem a concentrar-se menos no que possuíam em comum com a visão de mundo humanística — uma necessidade de romper com o ranço de um reducionismo anti-humanista — e mais em tudo aquilo que permanece omitido da concepção humanística da experiência humana. De todas as partes surgiram relatórios de experiências, terapias e fontes de percepção que, em conjunto, reafirmam a existência de realidades muito além da visão de mundo humanística. Sem precisar rejeitar o que afirma a perspectiva humanística, o transpersonalista tende a enfatizar o extraordinário, o "trans", seja em referência à intimidade da relação entre o indivíduo e o cosmo, aos estados alterados de consciência ou à relevância das disciplinas aplicadas à mística e ao xamanismo. Todos esses interesses implicam juízos epistemológicos e ontológicos significativos.

A psicologia humanística, como a filosofia humanística, se opõe à redução naturalista/positivista do cosmo e do indivíduo a um mecanismo impessoal. Todas as variações do humanismo se opõem à prevalecente rejeição dos valores e aspirações mais nitidamente humanos. Contra uma visão de mundo em que o humano — e principalmente o individual — é visto como um subproduto de forças materiais irracionais, a "humanística" afirma um universo no qual e através do qual o ser humano é capaz de gerar e partilhar sentidos e valores intrinsecamente humanos. Os psicólogos transpessoais defendem a idéia de que a psicologia humanística se opõe à despersonalização do moderno pensamento científico ocidental. Porém eles também defendem a idéia de que, como disse William James, o "ser humano está ligado a Algo Mais".

Para que se possa compreender o transpersonalismo, é preciso que ele seja definido em relação às afinidades que tem com as visões de mundo tradicionais e contemporâneas. Aristóteles disse que uma definição deve dar conta não apenas do essencial como do secundário: definir é delimitar. No caso do transpersonalismo, é preciso que primeiro encontremos seu núcleo e, em seguida, suas fronteiras em relação à psicologia humanística, às psicologias asiáticas e às filosofias espirituais (Vedanta, Ioga ou Taoísmo, por exemplo). A descrição ou caracterização de uma perspectiva multidisciplinar necessariamente nos conduz a uma consideração dos pressupostos e princípios subjacentes — em resumo, a considerações filosóficas.

Como a psicologia se libertou de suas amarras filosóficas no final do século

XIX, praticamente todas as escolas e movimentos psicológicos partiram de pressupostos filosóficos implícitos. A psicologia transpessoal não é exceção. Os ensaios que figuram neste livro assumem determinadas posições (e excluem outras) em relação à natureza do cosmo, da sociedade e do indivíduo, à realidade da alma e do espírito (psique), às espécies de experiências transformadoras e meios alternativos de conhecimento e à imagem do ser humano. Nas páginas que se seguem, vamos examinar alguns dos pressupostos, afirmações e implicações filosóficos do transpersonalismo.

A despeito da importante linha filosófica concebida por Ken Wilber e outros, os transpersonalistas enquanto grupo de pensadores e terapeutas que têm afinidades em comum não chamaram a si a responsabilidade de formar uma visão transpessoal da natureza humana, isto é, uma antropologia transpessoal típica. Entretanto, vemos neles a convicção consensual de que a pessoa (o ser humano, o indivíduo) tem acesso a experiências tidas como ilusórias pelas filosofias naturalistas e positivistas, as quais negam o espiritual, a profundidade da dimensão interior, o componente "trans".

Em termos filosóficos, a ênfase no extraordinário indica que o transpersonalista se aproxima mais de Platão que de Aristóteles ou dos sofistas, de Hegel que de Hume, de James que de Dewey, dos taoístas que dos confucionistas — o transpersonalista está mais próximo dos adeptos do Budismo, do Sufismo, do Vedanta e dos místicos de toda sorte que dos seguidores de religiões tradicionais. De vez que o movimento transpessoal busca informação e inspiração nas experiências de pico de praticamente todas as tradições religiosas, não é surpresa que ele tenha encontrado sua melhor fonte na teoria e prática budistas. Como quase todas as formas do Budismo, o transpersonalismo tende a valorizar as práticas de cura como recurso contra *dukkha* (a dor da existência), sem se prender a nenhuma ontologia específica.

Enquanto abordagem e visão de mundo ocidental contemporânea que tem por trás uma atitude filosófica significativa, apesar de implícita, o transpersonalismo se opõe a um agregado de filosofias identificáveis, a depender do caso, como positivismo, materialismo e também humanismo científico e naturalista. Por conseguinte, ele é contrário ao materialismo filosófico de Freud e ao behaviorismo determinista de Skinner. O "trans" de transpessoal refere-se a um salto para aquele tipo de realidade, aqueles tipos de experiência que normalmente são rotulados como filosoficamente inadmissíveis.

O moderno cientificismo ocidental — ou o naturalismo filosófico que exclui explicitamente a experiência espiritual ou transcendental — em geral não adotou uma postura agnóstica em relação às dimensões "trans" do universo, preferindo insistir numa postura ateísta que começa pela rejeição de toda alegação de que se pode chegar ao conhecimento através de estados não-habituais de consciência: todas as formas de pensamento positivista pregam que não há possibilidade de obter conhecimento em estados não habituais. Sem dúvida, o transpersonalismo é expressamente contrário a essa visão de mundo e imagem positivista do ser humano. Em comum com o humanismo de um psicólogo como Carl Rogers, o transpersonalista tem um interesse quase que inato pelas dimensões positivas da natureza e da experiência humanas. Porém, o interesse do transpersonalismo vai além da comodidade oferecida pela tendência humanística voltada para o normal e o comum, chegando à característica ênfase que coloca nos transformadores estados extraordinários e alternativos de consciência. Com exceção de William James (cuja filosofia era ao mesmo tempo tipicamente americana e transpessoal, além de radicalmente empírica e pluralista), os filósofos têm ignorado sistematicamente a faixa de experiências e as alegações experienciais nas quais a psicologia transpessoal se concentra.

Além dos temas levantados na pesquisa dos tipos de experiência religiosa e fenômenos físicos feita por William James, o transpersonalismo pode situar como uma de suas maiores fontes as pesquisas de C. G. Jung e suas terapias referentes à expressão pan-humana de imagens arquetípicas. Há uma importante diferença entre esses dois paradigmáticos psicólogos transpessoais. James deu início à sua linha de pensamento com a psicologia (*Principles of Psychology,* 1890) e prosseguiu rumo ao desenvolvimento de sua justificativa filosófica, além de suas aplicações éticas e religiosas. Jung tentou isolar sua psicologia da filosofia — que, ao longo de sua carreira, foi toda ela dominada pelo positivismo — e da obrigação de justificar seus pressupostos filosóficos. A psicologia arquetípica de Jung é sem dúvida o mais rico estoque de imagens e interpretações multiculturais e transpessoais. Contudo, da mesma forma que muitas outras perspectivas transpersonalistas, ela não promoveu o necessário exame da pesquisa psicológica à luz dos fundamentos filosóficos.

O TRANSPERSONALISMO COMO ROMANTISMO NORTE-AMERICANO

A predisposição filosófica do transpersonalismo tem muito em comum com o gênio criativo dos artistas e pensadores do século XIX, que celebraram o infinito, o interior e a intrigante relação entre o antigo e o moderno. A expressão genérica mais amplamente aceita para essa atitude filosófica é "romantismo", a visão de mundo que emergiu no século XIX e floresceu no seguinte como reação contra o racionalismo científico. Todavia, o transpersonalismo não se relaciona com o romantismo como uma escola ou movimento com outro. Pelo contrário, ele se afirma como uma variação do tema da afirmação e da exploração da experiência individual de realidades interiores transcendentais — ou, nas palavras de James, de experiências variadas de "Algo Mais". O termo "visão", que empregamos no título deste livro, é especialmente apropriado a esta discussão acerca do transpersonalismo e do romantismo, porque ambos esses movimentos se caracterizam como um compromisso com visões mais amplas tanto em sentido absoluto quanto em relação à limitada visão que caracterizava seus predecessores e contemporâneos.

Existem mais semelhanças e diferenças instrutivas entre o romantismo e o transpersonalismo. Ambos são essencialmente um compromisso com uma visão mais ampla, interior e transformadora da experiência humana — e, neste aspecto, ambos se relacionam com uma teoria do conhecimento altamente participativa, em vez de simples espectadora. O poder transformador de todas as formas do romantismo — e o potencial poder transformador de sua mais recente expressão, o transpersonalismo da virada do milênio — reside sobretudo nesse compromisso com uma prática de pensamento que é essencialmente artística e formadora da realidade. O sucesso do transpersonalismo dependerá da medida em que seus expoentes consigam ser exemplos de uma epistemologia romântica, uma forma de saber que demonstra que seu detentor conseguiu penetrar na vida íntima do cosmo até seus mais longínquos limites — além dos mais íntimos detalhes da natureza, os grandiosos e prosaicos componentes da experiência humana e a arte da investigação, através das ciências desde a filosofia e a história até a religião e a arte. Para resumir, os transpersonalistas terão de dar continuidade ao trabalho e ir além das contribuições dos muitas vezes ignorados — apesar de paradigmáticos — românticos do século XIX: Goethe, Coleridge e Emerson.

Em *Romanticism Comes of Age*, Owen Barfield sintetiza o pensamento de Goethe e Coleridge ao sugerir maneiras pelas quais as idéias deles poderiam ser úteis à definição mais clara do problema que mais aflige o transpersonalismo:

> Ambos os autores superaram (e eis aí a razão para o grau de incompreensão com que se defrontaram) a principal falácia de seu tempo: a de que a mente é exclusivamente subjetiva ou, para dizê-lo mais cruamente, que a mente é algo que se encerra numa caixa chamada cérebro — a falácia de que a mente humana é um espectador passivo dos processos e fenômenos da natureza, em cuja criação o homem nunca tomou nem toma parte; a falácia de que existem muitas mentes distintas, mas nada que se possa chamar de Mente.[1]

Ralph Waldo Emerson faz uma crítica semelhante a essa falácia de nosso tempo e, em termos ao mesmo tempo românticos e transpersonalistas, dá contas de um inesgotável conjunto de estados extraordinários de consciência. Embora não encontremos em seus escritos relatos acerca da prática da meditação Vipassana, da respiração holotrópica ou da ingestão de drogas psicodélicas, Emerson nos proporciona uma epistemologia e uma ética que são transpessoais em sua afirmação do Espírito ou da Mente infinita e positivas quanto à natureza e à liberdade criadora do ser humano. Para Emerson, em virtude da originalidade de seu raciocínio e imaginação, as pessoas representam a fonte de sua própria e verdadeira relação com o universo. A geração do transpersonalismo, como todas as gerações do romantismo e do transcendentalismo, precisa aprender por si mesma a verdade inerente à súplica tipicamente norte-americana de Emerson:

> Por que não podemos também gozar de uma relação original com o universo? Por que não ter uma poesia e uma filosofia da percepção, em vez da tradição, e uma religião que nos fosse transmitida por revelação, em vez de transmitida pela história de outros? Imersos na natureza por toda uma estação, na natureza cujas enchentes de vida nos cercam e nos perpassam, convidando-nos a agir conforme suas medidas por todos os poderes que possui, por que deveríamos rastejar em meio aos ossos ressequidos do passado?[2]

Goethe, Coleridge, Emerson — qualquer um desses pensadores e expoentes da visão romântica pode perfeitamente representar uma fonte digna de embasamento filosófico para inúmeras das contribuições do transpersonalismo.

Embora pareça uma boa idéia a de que os pensadores que partilham uma visão de mundo transpessoal procurem seus fundamentos na epistemologia participativa de românticos como Goethe, Coleridge e Emerson, há mais de um caminho para a iluminação filosófica. Poucas das conclusões da pesquisa transpersonalista são tão irrefutáveis quanto o pluralismo dos pressupostos, métodos e conclusões positivistas. No que se refere a isso, William James representa muito mais para nosso propósito que qualquer outra metodologia ou visão filosófica. O melhor passo que se poderia dar em seguida seria imbuir de um caráter sistemático e crítico as noções filosóficas que agora se esboçam entre os principais pensadores transpersonalistas, inclusive aqueles que já escrevem há dez anos ou mais, principalmente Ken Wilber,[3] Stanislav Grof,[4] Charles Tart,[5] Roger Walsh e Frances Vaughan[6] e dois colaboradores mais recentes: Donald Rothberg[7] e Richard Tarnas[8].

No polêmico e brilhante "Epílogo" de *Passion of the Western Mind*, Richard Tarnas articula de forma breve porém decisiva os termos essenciais da epistemologia participativa derivada da visão romântica, necessária ao pensamento e à cultura contemporâneas:

> Os ousados mitos e conjecturas que a mente humana produz em sua busca de conhecimento provêm, em última análise, de algo muito mais profundo que uma fonte puramente humana. Eles provêm do manancial da própria natureza, do inconsciente universal que vem produzindo através da mente e da imaginação humanas o desdobramento gradual de sua própria realidade. Segundo esse ponto de vista, as teorias de um Copérnico, um Newton ou um Einstein não se devem simplesmente à sorte de um estranho. Ao contrário, elas são um reflexo da afinidade radical que existe entre a mente humana e o cosmo. Elas refletem o papel fundamental da mente humana como veículo da significação que se desdobra do universo. Conforme essa visão, nem o cético pós-moderno nem o filósofo perene estão certos em partilhar a opinião de que o paradigma científico moderno não possui nenhum fundamento cósmico, pois esse paradigma é parte de um processo evolucionário mais amplo.[9]

O apelo de Tarnas em favor da adoção de uma epistemologia participativa merece ser acatado, levando-se em consideração suas origens românticas, bem como sua capacidade de servir de lastro para modos multidisciplinares, multiculturais e multiconscienciais de saber.

Seria especialmente produtivo se, além de dar prosseguimento à epistemologia participativa de Tarnas, a comunidade transpersonalista levasse a sério os três seguintes desafios:

1. elaborar um perfil sistemático e detalhado do ser humano à luz das experiências não-ordinárias;
2. fazer uma avaliação crítica dos estados não-habituais à luz da evolução da consciência, principalmente pelo emprego da falácia pré/trans de Wilber (em relação, por exemplo, ao xamanismo);
3. operar uma cuidadosa revisão das implicações dos estados não-habituais para a ética, especialmente para a moralização da ecologia, da vida comunitária e das relações interpessoais.

A filosofia perene

Aldous Huxley

Mais de vinte e cinco séculos foram necessários até que aquilo que ficou conhecido como Filosofia Perene tivesse seu primeiro registro escrito, e ao longo desses séculos sua expressão tem sofrido variações sistemáticas que vão desde a incompletude até a contradição formal. A Filosofia Perene falou quase todas as línguas da Ásia e da Europa, empregando a terminologia e as tradições de cada uma das principais religiões. Porém, por trás de toda essa confusão de línguas e mitos, de histórias locais e doutrinas particularistas, permanece um Fator Comum mais Elevado, que é a Filosofia Perene no que pode ser chamado seu estado quimicamente puro. Essa pureza final obviamente não pode ser expressa por nenhuma declaração verbal. É apenas no ato da contemplação, quando se transcendem as palavras e até mesmo a personalidade, que o estado puro da Filosofia Perene se dá a conhecer.

No âmago da Filosofia Perene encontram-se quatro doutrinas básicas.

Primeira: o universo fenomenal da matéria e da consciência individualizada — o mundo das coisas, homens, animais e até deuses — é a manifestação de uma Base Divina dentro da qual todas as realidades parciais encontram sua existência e fora da qual elas seriam não-existentes.

Segunda: os seres humanos são capazes, não apenas de saber sobre a Base Divina por inferência, mas também de perceber sua existência por meio de intuição direta, a qual é superior ao raciocínio discursivo. Esse conhecimento imediato une aquele que sabe àquilo que é sabido.

Terceira: o homem é dotado de uma natureza dupla, um ego fenomenal e um Eu eterno, o qual vem a ser o homem interior, o espírito, a centelha de divindade presente na alma. É possível ao homem, se assim o desejar, identificar-se com o espírito e, portanto, com a Base Divina, a qual é de natureza idêntica ou semelhante à do espírito.

Quarta: a vida do homem sobre a Terra tem apenas um único fim e propósito: identificá-lo a seu Eu eterno e assim fazê-lo entrar em comunhão com a Base Divina.

O filósofo que se contenta em apenas saber da derradeira Realidade — seja teoricamente ou por ouvir falar — é comparado por Buda ao pastor das vacas de outro homem. Maomé usa uma metáfora ainda mais campestre e familiar. Para ele, o filósofo que não percebe diretamente sua metafísica é apenas um asno carregado de livros. Os mestres do Cristianismo, do Hinduísmo e do Taoísmo não usaram de menor ênfase ao referir-se às absurdas pretensões do mero estudo e raciocínio analítico.

A Filosofia Perene constitui, em seus corolários éticos, um Fator Comum mais

Elevado, presente em todas as principais religiões do mundo. A afirmação dessa verdade jamais foi tão imperativamente necessária quanto no momento atual.

A grande cadeia do ser

Ken Wilber

Qual a visão de mundo que, como disse Arthur Lovejoy, "tem sido a filosofia oficial da maior parte da humanidade civilizada ao longo da maior parte de sua história?" E qual o seu interesse para a psicologia?

Conhecida como "filosofia perene" — perene justamente porque surge nas mais variadas culturas e eras com suas principais características intactas —, essa visão de mundo, com efeito, tem sido o núcleo não só das grandes tradições de sabedoria do mundo, do Cristianismo ao Budismo e Taoísmo, mas também das grandes filosofias, ciências e psicologias. Tão irrestrita é sua disseminação que a filosofia perene deve ser considerada ou como o maior erro intelectual da história da humanidade ou como a mais precisa reflexão da realidade já vista até hoje.

Central à filosofia perene é a noção da "grande cadeia do ser". A idéia em si é bastante simples. De acordo com a filosofia perene, a realidade não é unidimensional; não é uma substância plana ou uniforme. Ao contrário, a realidade é composta de diversas dimensões *diferentes*, porém *contínuas*. Assim, a realidade manifesta consiste em diferentes graus ou níveis que vão do mais baixo, mais denso e menos consciente ao mais elevado, mais sutil e mais consciente. Numa extremidade desse *continuum* do ser ou espectro da consciência está o que no Ocidente chamamos de "matéria", ou o insensível e não-consciente, e na outra extremidade encontra-se o "espírito", "divindade" ou "superconsciente" (o qual, diz-se, forma a base onipresente de toda a seqüência, conforme veremos em seguida). Dispostas entre as duas extremidades estão outras dimensões do ser, situadas de acordo com seus graus específicos de realidade (Platão), manifestação em ato (Aristóteles), inclusividade (Hegel), consciência (Aurobindo), clareza (Leibniz), valor (Whitehead) ou inteligência (Garab Dorje).

Às vezes a grande cadeia se apresenta como dotada apenas de três níveis principais: matéria, mente e espírito. Outras versões apresentam cinco níveis: matéria, corpo, mente, alma e espírito. Alguns dos sistemas iogues propõem dezenas de dimensões distintas, apesar de contínuas. Para nossos fins, a hierarquia de cinco níveis (matéria, corpo, mente, alma e espírito) será suficiente.

A alegação fundamental da filosofia perene é a de que *homens e mulheres podem crescer e desenvolver-se (ou evoluir) em sentido ascendente na hierarquia rumo ao próprio Espírito*, realizando assim uma "suprema identidade" com a Divindade — o *ens perfectissimum* pelo qual anseia todo crescimento e toda evolução.

Observe-se porém que a grande cadeia é na verdade uma "hierarquia" — palavra que vem encontrando tempos difíceis. Originalmente introduzida pelo grande místico cristão São Dionísio, ela significava essencialmente "o governo da própria vida conforme princípios espirituais" (*hiero-* quer dizer santo ou sagrado e *-arch* significa governo ou regra). Contudo, a palavra não tardou a ser traduzida num contexto de poder político e militar, no qual o "governo pelo espírito" passou a significar o "governo pela Igreja Católica" — um exemplo de princípio espiritual mal interpretado em favo do despotismo.

Entretanto, conforme empregada pela filosofia perene — e, com efeito, usada na moderna psicologia, teoria evolucionária e de sistemas —, a hierarquia é simplesmente uma ordenação dos fatos *de acordo com sua capacidade holística*. Em qualquer seqüência de desenvolvimento, o que é totalidade num estágio passa a ser apenas parte de uma totalidade ainda mais abrangente no estágio seguinte. Uma letra é parte de uma palavra completa, que por sua vez é parte de um período completo, que faz parte de um parágrafo e assim por diante. Arthur Koestler cunhou o termo "*holon*" para referir-se ao que, sendo uma totalidade num estágio, é parte de uma totalidade mais ampla no seguinte.

Por conseguinte, a hierarquia é apenas uma ordem de *holons* cada vez maiores, representando um aumento na totalidade e na capacidade de integração. É por isso que a hierarquia é imprescindível à teoria dos sistemas, a teoria da totalidade ou holismo. E é também absolutamente essencial à filosofia perene. Cada etapa da grande cadeia do ser representa um aumento na coesão e identidades mais amplas, desde a identidade isolada do corpo até a suprema identidade do espírito (uma identidade que literalmente se aplica a todas as manifestações), passando pela identidade social e comunitária da mente. É por essa razão que a grande hierarquia do ser é muitas vezes representada graficamente como uma série de esferas ou círculos concêntricos ou como "ninhos dentro de ninhos". Assim, a acusação comumente feita de que todas as hierarquias são "lineares" é inteiramente despropositada. E portanto, como lembra Coomarasamy, só devemos usar as metáforas de "níveis" ou "degraus" ou "estratos" se aplicarmos um pouco de imaginação para compreender do que na verdade se trata.

As seqüências de evolução ou desenvolvimento prosseguem por hierarquização ou ordens de holismo crescente — de moléculas a células a órgãos a organismos a sociedades de organismos, por exemplo. No desenvolvimento cognitivo, atingimos um grau maior de percepção partindo de imagens simples (que representam apenas uma coisa ou fato) para símbolos e conceitos que representam grupos ou classes de coisas e fatos, e daí para regras que organizam e integram numerosas classes e grupos em redes completas. No desenvolvimento moral encontramos um raciocínio que parte do sujeito para um grupo ou tribo de sujeitos inter-relacionados e para uma rede de grupos que está além de qualquer elemento isolado. Os padrões *mais holísticos* surgem num ponto posterior do desenvolvimento porque precisam aguardar o surgimento das peças que terão de integrar ou unificar, da mesma forma que as orações completas só podem surgir *após* as palavras completas.

Existem certas hierarquias que, de fato, envolvem algum tipo de rede de controle — os níveis inferiores (isto é, os níveis menos holísticos) podem influir sobre os superiores (ou mais holísticos) através de um mecanismo conhecido como "causação ascendente". Contudo, é necessário mencionar que os níveis superiores podem exercer uma poderosa influência ou controle sobre os inferiores na assim chamada "causação descendente". Por exemplo, quando você resolve mexer seu braço, todos os átomos, moléculas e células do braço o fazem mover-se, numa situação em que se configura causação descendente.

Quando um *holon* maior surge numa dada seqüência de crescimento ou desenvolvimento, ele *inclui* em si os padrões, funções e capacidades existentes no estágio anterior (isto é, nos *holons* precedentes), acrescentando a estes suas próprias — e mais numerosas — capacidades. É apenas nesse sentido que se pode dizer que o novo *holon* é "mais abrangente" ou "mais elevado": ele é mais amplo que os *holons* que o precederam. Qualquer que seja a importância de um estágio, o estágio que o sucede tem *tudo* o que havia em seu predecessor mais um extra (maior capacidade de integração, por exemplo), e esse "algo mais" significa "valor a mais" *em relação* ao estágio anterior (menos completo). Essa importantíssima definição de "estágio mais elevado" foi introduzida no Ocidente por Aristóteles e no Oriente por Shankara e Lieh-Tzu, e desde então tem sido central à filosofia perene. Como primeiramente disse Hegel (e repetem até hoje os desenvolvimentistas), todo estágio tem seu valor e sua adequação, porém cada estágio mais elevado que surge apresenta ainda mais adequação e, apenas nesse sentido, mais valor (o que quer dizer sempre: é mais holístico).

Por todas essas razões, depois de observar que todas as hierarquias são compostas de *holons*, Koestler demonstrou que a palavra correta para designar "hierarquia" na verdade é "holoarquia". Ele está absolutamente certo e, por isso, de agora em diante me referirei à hierarquia em geral — e à grande cadeia em particular — como holoarquia.

Uma holoarquia normal ou natural é o desdobramento seqüencial de redes maiores de totalidade crescente, nas quais as totalidades maiores ou mais amplas exercem influência sobre as totalidades de ordens inferiores. E como isso é natural, desejável e inevitável, você pode começar desde já a observar como as holoarquias *podem* tornar-se patológicas. Se os níveis superiores podem exercer controle sobre os inferiores, também podem subjugá-los ou até reprimi-los e aliená-los. Isso desemboca em toda uma série de dificuldades patológicas, tanto em termos individuais como sociais.

Justamente *por causa* de o mundo ser disposto de forma holoárquica, pelo fato de ele conter áreas que englobam áreas que, por sua vez, englobam outras áreas, é que as coisas podem desandar tanto: um distúrbio ou patologia numa área pode repercutir através de todo o sistema. E, qualquer que seja o sistema, a "cura" dessa patologia é essencialmente a mesma: erradicar os *holons* patológicos a fim de devolver harmonia à própria holoarquia. A cura não consiste em eliminar a holoarquia *per se*, como afirmam os reducionistas. É exatamente esse tipo de "cura" que observamos na psicanálise (*holons*-sombra que resistem à integração), na teoria crítica social (a ideologia opaca usurpando o lugar da comunicação aberta), nas revoluções sociais democráticas (os *holons* monarquistas ou fascistas oprimem o corpo político), nas intervenções médicas (*holons* cancerosos invadindo um sistema benigno), na crítica feminista radical (*holons* patriarcais dominando a esfera pública) e assim por diante. Não se trata de eliminar a holoarquia *per se*, mas de circunscrever (e integrar) os *holons* "arrogantes".

Como eu já disse anteriormente, toda as grandes tradições mundiais de sabedoria são variações da filosofia perene, da grande holoarquia do ser. Em *Forgotten Truth*, Huston Smith sintetiza numa frase o que representam as principais religiões do mundo: "uma hierarquia do ser e do saber". Chogyam Trungpa Rinpoche afirma que *a* idéia essencial que lastreia todas as filosofias do Oriente e subjaz a todos os sistemas de pensamento, do Xintoísmo ao Taoísmo, é "uma hierarquia da terra, do homem, do céu", a qual ele afirma também ser equivalente a "corpo, mente, espírito".

Isso nos conduz ao mais notório paradoxo da filosofia perene. Vimos que as tradições de sabedoria defendem a noção de que a realidade se manifesta em níveis ou dimensões e que cada dimensão mais elevada é mais abrangente e, portanto, "mais próxima" da totalidade absoluta do Espírito ou Divindade. Nesse sentido, o Espírito é o auge do ser, o degrau mais alto na "escada" da evolução (não tomando essa metáfora ao pé da letra). Porém também é verdade que o Espírito é a madeira com a qual toda escada e todos os seus degraus são feitos; o espírito é a semelhança, o ser, a essência de cada coisa que existe.

O primeiro aspecto, o "degrau mais elevado", é a natureza *transcendental* do Espírito — ela está muito além de qualquer coisa "mundana", criada ou finita. A Terra inteira (e até o universo) poderia ser destruída, mas o Espírito permaneceria. O segundo aspecto, a "madeira" do que é feita a escada, é a natureza *imanente* do Espírito — o Espírito está igual e totalmente presente em todas as coisas e fatos manifestos, na natureza, na cultura, no céu e na terra, sem nenhuma parcialidade. A partir desse ângulo, nenhum fenômeno pode estar mais perto do Espírito que os outros, pois todos "consistem" igualmente em Espírito. Assim, o Espírito é *tanto* a mais elevada *meta* de todo desenvolvimento e evolução *quanto* a base da seqüência completa, já que se faz inteiramente presente no início e no fim. O Espírito é anterior a este mundo, mas não lhe é estranho.

A incapacidade de levar em consideração ambos os aspectos paradoxais do Espírito ensejou, no decorrer do tempo, algumas visões muito assimétricas (e politicamente perigosas) do Espírito. Tradicionalmente, as religiões patriarcais tenderam a enfatizar demasiadamente a natureza transcendental do espírito, relegando assim a terra, a natureza, o corpo e a mulher a um *status* inferior. Num período anterior, as religiões matriarcais tenderam a enfatizar apenas a natureza imanente do Espírito, e a resultante visão de mundo panteísta igualava o finito e o mundo criado ao infinito e ao Espírito incriado. As pessoas devem ter a liberdade de identificar-se com um mundo finito e limitado, mas não de chamá-lo infinito e ilimitado.

Ambas as religiões patriarcais e matriarcais, ambas essas visões assimétricas do Espírito, tiveram conseqüências históricas que podemos dizer terríveis, indo desde os brutais sacrifícios coletivos para a fertilidade da Deusa-Mãe Terra até as guerras indiscriminadas em nome de Deus-Pai. Entretanto, em meio a essas flagrantes distorções, a filosofia perene — o núcleo esotérico mais íntimo das religiões sábias — sempre evitou as dualidades. Céu ou terra, masculino ou feminino, finito ou infinito, ascético ou revelatório — esse tipo de abordagem foi preterido em favor de uma que promovesse a união ou integração entre os membros do binômio, algo que se pode chamar de "não-dualismo". Na verdade, a união de céu e terra, masculino e feminino, finito e infinito foi há muito explicitada nos ensinamentos "tântricos" das várias tradições de sabedoria, desde o Gnosticismo no Ocidente ao Vajrayana no Oriente. E é a esse núcleo não-dual das tradições de sabedoria que o termo "filosofia perene" mais se aplica.

A questão, portanto, é que, se tivermos de pensar no Espírito em termos mentais (o que necessariamente traz algumas distorções, já que os *holons* inferiores não podem abarcar completamente os superiores), devemos ao menos lembrar do paradoxo transcendência/imanência. O paradoxo é simplesmente a forma como o nível mental vê a não-dualidade. O Espírito em si não é paradoxal; estritamente falando, ele não é caracterizável de modo algum.

Isso se aplica em dobro à hierarquia (holoarquia). Dissemos que quando o Espírito transcendental se manifesta, ele o faz por estágios ou níveis — a grande cadeia do ser. Contudo, não quero dizer que o Espírito — ou a própria realidade — seja hierárquico. O Espírito não é qualificável em termos mentais (termos pertencentes a um *holon* inferior). Ele é *shunyata* ou *nirquna* ou *apofático* — inqualificável, sem nenhum vestígio de características específicas e limitadoras. Mas ele se manifesta por etapas, camadas, dimensões, níveis ou graus — qualquer que seja o termo que se prefira — e isso é holoarquia. Para o Vedanta, são os *koshas*: camadas que cobrem Brahman; para o Budismo, são os oito *vijnanas*: oito níveis de percepção, cada um dos quais é uma versão mais restrita da dimensão que lhe é imediatamente superior; para a cabala são os *sefiroth*, e assim diante.

A questão é que esses são níveis do mundo manifesto, de *maya*. Quando *maya* não é vista como fruto da ação do Divino, ela nada é senão ilusão. A hierarquia é ilusão. Existem níveis de ilusão e não níveis de realidade. Todavia, segundo as tradições, é precisamente (e apenas) pela compreensão da natureza hierárquica do *samsara* que podemos efetivamente alçar-nos para fora dele.

Agora podemos examinar alguns dos níveis existentes na holoarquia ou grande cadeia do ser, conforme ela se apresenta nas três tradições de sabedoria que contam com o maior número de praticantes: Judaísmo-Cristianismo-Islamismo, Budismo e Hinduísmo (embora qualquer tradição madura se preste a essa análise). A terminologia cristã é a mais fácil, já que é nossa conhecida: matéria, corpo, mente, alma e espírito. "Matéria" significa o universo físico e nossos corpos físicos (os aspectos da existência cobertos pelas leis da física). "Corpo" neste caso significa o corpo emocional, o corpo "animal", sexo, fome, energia vital, etc. (os aspectos da existência estudados pela biologia). "Mente" refere-se à mente racional, o raciocínio, a lingüística, a imaginação (o que é estudado pela psicologia). "Alma" é a mente mais elevada ou sutil, a mente arquetípica, a essência indestrutível de nosso próprio ser (o que se estuda em teologia). E "Espírito" é o apogeu transcendental de nosso ser, nossa Divindade (estudado pelo misticismo contemplativo).

Segundo o Hinduísmo vedântico, o indivíduo se compõe de cinco "camadas" ou níveis e dimensões do ser (os *koshas*). Muitas vezes se recorre à analogia com uma cebola: à medida que vamos retirando as camadas exteriores, aproximamo-nos cada vez mais da essência. A mais externa (e inferior) dessas camadas é chamada de *annamayakosha*, que significa "a camada feita de alimento". Em seguida, temos a *pranamayokosha*, a camada composta de *prana* ou força vital, bioenergia, *élan* vital, libido, energia sexo-emocional de modo geral. Esse é o corpo (segundo a acepção que estamos dando à palavra). Em seguida vem a *manomayakosha*, a camada de *manas* ou mente — racional, abstrata, lingüística. Além dessa, encontra-se a *vijnanamayakosha*, a camada da intuição, a mente superior, a mente sutil. Finalmente, há a *anandamayokosha*, a camada de *ananda* ou êxtase espiritual e transcendental.

Além disso, há algo digno de menção: o Vedanta agrupa essas cinco camadas em três estados principais: grosseiro, sutil e causal. A dimensão grosseira consiste no nível mais baixo da holoarquia, o corpo físico (*annamayakosha*). A dimensão sutil consiste em três níveis intermediários: o corpo sexo-emocional (*pranamayokosha*), a mente (*manomayakosha)* e a mente superior ou sutil (*vijnanamayakosha*). E a dimensão causal consiste no nível mais elevado, *anandamayokosha* ou espírito arquetípico, do qual às vezes se diz ser em grande parte (mas não completamente) imanifesto ou informe. O Vedanta correlaciona essas três dimensões principais do ser com os três principais estados da consciência: a vigília, o sonho e o sono profundo e sem sonhos. Além de todos esses estados encontra-se o Espírito absoluto, às vezes chamado *turiya*, o "quarto", pois está além dos três estados de manifestação (e os inclui): ele está além do grosseiro, do sutil e do causal (e assim os integra).*

Essa versão vedântica das cinco camadas é praticamente idêntica à versão judeu-cristã-islâmica: matéria, corpo, mente, alma e Espírito, contanto que entendamos "alma" como não apenas um eu ou identidade superior, mas como mente, cognição e intuição mais elevados ou mais sutis. E *alma* tem também a acepção, em *todas* as mais nobres tradições místicas, de "nó" ou "contração" (que os hindus e budistas chamam *ahamkara*), o qual deve ser desatado e dissolvido antes de poder transcender a si mesmo, morrer em si mesmo e encontrar sua suprema identidade como e com o Espírito absoluto.

Portanto, "alma" é não só o estado mais elevado de crescimento individual que podemos atingir, como também a barreira final, o nó final, da completa iluminação ou suprema identidade; e isso ocorre simplesmente porque, como testemunha transcendental, ela se distingue de tudo aquilo que testemunha. Depois de avançar e su-

---

* Eu disse há pouco que a distinção feita pelo Vedanta é digna de menção porque nos fornece, creio, a chave para compreender a relação entre *estados* de consciência e *estruturas* da consciência. O *estado* de vigília, por exemplo, pode conter em si dezenas de diferentes estruturas de consciência, e essas estruturas, ao contrário dos estados gerais, emergem através de um processo específico de desenvolvimento. Nem todas as estruturas estão presentes no recém-nascido (como a lógica concreta formal ou operacional), mas os estados gerais são: o bebê acorda, dorme e sonha. Em outras palavras, o bebê está imerso nos estados grosseiro, sutil e causal, mas não possui as estruturas com as quais poderia manifestá-los conscientemente. Essa manifestação é conhecida como "desenvolvimento". Acredito que essa distinção fundamental soluciona inúmeros problemas teóricos recalcitrantes da psicologia espiritual.

perar a posição de testemunha, a alma ou testemunha ela mesma se dissolve e resta apenas a percepção não-dual, percepção que não vê os objetos, mas se torna una com todos os objetos (o Zen diz: "É como provar o céu"). A distância entre o sujeito e o objeto entra em colapso, a alma é transcendida ou dissolvida e surge a pura percepção espiritual ou não-dual — que é muito simples, muito óbvia, muito clara. Você percebe que seu ser é de todo espaço, amplo e ilimitado, e o que quer que ocorra em algum lugar ocorre também em você, espontaneamente, como espírito.

O modelo psicológico central do Budismo *Mahayana* são os oito *vijnanas*, ou níveis de consciência. Os cinco primeiros são os cinco sentidos. O seguinte é o *manovijnana*, a mente operante na experiência sensorial. Em seguida vem *manas*, que significa não só mente superior como também o centro da ilusão do eu à parte. É *manas* que vê *alavijnana* (o nível que o sucede, nível da consciência supra-individual) e o confunde com um eu à parte ou alma substancial, conforme o definimos. E, além desses oito níveis, como sua fonte e base, está presente o puro *alaya* ou puro Espírito.

Não pretendo minimizar algumas das diferenças muito substanciais entre essas tradições. Pretendo simplesmente demonstrar que elas têm em comum certas semelhanças estruturais muito profundas, o que comprova a natureza genuinamente universal de suas proposições.

E assim podemos finalizar com uma nota auspiciosa: após seu temporário desvio no século XIX por uma série de reducionismos (materialistas científicos, behavioristas, marxistas), a grande cadeia do ser, a grande holoarquia do ser, está de volta. Esse descarrilamento temporário — uma tentativa de reduzir a holoarquia do ser ao mais baixo dentre seus níveis, a matéria — causou mais escoriações à psicologia, que primeiro perdeu seu espírito, depois sua alma, sua mente e resumiu-se a estudar *apenas* o comportamento empírito ou os impulsos do corpo.

Agora, porém, a holoarquia evolucionária — o estudo holístico do desenvolvimento e auto-organização de campos que englobam campos que englobam campos — volta a ser o tema dominante em praticamente todas as disciplinas da ciência e do comportamento (como veremos), embora possa ser denominada de diversas maneiras: a "enteléquia" aristoteliana, para dar só um exemplo, é atualmente conhecida como "morfogenética" e "sistemas auto-organizadores". Isso não significa que as versões modernas da grande holoarquia e seus princípios auto-organizadores não tenham contribuído com novos *insights* — na verdade, têm contribuído e muito, principalmente no que se refere ao desdobramento evolucionário da grande cadeia em si. Todo vislumbre da grande holoarquia é adequado; cada vislumbre a mais é ainda mais adequado.

Porém, o essencial permanece inconfundível. Ludwig von Bertalanffy, o fundador da Teoria Geral dos Sistemas, o resumiu com perfeição: "A realidade, na concepção moderna, parece ser uma tremenda ordem hierárquica de entidades organizadas que vão, através de um superposição de diversos níveis, do sistema físico ao químico ao biológico e ao sociológico. Essa estrutura hierárquica que se combina em sistemas de ordem cada vez mais elevada *é característica da realidade como um todo* e de importância capital principalmente na biologia, psicologia e sociologia."

Assim, por exemplo, na psicologia moderna a holoarquia é o paradigma dominante *estrutural* e *processual*, para resumir grosseiramente o conteúdo real e muitas vezes diferente das várias escolas. Toda escola de psicologia do desenvolvimento acredita em hierarquia — uma série de estágios distintos (porém contínuos) e irreversíveis de crescimento.

De Rupert Sheldrake e sua "hierarquia de campos morfogenéticos" a *Sir* Karl Popper e sua "hierarquia de qualidades emergentes" e ao "modelo ecológico da realidade" baseado em "valores hierárquicos" de Birch e Cobb; do trabalho revolucionário de Francisco Varela sobre os sistemas autopoiéticos ("parece ser uma característica geral da riqueza dos sistemas naturais (...) o fato de produzirem uma hierarquia de níveis") à pesquisa do cérebro (Roger Sperry, *Sir* John Eccles e Wilder Penfield: "uma hierarquia de emergentes não-redutíveis") e à teoria social crítica de Jürgen Habermas ("uma hierarquia de competência comunicativa"), parece haver um consenso: a grande cadeia está de volta. E a única razão pela qual *nem todos* percebem isso é o fato de as pessoas usarem diversos tipos de expressões para se referir a ela.

A coisa realmente fantástica em relação a essa "volta ao lar" é que as teorias modernas agora podem religar-se a suas ricas origens na filosofia perene — e efetivamente já o estão fazendo. Elas já se reúnem não só a Platão e Aristóteles, Plotino e Maimônides, Spinoza, Hegel e Whitehead no Ocidente, mas também a Shankara e Padmasambhava, Chih-I, Fatsang e Abinavagupta no Oriente. Isso só é possível graças à perenidade da filosofia perene, que atravessa tempos e culturas apontando para o coração, a alma e o espírito da humanidade.

Entretanto, ainda há algo muito importante a fazer, algo fundamental a incluir na lista de prioridades. Embora seja verdade, como eu disse, que o paradigma unificante no pensamento moderno (seja ele o da física, da biologia, da psicologia ou da sociologia) é a holoarquia evolucionária, a maioria das escolas científicas ortodoxas admitem apenas a existência de matéria, corpo e mente. As dimensões da alma e do Espírito ainda não alcançaram igual *status*. Pode-se dizer que o Ocidente contemporâneo ainda reconhece apenas três quintos da grande holoarquia do ser. Em palavras simples, nossa prioridade deve ser a reintrodução dos dois quintos excluídos (alma e espírito).

Uma vez reconhecidos *todos* os níveis e dimensões da grande cadeia, haverá um reconhecimento paralelo de seus correspondentes modos de conhecimento — não apenas o do olho da carne (que revela o mundo físico e sensorial) nem o do olho da mente (que revela o mundo da linguagem e da lógica), mas também o do olho da contemplação (que revela a alma e o espírito). Quando se conta apenas com o olho da carne, o empírico, a psicologia se torna behaviorismo e a filosofia, positivismo, os dois movimentos do século passado que mais foram responsáveis pelo descarrilamento de que falamos anteriormente. Quando reintroduzimos o olho da mente, temos as escolas introspectivas — psicanálise, gestaltismo, existencialismo e humanismo — em psicologia e a filosofia propriamente dita — fenomenologia, hermenêutica, existencialismo, teoria crítica — em filosofia.

E assim voltamos à lista de prioridades: por que não dar o passo final e reintroduzir o olho da contemplação, o qual, enquanto metodologia científica e passível de repetição, revela a alma e o espírito? O resultado é a psicologia e a filosofia transpessoais. A visão transpessoal é, na minha opinião, a volta definitiva ao lar, o reentrelaçamento da alma moderna com a alma da própria humanidade — o verdadeiro sentido do multiculturalismo — de modo que, montados nos ombros de gigantes, possamos transcender e, ao mesmo tempo, incluir (algo que é sempre honorável) sua recorrente presença.

Sabedoria Oculta

Roger Walsh

Os filósofos ocidentais geralmente presumem que a análise e a formação intelectual bastam para abrir o acesso à via real para a compreensão. Todavia, os filósofos transpessoais — especialmente os que pertencem a tradições asiáticas, como o Vedanta, Sankhya, Budismo e Taoísmo — pensam de outro modo. Eles afirmam que, apesar de necessária, a formação intelectual por si só não é o bastante para se chegar a uma compreensão profunda. Esses filósofos alegam que a mente também deve ter alguma formação multidimensional iogue ou contemplativa que refine a ética, as emoções, a motivação e a atenção.[1,2]

Essa formação destina-se a cultivar o "olho da contemplação" pela indução de estados específicos de consciência, nos quais se chega à "rapidez, sutileza e precisão de reação cognitiva"[3] necessárias à percepção penetrante da natureza da mente e da realidade. Essa percepção constitui a sabedoria transcendental, conhecida como *prajna* (Budismo), *jnana* (Hinduísmo), *ma'rifah* (Islamismo) ou *gnose* (Cristianismo). Diz-se que essa sabedoria — o objetivo da formação contemplativa — liberta os que a adquirem da ilusão e do sofrimento.

Essa sabedoria é descrita como uma intuição direta e não-conceitual que está além das palavras, conceitos e dualidades. Por isso, é chamada transverbal, transracional e não-dual. "Não pelo raciocínio será esta apreensão atingível" (Upanixades). Segundo o Terceiro Patriarca Zen, "a busca da Mente com a mente [discriminativa ou lógica] é o maior de todos os erros". Trata-se de um erro porque, nas palavras do grande filósofo indiano Radhakrishnan, "o real transcende, circunscreve e excede nossas pobres categorias".[4]

Embora a análise intelectual seja em si mesma insuficiente para aquisição ou compreensão dessa sabedoria, é possível criar subseqüentemente idéias, psicologias e filosofias a partir dessa sabedoria. Com efeito, a filosofia perene e as tradicionais filosofias transpessoais do mundo interior provavelmente surgiram dessa maneira. Além disso, a menos que essa sabedoria seja experienciada em gerações sucessivas, as tradições correm o risco de fossilizar-se facilmente em dogmas.

Assim, os contemplativos treinam o olho da contemplação primeiramente para cultivar capacidades e estados de consciência específicos. Em seguida, eles investigam, descrevem e teorizam, partindo das perspectivas da contemplação e dos estados habituais. Isso significa que as filosofias e psicologias transpessoais são sistemas de estados múltiplos. Significativa porção de seu conhecimento pode, por conseguinte, ser específico a um determinado estado e compreensível apenas por aqueles que houverem treinado adequadamente seu olho da contemplação. O resultado é que sua percepção "não pode ser avaliada por indivíduos que não chegaram à iluminação e que se valem apenas da visão adquirida pela leitura".[5]

Por exemplo, a idéia de que nossa noção de individualidade (que presumimos ser relativamente estável e resistente) seja na verdade reconstruída incessantemente a cada momento a partir de um fluxo ininterrupto de pensamentos, imagens e sensações pode nos parecer um conceito interessante quando o lemos. Porém, quando observado diretamente através da meditação, ele se torna inegavelmente claro, podendo, com sua capacidade de minar o egocentrismo, ser muito útil e até mudar toda uma vida.

Aldous Huxley disse que "o conhecimento é uma função do ser".[6] Sem formação contemplativa, nosso ser não é adequado a tal percepção. Segundo o economista budista E. F. Schumacher:

> Se não possuímos o devido órgão ou instrumento ou se não sabemos como usá-lo, não somos *adequados* a essa parte ou faceta específica do mundo. Em decorrência, ela simplesmente não existe pra nós.[7]

Se é verdade que se não abrirmos o olho da contemplação não seremos inteiramente adequados à profundeza das filosofias e psicologias transpessoais, então quais os aspectos inerentes a elas que ficam perdidos para nós, e como nos inclinamos a reagir à visão truncada que temos delas? Uma reação muito comum é simplesmente classificá-las como tolice. Nesse caso, toda a sabedoria das tradições se perde para nós.

Em outros casos, a perda pode ser mais insidiosa, pois quando abordamos as disciplinas transpessoais sem a devida formação contemplativa, geralmente não enxergamos suas profundezas mais sutis e específicas a determinado estado de consciência. E o mais importante é que nem sequer percebemos que estamos passando por cima desses poços mais profundos de sentido.

Isso ocorre porque se perdem os "graus de significação" mais elevados. A forma mais fácil de explicar essa expressão é através de um exemplo clássico das diversas reações e graus de significação que um objeto pode provocar. Assim, um animal pode ver um objeto preto e branco de formato estranho; o indivíduo de uma tribo primitiva pode ver um objeto retangular e flexível cheio de marcas esquisitas; a criança ocidental pode ver um livro; ao passo que o adulto pode ver um determinado tipo de livro: por exemplo, um livro que contenha afirmações incompreensíveis ou mesmo ridículas acerca da realidade. Finalmente, para um físico, esse livro pode ser um texto muito profundo sobre a física quântica.

O que é importante notar é que todos os observadores estão parcialmente corretos em sua caracterização do objeto livro, mas nenhum, com exceção do físico, se apercebe do quanto esse objeto tem mais importância e sentido do que eles podem julgar. Mais importante ainda, para o adulto que não possui formação em física, o livro parece incompreensível e até ridículo. O que esse exemplo demonstra muito bem é que, quando não conseguimos compreender graus de significação mais elevados, podemos tranqüilamente acreditar que compreendemos perfeitamente uma coisa cuja verdadeira significação nos escapa de todo. Como já disse Schumacher:

> Os fatos não trazem rótulos que indicam o nível adequado no qual devem ser avaliados. A escolha de um nível impróprio tampouco leva a inteligência a erro fatual ou contradição lógica. Todos os níveis de significação abaixo do nível adequado, isto é, até o nível do sentido no exemplo do livro, são igualmente fatuais, igualmente lógicos, igualmente objetivos, mas não são igualmente verdadeiros. (...) Quando o nível do observador não é adequado ao nível (ou grau de significação) do objeto observado, o resultado não é o erro fatual, mas algo bem mais grave: uma visão inadequada e empobrecida da realidade.[7]

Isso levanta uma questão polêmica: quais são os graus de significação mais elevados, quais as mensagens e sentidos profundos que o mundo nos oferece e deixamos escapar? Diz-se que, para o sábio, as folhas de uma árvores são como as folhas de um texto sagrado, cheias de sentido transcendente. Não vemos as coisas apenas como são, mas também como nós somos. A formação contemplativa muda a maneira como somos e prepara-nos para a sabedoria oculta e os graus de significação mais elevados das tradições transpessoais — os que há no mundo e os que existem em nós mesmos.

SEÇÃO DEZ

PENSANDO NO NOSSO MUNDO: O SERVIÇO E A CONSERVAÇÃO

O fato empírico é que as pessoas que realizam e se realizam, nossos grandes experimentadores, são também os mais compassivos, os que mais melhoram e reformam a sociedade, os que mais combatem a injustiça, a desigualdade, a escravidão, a crueldade e a exploração (e também os mais eloqüentes defensores da excelência, da eficiência e da competência). Torna-se cada vez mais claro que os que mais "auxiliam" são as pessoas mais humanas. O que eu poderia chamar de caminho bodhisattvico é uma integração entre o auto-aprimoramento e o zelo para com a sociedade, isto é, a melhor forma de melhorar seu "auxílio" é se tornar uma pessoa melhor. Porém, uma característica imprescindível a todos aqueles que desejam tornar-se pessoas melhores é a ajuda que prestam a seus semelhantes. Assim, o indivíduo não só pode como deve fazer ambas as coisas simultaneamente.

— Abraham Maslow[1]

Não é segredo para ninguém que chegamos a um novo e crítico momento da história da humanidade: um momento em que está em jogo o destino do planeta, da espécie humana e de inúmeras outras espécies. Possuímos poderes e alternativas sem precedentes e, no entanto, estamos diante de riscos e sofrimentos igualmente inéditos. É extraordinário que sejamos a primeira geração a decidir se faremos da Terra um paraíso ou um inferno — se criaremos uma sociedade que se preserve e seja digna de preservação ou deixaremos atrás de nós um planeta expoliado, poluído e radioativo. Temos nas mãos o poder de criar ambas as coisas.

Todos sabemos que enfrentamos dificuldades, mas poucos percebem o quanto elas são terríveis e urgentes. Nas linhas seguintes forneceremos um rápido resumo dos mais prementes dentre esses problemas.

A bomba populacional vem explodindo na assustadora proporção de 100 milhões de pessoas a cada ano. A humanidade precisou de mais de um milhão de anos de evolução para chegar a uma população de um bilhão em 1800 d.C. Entretanto, agora soma-se um novo bilhão a cada treze anos e a população dobra a cada quarenta anos. Obviamente, essa explosão humana não pode continuar e terá de parar dentro em breve, seja por meio da disponibilidade mundial de acesso aos meios de planejamento familiar ou pela fome, pelas doenças e por distúrbios sociais numa escala tão gigantesca a ponto de reduzir as catástrofes e epidemias anteriores a pálidos incidentes históricos.[2]

Essa explosão populacional vem exacerbando as ostensivas disparidades entre os ricos e os pobres do mundo inteiro. A renda *per capita* nos países desenvolvidos chega a ser trinta vezes maior que a dos países mais pobres.[2,3] Talvez as mais devastadoras conseqüências da pobreza sejam a fome e a desnutrição. De quinze a vinte milhões de pessoas morrem de desnutrição a cada ano, enquanto meio bilhão sobrevive subalimentado.[4] Atualmente a fome mata a cada quatro meses o mesmo número de pessoas mortas no Holocausto.

Apesar de extraordinários e inimagináveis, esses números quase não transmitem o sofrimento e o desespero que caracterizam a realidade. Eles estão muito distantes da civilizada declaração da ONU: "Todo cidadão tem direito a um padrão de vida adequado à saúde e bem-estar dele e de sua família, incluindo-se alimentação, vestuário, habitação e assistência médica."

A explosão populacional evidentemente vem devorando os recursos e desestabilizando o meio ambiente. Restam-nos apenas algumas poucas décadas de estoques de petróleo, as florestas estão diminuindo mundo afora, as espécies vêm-se extinguindo a uma velocidade inédita desde a extinção dos dinossauros e grande parte das terras cultiváveis do mundo vem se deteriorando. Enquanto isso, pairando sobre nossas cabeças, a poluição atmosférica, a chuva ácida, os buracos na camada de ozônio e o aumento da concentração de dióxido de carbono destroem a atmosfera.

As verbas mundiais para as forças armadas atualmente ultrapassam o trilhão de dólares anuais. O presidente da Sociedade Internacional de Medicina para a Prevenção da Guerra Nuclear lembrou que "uma pequena fração dessa verba poderia propiciar alimentação, água potável, habitação, educação e assistência médica adequadas ao mundo inteiro". Com efeito, a Comissão Presidencial para a Fome no Mundo estimou em apenas seis bilhões de dólares anuais o preço para a erradicação da desnutrição, soma menor que a despesa semanal com armamentos.[4] O Papa Paulo VI lamentou o fato de que a corrida armamentista sempre mata, quer as armas sejam usadas, quer não.

O que esse e muitos outros fatos deixam claro é que estamos atravessando uma fase sem precedentes de danos à ecologia e consumindo os recursos planetários mais rápido do que eles podem ser repostos. Estamos hipotecando o nosso futuro e o de todas as futuras gerações. Entretanto, como já disse Erik Dammann em seu livro *O futuro em nossas mãos*:

> O mundo não está ameaçado por catástrofes futuras. A maior parte da humanidade já está vivendo uma catástrofe hoje mesmo. Nenhum de nós falaria de catástrofe futura se nossa atual renda familiar não chegasse a um dólar por dia, se vivêssemos numa cabana ou barraco sem água e energia, se estivéssemos morrendo de fome e perdêssemos um a cada dois filhos, se nossos filhos sobreviventes fossem física ou mentalmente destruídos por doenças causadas por deficiência alimentar, se não dispuséssemos de médicos. Se vivêssemos nessas condições, ficaria perfeitamente claro que a catástrofe é um fato consumado. É assim que vive a humanidade nos dias de hoje. Não se trata de grupos pequenos ou remotos. A humanidade está vivendo precisamente dessa maneira. A maioria de nós.[5]

As crises globais que hoje enfrentamos são únicas em diversos aspectos, não apenas em sua amplitude, urgência e complexidade, mas também no sentido de que pela primeira vez na história todas elas são causadas pelo homem. Elas são decorrências de nosso comportamento individual e coletivo, podendo portanto ser em grande parte atribuídas a fatores psicológicos: às nossas convicções individuais e sociais, à ganância, ao medo, às fantasias, defesas e percepções equívocas. Os problemas globais são sintomas globais — o estado do mundo é um reflexo do estado de nossa mente.[6]

Naturalmente, isso não implica negar a importância das forças sociais, políticas e econômicas. Significa apenas que as intervenções políticas, econômicas e militares feitas isoladamente não são suficientes. As curas realmente eficazes e duradouras exigem ação em todos os níveis. Em outras palavras, precisamos não só alimentar os que morrem de fome e reduzir a quantidade de resíduos nucleares — antes de mais nada, é preciso compreender e corrigir as forças psicológicas e sociais que levaram a essa situação.[7]

Infelizmente, embora as pessoas estejam cada vez mais conscientes das crises globais, até o momento a maioria das reações partiu apenas dos setores militares, políticos e econômicos. Essa situação está mudando lentamente, na medida em que um número cada vez maior de pessoas frisa a importância do trabalho tanto exterior quanto interior para alterar a psique e o mundo.

Um dos mais eminentes defensores dessa abordagem integrada é o Dalai Lama. Em seu discurso de recepção do Prêmio Nobel da Paz, "Um apelo à responsabilidade universal", ele chama a atenção para a crescente interconexão e interdependência entre todas as coisas sobre a Terra. As crises ecológicas afetam a todos nós. Por isso, o Dalai Lama afirma que nossa compaixão e nossa responsabilidade devem dirigir-se a todo o planeta e a todos os povos. Ele argumenta que as presentes crises só poderão ser solucionadas através do desenvolvimento equilibrado das capacidades científicas exteriores e das capacidades psicológicas interiores. Duas das mais valorizadas capacidades interiores são emoções transpessoais: o amor e a compaixão. Ram Dass analisa o tema "Compaixão: o delicado equilíbrio", enquanto John Welwood discute a possibilidade de usar os relacionamentos românticos para fomentar "O amor consciente".

Da mesma forma que o movimento transpessoal tomou como base um senso de identidade mais amplo, o movimento da "ecologia radical" também o fez. Esta importante disciplina tomou seu nome da proposta de fazer perguntas cada vez mais profundas sobre a humanidade e a natureza e suas relações ótimas. A visão de mundo convencional do Ocidente percebe o ser humano como superior, isolado e dominante em relação à natureza e às demais criaturas. Essa visão antropocêntrica tem os seres humanos como o que há de mais importante no universo. A ecologia radical, por outro lado, defende a importância de alterarmos nossa percepção a fim de reconhecer o valor intrínseco e a interconexão de todas as criaturas na natureza. Além disso, ela afirma que nossa verdadeira identidade (transpessoal) abarca toda a natureza e o mundo. Por isso, defende uma mudança do antropocentrismo para o biocentrismo, do egocentrismo para o ecocentrismo, juntamente com as correspondentes mudanças nas atitudes, valores e comportamentos. A ecologia radical vai além de esforços ambientais como a preservação dos recursos e da vida selvagem, que presumem implicitamente que a razão básica para a conservação é o benefício dos seres humanos.

Como suas visões de mundo têm muito em comum, a ecologia radical e os movimentos transpessoais naturalmente têm muito a oferecer uns aos outros. Os ecologistas radicais poderiam beneficiar-se de uma maior sofisticação psicológica, enquanto os psicólogos transpessoais poderiam cultivar mais interesse e sensibilidade em relação ao meio ambiente.

A psicologia transpessoal levanta duas questões cruciais para a ecologia radical; uma ontológica e a outra prática. Os ecologistas radicais pregam uma expansão transpessoal da identidade para além do ego a fim de atender ao pedido de Einstein: "Abracemos todas as criaturas vivas e toda a natureza em sua beleza." Contudo, alguns transpersonalistas acham que a expansão de identidade proposta pelos ecologistas radicais talvez seja parcial, já que normalmente se trata de uma extensão horizontal que abarca o mundo físico, mas não necessariamente se verticaliza para abranger outros domínios da psique e da consciência.

A segunda questão é como essa expansão de identidade, seja ela horizontal, vertical ou ambas, deve ser atingida. A maioria dos adeptos da contemplação acredita que o desenvolvimento de uma identidade transpessoal estável exige um trabalho interior a longo prazo. Entretanto, os ecologistas radicais geralmente não tratam desse assunto. Alguns deles afirmam que o trabalho interior, principalmente o espiritual, constitui uma digressão em relação ao trabalho que urge fazer no mundo. Apesar disso, o Dalai Lama argumenta que talvez o equilíbrio entre o trabalho interior e o exterior seja essencial. Como disse Erik Dammann, "nada pode ser mudado antes que mudemos a nós mesmos".[5]

É evidente que a possibilidade de combinar a sabedoria existente na ecologia radical e na psicologia transpessoal numa síntese que enriqueça a ambas e promova a criação de uma ecologia transpessoal é bastante atraente. O ecologista australiano Warwick Fox deu início a essa síntese num livro muito oportuno, adequadamente intitulado *Rumo a uma ecologia transpessoal*.[8]

Em "O Tao da transformação pessoal e social", Duane Elgin afirma que a expansão da percepção se reflete numa vida que busca a harmonia interior e exterior com a natureza, em vez de dominá-la. Para essas pessoas, sua responsabilidade para com o mundo mais amplo ao qual se sentem intimamente ligadas é ponto pacífico. A diminuição dos desejos egocêntricos significa menos consumismo, mais simplicidade voluntária, menos desejo de impor a própria vontade aos outros e mais interesse em harmonizar-se com a natureza de uma maneira ecológica, taoísta.

Stanislav e Christina Grof identificam algumas das motivações que subjazem a essas mudanças no ensaio "Experiência transpessoal e crise global". Eles afirmam que muitas das pessoas que sondaram suas profundezas interiores e viveram fortes experiências transpessoais observam que seus valores mudam automaticamente, priorizando a reverência e o serviço em prol de toda forma de vida.

A tarefa de forjar a compreensão e a reação psicológica adequadas ao tratamento de nossas crises globais é claramente o mais urgente desafio que se levanta diante da nossa geração. Peter Russell diz que precisamos, no mínimo, de "Um projeto Manhattan interior", empregando o melhor de nossos recursos humanos e técnicos nessa empreitada.

É evidente que estamos em meio a uma corrida entre a consciência e a catástrofe. Talvez não haja tarefa mais urgente para cada um de nós que o emprego de nossa compreensão transpessoal para a preservação da natureza e de nosso planeta. O objetivo é iluminar as forças psicológicas e sociais destrutivas que nos trouxeram a esse impasse histórico, transformando-as em forças construtivas para o bem de nossa sobrevivência coletiva, de nosso bem-estar e de nosso despertar.

O discurso do Prêmio Nobel da Paz: Um apelo à responsabilidade universal

O Dalai Lama

Irmãos e irmãs:

Quando pensava a respeito do que eu devia dizer hoje, decidi partilhar com vocês alguns de meus pensamentos no que se refere aos problemas comuns que todos enfrentamos enquanto membros da família humana. Como todos nós partilhamos este pequeno planeta chamado Terra, temos de aprender a viver em paz e harmonia uns com os outros. Isso não é apenas um sonho, mas uma necessidade. Dependemos uns dos outros de tantas formas que não podemos mais viver em comunidades isoladas e ignorar o que se passa fora dessas comunidades.

A noção de que somos todos basicamente os mesmos seres humanos, que buscam a felicidade e procuram evitar o sofrimento, é muito útil ao cultivo de um senso de fraternidade — um terno sentimento de amor e compaixão pelos outros. Este, por sua vez, é imprescindível se quisermos sobreviver neste mundo que a cada dia se torna menor. Se nos dedicarmos a buscar egoisticamente apenas o que acreditamos ser de nosso próprio interesse, sem nos preocupar com as necessidades dos demais, podemos acabar por machucar não só aos outros como também a nós mesmos. Esse fato tornou-se bastante claro no decurso deste século. Sabemos que promover uma guerra nuclear hoje, por exemplo, seria uma forma de suicídio, ou que poluir o ar e as águas para obter algum benefício a curto prazo seria destruir a própria base de nossa sobrevivência. Como os indivíduos e as nações estão se tornando cada vez mais interdependentes, não temos escolha a não ser cultivar aquilo que chamo de senso de responsabilidade universal.

Hoje somos uma família verdadeiramente global. O que ocorre numa parte do mundo pode nos afetar a todos. Naturalmente isso não se aplica só às coisas negativas que acontecem, mas também aos avanços positivos. Nós não apenas sabemos o que acontece em outros lugares, graças à extraordinária tecnologia moderna de comunicações, como somos diretamente afetados pelo que sucede longe de nós. Sentimos tristeza diante das crianças que morrem de fome no leste da África. E sentimos alegria quando vemos uma família reunir-se após décadas de separação pelo Muro de Berlim. Os rebanhos e plantações são contaminados e nossa vida e saúde são ameaçadas quando ocorre um acidente nuclear num país a quilômetros de distância do nosso. Nossa própria segurança se fortalece quando se faz a paz entre facções que estão em guerra em outros continentes.

Contudo, a guerra e a paz, a proteção e a destruição da natureza, a violação ou a promoção dos direitos humanos, a pobreza ou o bem-estar material, a falta de valores morais e espirituais ou sua existência e cultivo, o colapso ou o desenvolvimento da compreensão humana não são fenômenos isolados que podem ser analisados e tratados independentemente um do outro. Na verdade, eles estão muito inter-relacionados em todos os níveis e devem ser abordados com essa compreensão.

A paz, no sentido de ausência da guerra, tem pouco valor para aquele que está morrendo de fome ou frio. Ela não eliminará a dor da tortura infligida a um prisioneiro da consciência. Ela não confortará aqueles que perderam seus entes queridos numa enchente provocada pelo desflorestamento irracional de um país vizinho. A paz só pode perdurar onde os direitos humanos são respeitados, onde as pessoas são alimentadas e onde os indivíduos e as nações são livres. Somente pelo cultivo da paz mental se pode atingir a verdadeira paz consigo mesmo e com o mundo.

Obviamente, o progresso material é importante para o avanço do homem. Ao mesmo tempo, porém, o desenvolvimento material sem o desenvolvimento espiritual pode causar sérios problemas. Acredito que ambos são importantes e devem desenvolver-se lado a lado a fim de que se possa obter o equilíbrio entre eles.

A paz interior é a chave: se você tem paz interior, os problemas exteriores não podem afetar sua profunda sensação de paz e tranqüilidade. Nesse estado de espírito, você pode enfrentar qualquer situação com calma e razão, mantendo ao mesmo tempo sua alegria íntima. Isso é muito importante. Sem essa paz interior, você ainda está sujeito a preocupações, problemas e tristezas por causa das circunstâncias, por mais que sua vida seja materialmente confortável.

Fica claro, portanto, a imensa importância de tentar sempre resolver os problemas de modo equilibrado, levando esses diferentes aspectos em consideração. Naturalmente isso não é fácil. Mas não é muito útil resolver um problema se, fazendo isso, criarmos um novo problema tão sério quanto o primeiro. Assim, realmente não temos outra alternativa: precisamos cultivar um senso de responsabilidade universal não apenas no sentido geográfico, mas também em relação aos diferentes problemas que assolam nosso planeta.

A responsabilidade não recai apenas sobre os líderes dos países nem sobre aqueles que foram eleitos ou nomeados para cumprir uma determinada função. Ela recai sobre cada um de nós, individualmente. A paz, por exemplo, começa dentro de cada um de nós. Quando tivermos paz interior, poderemos estar em paz com os que nos cercam. Quando nossa comunidade está em estado de paz, ela pode partilhar essa paz com as comunidades vizinhas, e assim por diante. Quando amamos e tratamos bem os nossos semelhantes, isso não só os faz sentir-se queridos e considerados, mas também nos ajuda a cultivar a alegria e a paz interior. Existem meios pelos quais podemos trabalhar conscientemente para desenvolver sentimentos de amor e bondade. Para a maioria de nós, a maneira mais eficaz é através da prática religiosa. Para outras pessoas, pode ser através de práticas não-religiosas. O importante é que cada um de nós faça um esforço sincero para levar a sério a nossa responsabilidade para com o outro e para com o meio ambiente.

Compaixão: o delicado equilíbrio

Ram Dass

Quando vemos quanto sofrimento há no mundo, muitas vezes sentimos uma grande dor no coração e reagimos com desespero. O sofrimento tantas vezes parece tão cruel, desnecessário, injustificável — reflexo de um universo desalmado. O medo e a ganância do homem, que têm causado tanto sofrimento, parecem estar fora de controle.

Quando adotamos essa visão de mundo, qualquer esforço para mudar as coisas parece trivial. Numa situação de impotência como essa, geralmente nos defendemos da dor justificando-a — usamos o intelecto para proteger o coração. Fazendo isso, sufocamos nossa generosidade inata. Agindo de acordo com essa visão de mundo, geralmente damos a nossas ações uma conotação de raiva ou farisaísmo, incutimo-lhes tristeza ou uma nota de futilidade. Nosso calor e entusiasmo tornam-se "profissionais" em vez de genuínos, não nos alimentamos de nossa interação "em favor" dos outros porque nosso coração está fechado. Por mais que trabalhemos, o resultado é fadiga e esgotamento.

Outras vezes, contudo, no silêncio de nossos mais profundos momentos de meditação, quando nos abstraímos do imediatismo do mercado da tristeza, intuitivamente sentimos uma sabedoria unificante que inspira e move todas as formas do universo. Percebemos que existe uma evolução espiritualmente guiada que dá a toda experiência de vida um sentido mais profundo do que aquele que é superficialmente aparente. Compreendemos e aceitamos as coisas exatamente como são.

Em tais momentos de luminosa percepção, sentimos que há uma sabedoria no sofrimento, uma sabedoria que não conseguimos perscrutar com o intelecto. Com a intuição do coração/mente, sentimo-nos a par de uma visão do universo na qual nem o sofrimento é destituído de graça. O sofrimento em si é parte da perfeição da natureza evolutiva do espírito através da matéria. Tudo se desdobra como deve. A única coisa que sentimos é arrebatamento e reverência, além de um júbilo que nos abre o coração de par em par.

Essas duas visões de mundo aparentemente antitéticas tem cada qual, no contexto apropriado, a marca da verdade. Mas como conciliá-las? Elas são dois planos diferentes da consciência, dois domínios diferentes da realidade relativa.

Quando o mundo e seu sofrimento se fazem muito presentes em nós, achar que "tudo está perfeito" parece quase uma profanação, uma grosseira racionalização digna de Poliana. Por outro lado, em nossos momentos mais transcendentes, os medos e a sensação de premência diante da condição humana parecem no máximo pungentes, sendo apenas um reflexo de nossa falta de fé.

Como encontrar em nós mesmos um ponto em que nos apoiar, a partir do qual possamos integrar essas díspares visões de mundo de forma que não precisemos abraçar uma dessas verdades em detrimento da outra? Como cultivar não só a tranqüilidade de espírito que nos permite ouvir as mais profundas verdades espirituais como também a abertura de coração que nos integra totalmente à nossa humanidade? É vivendo a resposta a essas perguntas, dia após dia, que descobriremos o sentido da verdadeira compaixão e reconheceremos, de todo coração, a generosidade nata que surge espontaneamente da equanimidade.

Quando chegamos a esse ponto de tensão ou equilíbrio, encontramos também uma nova riqueza e uma nova intensidade em cada momento. Pois, para encontrá-las, precisamos serenar nossa mente. Quanto mais o fizermos, cada vez mais abriremos o coração para abraçar com amor a todos os seres. Quando o coração se abre, vemos todos os seres como uma só família querida.

Agora, à medida que amamos mais pessoas, seus sofrimentos nos ferem ainda mais o coração, pois a pior dor é testemunhar o sofrimento daqueles a quem amamos. Porém, ao mesmo tempo, quanto mais serena a mente, mais profunda a imensa percepção que recobre nossa fé e, por conseguinte, nossa equanimidade. Ambos os lados do equilíbrio se intensificam. Vemo-nos capazes de suportar o que antes nos era insuportável. Conseguimos manter aberto o coração no meio do inferno.

Nesse ponto de equilíbrio, reconhecemos que a mágoa do nosso coração humano diante do sofrimento dos outros é parte da perfeição, e que o anseio desse coração por fazer alguma coisa contra o sofrimento também é certo. Ele faz parte de uma teia ou rede mais ampla de compaixão. Contudo, descobrimos — muitas vezes para nossa surpresa — que a ação em prol do alívio do sofrimento alheio não precisa entrar em choque com nossa equanimidade. Essa ação não precisa obrigar-nos a julgar nem a Deus nem ao universo. Vemo-nos agindo, no reino do bem e do mal, ao lado dos anjos, apesar de nossa percepção repousar no Uno.

A partir de então percebemo-nos cada vez mais atraídos para o serviço como um ato de celebração; um ato que executamos com prazer e equanimidade. Essa ação reconforta-nos o coração. Ela não traz fadiga nem esgotamento. O Mahatma Gandhi declarou exatamente isso quando afirmou: "Deus não exige nada a não ser a completa auto-entrega como preço pela única verdadeira liberdade que vale a pena ter. E quando uma pessoa se perde assim, ela imediatamente se vê a serviço de tudo aquilo que tem vida. Isso se torna seu prazer e descanso. Ela é uma nova pessoa, que jamais se cansa de colocar-se a serviço da criação de Deus."

E onde começamos essa fantástica jornada rumo ao nosso centro de equilíbrio? Começamos bem onde estamos. Olhamos em volta e descobrimos uma forma de empenhar o coração e as mãos no alívio do sofrimento do mundo em que vivemos. E, nesse mesmo instante, começamos a cultivar um estado de espírito mais reflexivo, dando-nos momentos de sossego para a meditação, para o estudo, para a contemplação. Basta colocar esses ingredientes no caldeirão. Depois, é só mexer.

Ao longo da jornada, podemos esperar perder muitas vezes o ponto de equilíbrio e ser arrastados para um ou outro lado. Mas nós o recobraremos, pois existe em nós uma sabedoria que nos invade até os ossos, e ela sabe que o ponto de equilíbrio entre nossa humanidade e nossa divindade é o leito de nossa compaixão — o lar da verdadeira felicidade.

O amor consciente

John Welwood

Em geral, as pessoas consideram bem-sucedido o relacionamento que preenche os requisitos do companheirismo, segurança, sexo e auto-estima. No entanto, se considerarmos o relacionamento como um caminho — e principalmente se o considerarmos um caminho sagrado —, adotaremos uma visão mais ampla, que inclui as necessidades acima mas não se limita a elas. Nosso objetivo primordial passa a ser o cultivo de um amor consciente, que possa inspirar o desenvolvimento da percepção e a evolução de dois seres.

Contudo, não deveríamos ser demasiado idealistas nisso, pois os relacionamentos íntimos jamais funcionam inteiramente num nível consciente. Vivemos simultaneamente em diversos níveis, cada um com necessidades específicas.

NÍVEIS DE CONEXÃO

O laço mais primitivo que pode se formar entre parceiros muito íntimos é a ânsia pela *fusão* simbiótica, nascida de um desejo de obter o alimento emocional que faltou na infância. Naturalmente, é comum que, no início do relacionamento, os casais vivam temporariamente uma fase simbiótica, deixando de dedicar-se a outras atividades e a amigos para passar seu tempo livre juntos. Essa etapa do relacionamento pode fazer com que se estabeleça um forte laço emocional entre as duas pessoas. No entanto, se a simbiose se firmar como dinâmica primária do relacionamento ou durar por muito tempo, ele ficará cada vez mais restritivo. Os relacionamentos desse tipo caracterizam-se por uma dinâmica semelhante à que existe entre pais e filhos, limitando a expressão e a interação entre os parceiros, enfraquecendo a tensão masculino/feminina e criando um padrão de dependência.

Depois da necessidade primitiva de fusão simbiótica, o desejo mais básico num relacionamento íntimo é o *companheirismo.* Esse desejo se expressa de forma mais ou menos sofisticada. Embora ele faça parte de todos os relacionamentos, algumas pessoas aparentemente não desejam nada mais que companheirismo de seus parceiros.

Pode se estabelecer um nível mais profundo de conexão quando duas pessoas partilham não apenas suas atividades e a companhia uma da outra, mas também interesses, valores ou objetivos comuns. Podemos chamar esse nível — no qual o casal começa a criar um mundo comum — de *comunidade*. Como ocorre com o companheirismo, a comunidade é uma forma concreta e palpável de relação.

Além da partilha de valores e interesses está a *comunicação*. Neste nível, partilhamos tudo aquilo que se passa dentro de nós — nossos pensamentos, visões, experiências e sentimentos. Estabelecer uma boa comunicação é muito mais difícil que criar companheirismo e comunidade. A comunicação exige que o casal seja sincero e corajoso o bastante para expor o que ocorre dentro de cada um e se disponha a remover os obstáculos que inevitavelmente surgirão quando tentarem partilhar suas diferentes verdades. Provavelmente, a boa comunicação é o ingrediente mais importante para a saúde diária do relacionamento.

A *comunhão* é um prolongamento e avanço da comunicação. Além da partilha de pensamentos e sentimentos, existe um profundo reconhecimento do ser do outro. Isso em geral acontece no silêncio — enquanto olhamos o parceiro nos olhos, fazemos amor, damos um passeio ou ouvimos música juntos. De repente, sentimo-nos tocados e vistos, não como uma personalidade, mas na profundidade de nosso ser. Somos inteiramente nós mesmos e, ao mesmo tempo, estamos em contato total com o parceiro. Esse tipo de conexão é tão raro e espantoso que logo o reconhecemos quando se apresenta. Embora duas pessoas possam trabalhar a comunicação, a comunhão é mais espontânea, está além da vontade. A comunicação e a comunhão são formas mais sutis e profundas de intimidade que o companheirismo e a comunidade e situam-se no nível da mente e do coração.

A intimidade mais profunda da comunhão pode despertar um desejo de superar toda separação, um desejo de *união* total com a pessoa a quem amamos. Embora esse desejo expresse uma necessidade humana genuína, ele se dirige mais propriamente ao divino, infinito, absoluto. Quando se prende a um relacionamento íntimo, esse desejo geralmente cria problemas. Quando se coloca todo o anseio de realização espiritual num relacionamento finito, pode-se chegar à idealização, à paixão desenfreada, à dependência e até a morte. A maneira mais adequada de tratar esse anseio de união é através de uma prática verdadeiramente espiritual, como a meditação, que ensina como superar o próprio pensamento baseado em oposições, qualquer que seja a área a que ele se dirija. Ao nos apontar essa direção, o relacionamento íntimo pode inspirar esse tipo de prática, mas jamais pode chegar a funcionar como seu substituto.

Todo relacionamento tem diferentes áreas de força ao longo desse *continuum* de conexão. Os casais que gozam de forte conexão entre seus seres e boa comunicação, além de possuir interesses e valores comuns e ter prazer na companhia um do outro, sem dúvida terão um equilíbrio ideal em sua relação, unindo o paraíso à Terra. (A sexualidade pode operar em qualquer um desses níveis: como forma de fusão simbiótica, como companheirismo físico, como um esporte em comum, como forma de comunicação ou comunhão mais profunda.)

O amor consciente começa a se desenvolver num relacionamento quando as duas pessoas vivem uma comunhão entre seus seres. O amor se transforma em amor do ser, em vez de amor da personalidade. Nos momentos de comunhão, entro em contato com a profundeza de meu próprio ser e, ao mesmo tempo, com a do ser de minha parceira. No entanto, *sou* um ser separado dela. Por mais íntimos que sejamos, jamais poderemos compartilhar totalmente nossos mundos: ela nunca poderá saber o que é ser eu e vice-versa. Embora possamos usufruir de breves momentos de unidade quando nossos seres se tocam, a união total estará sempre fora do nosso alcance.

Tampouco há como usar a proximidade como escudo para nos defendermos da verdade da nossa solidão. O universo nos emprestou um ao outro temporariamente, e jamais poderemos saber quando ele nos exigirá de volta. No âmago da devoção à outra pessoa jaz um doce e triste transbordamento do coração que anseia por derramar-se.

Já que a minha solidão é também o que me faz querer derramar-me, não é preciso que ela me isole. Enquanto simples presença de vida, ela é o que tenho em comum com todas as criaturas da Terra. É uma profundeza interior da qual vêm muitos tesouros: a paixão por exceder meus próprios limites, escrever um poema ou uma canção, contribuir com algo que tenha substância ou beleza.

Assim, quando compreendemos nossa solidão, podemos ser nós mesmos e nos dar mais totalmente, não desejando mais que o outro nos salve ou nos traga bem-estar em relação ao que somos. Ao contrário, queremos ajudá-lo a tornar-se mais *ele mesmo* também. Desse modo, o amor consciente nasce como uma dádiva de nosso coração desiludido.

Todas as grandes tradições espirituais pregam que a busca egoísta da própria felicidade não pode levar à verdadeira satisfação, pois os desejos pessoais multiplicam-se infinitamente, criando sempre mais insatisfação. A verdadeira felicidade — que ninguém jamais poderá nos tirar — decorre de abrir o coração, senti-lo radiante para o mundo em que estamos e jubiloso com o bem-estar dos outros. Cuidar do crescimento de quem amamos nos faz exercitar as mais altas capacidades de nosso ser e ajuda-nos a amadurecer. Quando seu desabrochar nos inspira a desenvolver nossas mais nobres qualidades, temos a certeza de estar sendo utilizados ao máximo. Por conseguinte, as dificuldades de um relacionamento nos colocam diante de uma rara oportunidade: a de descobrir o amor como um caminho sagrado, que nos inspira a cultivar aquilo que somos com integridade e profundidade.

A MAIS REMOTA MARGEM DO AMOR

Em sua suprema capacidade de ação, o amor leva os amantes para além de si mesmos, em direção a uma maior conexão com a totalidade da vida. De fato, o amor entre duas pessoas não pode crescer se não dirigir o foco para além dos amantes. Em sua plenitude, o amor de duas pessoas alcança um sentimento de afinidade com toda forma de vida ou, nas palavras de Teilhard de Chardin, um "amor do universo". Apenas dessa maneira, diz ele, o amor pode "transformar-se em luz e força ilimitadas".

Portanto, o caminho do amor se expande em círculos cada vez mais amplos. Ele começa em casa — descobrindo antes de mais nada o nosso lugar, fazendo as pazes com quem somos e descobrindo a riqueza intrínseca que há em nosso ser, por trás de toda a nossa confusão e ilusão egocêntricas. À medida que começamos a compreender essa integridade básica presente em nós, descobrimos que temos mais a oferecer a um parceiro.

Além disso, quando um homem e uma mulher passam a dedicar-se ao crescimento da percepção e do espírito um do outro, eles naturalmente querem partilhar seu amor com os demais. As novas qualidades cujo nascimento promovem em si mesmos — generosidade, coragem, compaixão, sabedoria — podem estender-se para além do círculo de seu próprio relacionamento. Essas qualidades representam o "filho espiritual" do casal, aquilo que sua junção traz ao mundo. O casal desabrocha quando sua visão e sua prática já não se concentram unicamente em si mesmos, mas inclui também esse senso mais amplo de comunidade e o que eles podem oferecer aos outros.

A partir daí, o amor de um casal pode crescer ainda mais, como diz Teilhard. Quanto mais profunda e apaixonadamente duas pessoas se amam, mais interesse elas têm pelo estado do mundo em que vivem. Elas sentirão sua conexão com a Terra e se dedicarão a cuidar deste mundo e de todos os seres vivos que precisam de sua ajuda. O raio de ação do amor e sua mais completa expressão irradiam para o todo da criação, num processo que embasa e enriquece a vida do casal. Esse é o grande amor e o grande caminho, que leva ao coração do universo.

Ecologia transpessoal

Warwick Fox

Desde a antigüidade grega, o pensamento ocidental tem sido maciçamente antropocêntrico (isto é, centrado no homem). Como mostrou Bertrand Russell (1979, 90) em sua *History of Western Philosophy*, "o que é impróprio, mesmo na melhor filosofia pós-Demócrito [após os pré-socráticos], é a ênfase indevida no homem em relação ao universo".

Karl Popper, o filósofo da ciência mais influente deste século, expressou sua opinião acerca do resultado dessa tradição filosófica:

> Hoje em dia é muito necessário pedir desculpas por se interessar pela filosofia em qualquer de suas formas. (...) Na minha opinião, o maior escândalo da filosofia é que, enquanto o universo da natureza fenece diante de nossos olhos — e não só o universo da natureza —, os filósofos continuam a discutir, às vezes com inteligência e às vezes não, a questão da existência desse universo. (1974, 32)

Nos últimos anos, a tentativa mais consistente de questionar essa tradição antropocêntrica partiu de um grupo de filósofos mais ou menos ligados escrevendo sob a bandeira da "ecologia radical". A ecologia radical se associa a três idéias básicas. A primeira é a noção do ecocentrismo, a saber, a adoção de uma abordagem ecologicamente centrada (ou seja, centrada na Terra) nas interações com o mundo à nossa volta, em vez da abordagem antropocêntrica. Segundo essa visão, atribui-se ao universo não-humano um valor *em si mesmo* e não apenas o seu óbvio valor da serventia ao homem. A segunda idéia básica consiste em questionar cada vez mais as relações ecológicas nas quais nos inserimos através de um direcionamento para as origens interdependentes das crises ecológicas, em vez da simples concentração nos sintomas. A terceira idéia é a de que todos somos capazes de uma identificação muito mais ampla e profunda com o mundo que nos cerca do que aquela que normalmente se concebe, e que essa forma de autodesenvolvimento, autodesdobramento ou auto-realização (ou "realização do Eu", como diria Naess) nos conduz a uma compreensão e defesa espontâneas da integridade do mundo em que vivemos. Refiro-me a essa terceira noção da ecologia radical como "ecologia transpessoal" porque ela aponta claramente em direção à realização de um senso de identidade que ultrapassa (ou seja, vai além: *trans*-) todas as noções biográficas ou egóicas do eu que sejam estreitamente delimitadas. A ampliação e o aprofundamento de nossa identificação — ou de nosso senso de comunidade — com o mundo nos libertam de uma identidade relativamente estreita, atomista e isolada e nos dão outra, mais ampla, expansiva e participativa.

A meu ver, é o último desses três temas que mais distingue o trabalho dos autores da ecologia radical do trabalho de outros ecofilósofos. É também esse último tema que tem conduzido os ecologistas radicais/transpessoais ao diálogo com os psicólogos transpessoais. Esse diálogo promete ser frutífero para ambas as partes.

As potenciais fontes de tensão entre essas perspectivas incluem (1) a questão da natureza e do propósito, se houver, da evolução, e (2) a questão da adoção de um foco de atenção "deste mundo" ou "realidade consensual" ou de um foco "de outro mundo" ou "realidade não-consensual". Com relação à primeira questão, os ecologistas transpessoais acompanham os biólogos evolucionistas ao perguntar aos teóricos da psicologia transpessoal: "É legítimo falar de um objetivo, ou *telos*, da evolução?" Com relação à segunda, os ecologistas transpessoais perguntam aos psicólogos transpessoais: "A ênfase na consciência *per se* nos coloca em contato com estados de ser e formas de realidade 'mais elevados' — mais verdadeiros ou mais evoluídos — ou a consciência é mais como um salão de espelhos nos quais podemos 'nos perder' em infinita fascinação, mas sem nenhum objetivo intrinsecamente 'mais elevado'?" Essa pergunta é altamente relevante para que se decida entre a tentativa de transcender nosso limitado (e freqüentemente defensivo) senso egóico de identidade por meios "verticais" (isto é, tentando experienciar formas de realidade e estados do ser "mais elevados") ou por meios "horizontais" (isto é, tentando sentir-nos a nós mesmos como intimamente ligados ao mundo em que vivemos; como folhas, por assim dizer, de uma única e evolutiva Árvore da Vida).

Não obstante a presença dessas potenciais fontes de tensão, a ecologia e a psicologia transpessoais também podem ser vistas como complementares — talvez até necessárias — em seus respectivos objetivos. A ecologia transpessoal acrescenta uma necessária dimensão ecológica à psicologia transpessoal, da mesma forma que a psicologia transpessoal acrescenta uma necessária dimensão psicológica à ecologia transpessoal. A interação dessas duas perspectivas pode muito bem constituir nossa maior fonte de esperança no futuro.

Ecologia radical: a natureza conta

Bill Devall e George Sessions

A expressão *ecologia radical* foi cunhada quando Arne Naess descreveu a abordagem mais profunda e espiritual da Natureza que decorre de uma abertura mais sensível a nós mesmos e à vida não-humana que temos ao nosso redor. A essência da ecologia radical está em questionar sempre e cada vez mais a vida humana, a sociedade e a Natureza.

A ecologia radical é mais que uma tímida e limitada abordagem dos problemas ambientais, tentando articular uma visão de mundo religiosa e filosófica de maior alcance. Os fundamentos da ecologia radical consistem nas intuições básicas e na experiência que temos de nós mesmos e da Natureza, que constituem a consciência ecológica. Certas visões da política e da vida pública decorrem direta e naturalmente dessa consciência.

Muitas dessas questões pertencem à religião e à filosofia perene, tendo-se apresentado aos seres humanos de todas as culturas através dos tempos. O que significa ser um indivíduo único? Como pode o eu individual manter e aumentar sua singularidade se ao mesmo tempo é parte indissociável do sistema total, no qual não há descontinuidades abruptas entre o eu e o *outro*? Uma perspectiva ecológica, neste sentido mais profundo, resulta no que Theodore Roszak chama "um despertar de totalidades maiores que a soma de suas partes. Em termos do espírito, a disciplina é contemplativa e terapêutica".[1]

A consciência ecológica e a ecologia radical colocam-se frontalmente contra a visão de mundo dominante das sociedades tecnocrático-industriais, que atribui ao homem um isolamento e uma separação fundamental em relação ao resto da Natureza, enquanto ser superior e responsável pelo restante da criação. Porém, a visão de que o homem é separado e superior ao resto da Natureza é apenas parte de padrões culturais maiores. Por milhares de anos, a cultura ocidental foi obcecada pela idéia de *domínio*: o domínio dos homens sobre a Natureza, do masculino sobre o feminino, dos ricos e poderosos sobre os pobres, do Ocidente sobre as culturas não-ocidentais. A consciência ecológica radical permite-nos ver através dessas errôneas e perigosas ilusões.

Para a ecologia radical, o estudo de nosso lugar no lar que é a Terra inclui o estudo de nós mesmos enquanto partes do todo orgânico. Quando se vai além da compreensão estritamente materialista-científica da realidade, seus aspectos materiais e espirituais se fundem numa só coisa. Embora os defensores mais influentes da dominante visão de mundo tenham tendido a ver a religião como "mera superstição", julgando as antigas práticas de iluminação espiritual como essencialmente subjetivas, a busca de uma consciência radicalmente ecológica é a busca de uma consciência e de um estado de ser mais objetivos através de um profundo questionamento, do processo de meditação e de um estilo ativo de vida.

Muitas pessoas já se fizeram essas perguntas e já cultivaram a consciência ecológica no contexto de diferentes tradições espirituais — Cristianismo, Taoísmo, Budismo e certos rituais dos índios norte-americanos, por exemplo. Apesar de divergirem em vários outros aspectos, muitas dessas tradições concordam com os princípios básicos da ecologia radical.

O filósofo australiano Warwick Fox expressou sucintamente a intuição central da ecologia radical: "É a idéia de que não podemos traçar nenhuma divisão ontológica nítida no campo da existência. Não há na realidade nenhuma bifurcação entre os reinos humano e não-humano (...) e, à medida que percebemos fronteiras, nos afastamos da consciência ecológica radical."[2]

A partir dessa percepção ou característica fundamental da consciência ecológica radical, Arne Naess criou duas *normas finais* ou intuições que não são deriváveis de outros princípios ou intuições. Só é possível chegar a elas através do processo de questionamento profundo. Essas normas revelam a importância de se passar ao nível filosófico e religioso da sabedoria. Naturalmente elas não podem ser validadas pela metodologia da ciência moderna, que se baseia em pressupostos mecanicistas e numa definição muito limitada dos dados. Essas normas finais são a *auto-realização* e a *igualdade biocêntrica*.

AUTO-REALIZAÇÃO

Ao alinhar-se com as tradições espirituais de muitas das religiões mundiais, a norma de auto-realização da ecologia radical vai além do moderno *eu* ocidental, definido como um ego isolado lutando primeiramente pela satisfação hedonista ou por uma limitada noção de salvação individual nesta vida ou na próxima. O crescimento — ou desdobramento — espiritual começa quando paramos de ver-nos ou compreender-nos como egos isolados e limitados que competem uns com os outros e começamos a identificar-nos com os demais seres humanos — desde os familiares e amigos até, por fim, toda a espécie humana. Porém, o senso de identidade da ecologia radical exige um crescimento e um amadurecimento maiores, uma identificação que ultrapassa a humanidade e abarca o universo não-humano. Precisamos enxergar além de nossos atuais valores e convicções culturais e além da sabedoria convencional de nosso tempo e espaço, e a melhor forma de consegui-lo é através do processo do questionamento profundo em meditação. Apenas desse modo podemos nutrir a esperança de atingir o *status* de pessoas únicas e plenamente amadurecidas.

Uma sociedade que alimenta e não domina pode ajudar no "trabalho real" que é o surgimento de uma pessoa inteira e íntegra. Esse "trabalho real" pode ser simbolicamente resumido como a realização do eu-no-Eu, onde "Eu" significa a plenitude orgânica. Esse processo de desdobramento do eu também pode ser resumido em "Ninguém pode ser salvo até que todos sejam salvos", no qual "ninguém" se refere não só a mim, um ser humano, mas também a todos os seres humanos, baleias, ursos pardos, ecossistemas das florestas tropicais, rios e montanhas, micróbios presentes no solo, etc.

IGUALDADE BIOCÊNTRICA

A noção da igualdade biocêntrica implica reconhecer igual direito a todas as coisas da biosfera no sentido de viver e desenvolver-se e atingir suas próprias formas individuais de desdobramento e auto-realização dentro da Auto-realização mais ampla. Essa noção básica pressupõe que todos os organismos e entidades na ecosfera, enquanto partes de um todo inter-relacionado, são iguais em termos de valor intrínseco.

A igualdade biocêntrica está intimamente ligada à Auto-realização que a tudo abarca na medida em que, se maltratarmos algo que faça parte da Natureza, estaremos maltratando a nós mesmos. Não existem fronteiras, e tudo está inter-relacionado. E, na medida em que vemos as coisas como organismos ou entidades individuais, essa percepção nos leva a respeitar todos os seres humanos e não-humanos por serem parte do todo, sem ter a necessidade de estabelecer hierarquias de espécies com a espécie humana no topo.

As implicações práticas dessa noção ou norma nos levam a procurar exercer o mínimo impacto sobre as demais espécies e sobre a Terra de modo geral. Assim, estaremos preenchendo outro requisito do princípio que nos norteia: "simplicidade de meios, riqueza de fins".

Enquanto seres humanos que vivem em comunidade, nós temos necessidades vitais que estão além das necessidades básicas de alimentação, água e abrigo: precisamos de amor, diversão, expressão criativa, relações íntimas com um determinado local (ou com a Natureza como um todo), relacionamentos íntimos com outros seres humanos e crescimento espiritual, para nos tornarmos seres maduros e plenos.

Nossas necessidades materiais vitais provavelmente são muito mais simples do que muita gente pensa. Nas sociedades tecnocrático-industriais há um excesso de publicidade e propaganda incentivando falsas necessidades e desejos destrutivos, destinados a fomentar o aumento da produção e o consumo de bens. Na verdade, grande parte disso tudo nos impede e distrai de enfrentar a realidade de forma objetiva e iniciar o "trabalho real" da maturidade e crescimento espiritual.

Mesmo as pessoas que não se vêem como defensoras da ecologia radical reconhecem a necessidade premente e vital de se manter um ambiente natural saudável e de alta qualidade para todos os seres humanos, se não para todas as formas de vida, com o mínimo de resíduos tóxicos, radiação nuclear, chuva ácida e poluição, além de suficiente liberdade para todos os tipos de vida selvagem, de forma que os seres humanos possam entrar em contato com suas fontes, com os ritmos naturais e o fluxo do tempo.

As normas finais da ecologia radical propõem uma visão total da realidade e indicam qual o nosso lugar enquanto indivíduos no esquema maior das coisas. Elas não podem ser inteiramente apreendidas intelectualmente, mas são, em última análise, sensíveis. A tabela abaixo resume os maiores contrastes entre a visão de mundo dominante e a ecologia radical.

Visão de mundo dominante	*Ecologia radical*
Domínio sobre a Natureza	Harmonia com a Natureza
Meio ambiente como fonte de recursos para o homem	Tudo na Natureza tem valor intrínseco e direito à igualdade perante as demais bioespécies
Crescimento material/econômico para acompanhar o crescimento populacional	Necessidades materiais de elegante simplicidade (os objetivos materiais colocam-se a serviço do objetivo maior: a auto-realização)
Crença na vastidão das reservas naturais	Convicção da finitude dos "estoques" da Terra
Progresso e soluções de alta tecnologia	Tecnologia apropriada; ciência não-dominante
Consumismo	Parcimônia/reciclagem

O Tao da transformação pessoal e social

Duane Elgin

Muitas pessoas que já exploraram os mais longínquos limites da percepção humana concordam num ponto essencial: por trás da aparente desordem de eventos fortuitos existe uma harmonia mais profunda, um ponto de equilíbrio, um desdobramento padronizado da realidade enquanto totalidade simbólica. Na China, esse fluxo da realidade que obedece a padrões é chamado Tao.

Em consonância com essa visão da realidade, a essência da sabedoria consiste em agir em harmonia com o Tao ou ritmo natural do universo. As ações abusivas em nosso papel de seres conscientes e coadjuvantes no fluxo da evolução têm repercussões: a retribuição ecológica direta ou indireta acaba se abatendo sobre as pessoas e sociedades que perturbam o equilíbrio. Se isso é verdade, então é importante analisar o fluxo da industrialização no Ocidente e determinar até que ponto ele tem sido concordante ou discordante com o Tao.

Vista nestes termos, a transformação industrial teve enorme sucesso na obtenção daquilo que sua dinâmica interna pressupunha ser seu grande objetivo: o estabelecimento de um nível de abundância material sem precedentes para a maioria das pessoas. Entretanto, ao que tudo indica, já não é apropriado julgar a era industrial segundo seus próprios critérios. Por havermos agido com percepção parcial, perturbamos o equilíbrio e rasgamos o tecido do universo, que agora nos cobra sua reparação ecológica. A degradação do meio ambiente, a alienação, a decadência das grandes cidades e a insegurança social são os espelhos do parco alcance de nossa visão. O mundo exterior é um reflexo de nossas condições interiores. A arrogância da perspectiva antropocêntrica nos levou à beira do desastre, na medida em que confrontamos a possibilidade de um holocausto nuclear, da disseminação da fome no mundo, do crescimento populacional em proporção inversa ao dos recursos naturais e do envenenamento ambiental generalizado.

A RESTAURAÇÃO DO EQUILÍBRIO (I): O TAO DA TRANSFORMAÇÃO SOCIAL

O idealismo da visão taoísta tornou-se uma necessidade urgente e realista. Não podemos nos permitir uma visão inferior enquanto abordamos problemas imensamente difíceis e complexos que atingem proporções globais. Abaixo são apresentadas algumas percepções pessoais acerca das formas sociais que parecem estar emergindo naturalmente. Consideram-se três tendências principais: o arrefecimento do ímpeto do paradigma industrial, os avanços da ecologia natural e política e a simplificação voluntária.

Dizer que o paradigma industrial vem perdendo força é o mesmo que dizer que as constelações interdependentes de valores, crenças e comportamentos da era industrial estão fenecendo conjuntamente. Em resumo, a poderosa máquina do avanço tecnológico e do crescimento econômico parece estar perdendo o vapor. Existem inúmeros fatores que podem ser citados como responsáveis por isso.

Vivemos em sistemas sociais, políticos e econômicos de enorme complexidade. Nossa capacidade de criar supersistemas fortes não nos confere automaticamente a capacidade de compreender o que criamos. Por conseguinte, dependemos cada vez mais desses supersistemas, mas somos incapazes de compreendê-los, tornando-nos assim os servos da sociedade tecnológica que erigimos para nos servir. Transformamos a preocupação racional com o bem-estar material numa preocupação obsessiva com o consumo material que atinge níveis verdadeiramente inconcebíveis. Somos possuídos por nossas posses e consumidos pelo que consumimos.

Em suma, chegamos ao ponto em que somos obrigados a repensar no que a vida significa e para onde queremos ir. Não temos escolha, a não ser separar o trivial do significativo e o efêmero do duradouro e encontrar uma imagem alternativa dentro das possibilidades humanas e sociais que arrebate nossa imaginação coletiva e nos forneça um senso renovado de direção, a fim de prosseguir rumo ao futuro.

Mesmo que o paradigma industrial não estivesse abalado, grandes forças estão desviando nossa sociedade da histórica trajetória de crescimento material. O sucesso da era industrial foi em grande parte atribuído à existência de um estoque barato e abundante de energia e matéria-prima. Agora, todavia, vivemos uma "nova escassez", que contraria frontalmente o pressuposto crucial da abundância de energia e material.

À medida que o passo e a confiança do industrialismo vacilam e que seu rumo muda devido à nova escassez, a dura necessidade nos obriga a forjar um novo tipo de relação com os aspectos materiais da existência. Abaixo, analisamos um fluxo social emergente que pode representar maior coerência e equilíbrio dentro das ações sociais, a saber, o movimento em prol da simplicidade voluntária.

Ao longo das últimas décadas — no Ocidente em geral e nos Estados Unidos em particular —, o consumo foi visto como objetivo primário da atividade humana. Essa visão se reflete na habitual medida da felicidade, o "padrão de vida", calculado quase exclusivamente em termos materiais. Tentamos maximizar o consumo assumindo implicitamente que o nível de consumo esteja diretamente relacionado com o nível de bem-estar e felicidade. Esse é, ao que tudo indica, um pressuposto improcedente e excessivamente restritivo para a abordagem das possíveis fontes de satisfação do ser humano. Existem muitas evidências de que, além do nível de "suficiência" material, o dinheiro não compra a felicidade.

Numa resposta visceral a essa conscientização, um número cada vez maior de pessoas vem adotando um estilo alternativo de vida que, apesar de ser materialmente mais modesto, é em geral mais satisfatório e enriquecedor. A simplificação voluntária dos aspectos materiais/exteriores da vida pode contribuir de forma significativa para o enriquecimento de seus aspectos não-materiais/interiores. O falecido Richard Gregg propõe de maneira eloqüente a base lógica da simplicidade voluntária:

> A simplicidade voluntária envolve tanto a condição exterior quanto a interior. Ela significa a singeleza de propósitos, a sinceridade e a honestidade íntimas, além de evitar o tumulto exterior, as posses que são irrelevantes para o principal objetivo da vida. Ela significa uma ordenação e orientação das energias e desejos que temos, uma restrição parcial em algum ponto a fim de propiciar uma maior abundância de vida em outros. Ela implica uma organização deliberada da vida segundo um propósito específico (...).

A necessidade material aparentemente coincide com a possibilidade de evolução, de forma que podemos restringir o aspecto material da vida a fim de explorar mais plenamente as dimensões não-materiais da existência humana. Longe de ser uma moda passageira ou uma fuga escapista do mundo real, a simplicidade voluntária parece ser uma reação racional a uma situação de emergência.

A RESTAURAÇÃO DO EQUILÍBRIO (II): O TAO DA TRANSFORMAÇÃO PESSOAL

Simone de Beauvoir escreveu: "A vida se ocupa tanto em perpetuar-se quanto em superar-se; se tudo o que ela faz é manter-se a si mesma, então viver é apenas não morrer." No momento, não está muito claro se podemos manter-nos ou superarnos. Existem aparentemente duas razões fundamentais para essa crise evolutiva: primeiro, a ausência de uma evolução "interna" proporcional à nossa evolução material/externa e, segundo, a incapacidade de reconhecer que o crescimento "interior" é imprescindível aos processos evolutivos humanos.

A atual crise vivida pela civilização advém, em parte, de uma violenta disparidade entre as faculdades humanas interiores, relativamente subdesenvolvidas, e as tecnologias exteriores, extremamente poderosas que temos à nossa disposição. (...) É preciso corrigir o desequilíbrio de nossa era incentivando o crescimento e o amadurecimento interior do homem a um grau ao menos equivalente ao do imenso crescimento tecnológico exterior que ocorreu nos últimos séculos. Se quisermos assumir um papel co-criativo nos processos evolutivos, precisamos fazer com consciência, cuidado e deliberação aquilo que a natureza faz de maneira não-consciente e instintiva. Aurobindo declara que "o homem está na crista da onda evolutiva. Com ele ocorre a passagem da evolução inconsciente para a evolução consciente". Na expressão de Julian Huxley, o homem deve assumir a posição de "curador da evolução na Terra". Ao assumir esse papel, somos obrigados a agir com um grau de consciência e percepção igual ao poder e responsabilidade que lhe são inerentes. A evolução da consciência (e de formas sociais que a apóiem) não é uma preocupação periférica; pelo contrário, ela tem importância capital na nossa ordem-do-dia. Krippner e Meacham afirmam:

> Através dos tempos, o universo em sua totalidade vem caminhando em direção a uma maior intensidade e abrangência da consciência. "A evolução é uma ascensão rumo à consciência", escreveu Teilhard de Chardin, e o homem está à frente desse processo.

Esse tema persistente ressurge em várias perspectivas culturais. Para Aurobindo,

> A evolução da consciência é a motivação central da existência terrestre. (...) A mudança da consciência é o principal fato da próxima transformação evolucionária.

Não obstante, esse é um objetivo tão pouco presente na vida cotidiana da maioria das pessoas no Ocidente que quase não é reconhecido como tal. Nosso condicionamento cultural obscureceu a percepção das maiores possibilidades que temos como seres humanos. Nesse particular, a cultura oriental representa como nunca um dos mais férteis solos para a exploração desses potenciais na história.

Uma importante dimensão do vasto espectro da consciência na qual podemos evoluir se revela através das experiências místicas. Ao que parece, esses estados de percepção ampliada constituem o *mais elevado* denominador comum da experiência humana. Essa descoberta é profundamente encorajadora na medida em que, antes de as pessoas poderem lidar com os problemas da aldeia global, é necessário que haja algum grau de consenso quanto à natureza da "realidade" na qual coletivamente existimos. As experiências místicas podem ser um elemento importante desse consenso, num nível que transcende as diferenças culturais.

A era de relativa abundância em que vivemos entra em forte contraste com a pobreza material do passado. Hoje, com simplicidade, eqüidade e sabedoria, poderemos ter tanto a liberdade em relação à carência material quanto a liberdade de promover a evolução de nossa consciência enquanto indivíduos inseridos numa comunidade. Então, a revolução industrial poderá ser vista como um grande avanço evolutivo, por ter fornecido a base material para que essa evolução intencional se alastrasse para expandir os processos/estados de percepção individual e sociocultural.

A necessidade econômica (que exige a simplicidade, não importa se forçada ou voluntária), a "necessidade" taoísta (que nos impele a aprimorar nossa percepção para tomar posse da curadoria da evolução) e a possibilidade humana (de evoluir para níveis mais elevados de consciência/percepção) combinam-se para criar algo que parece ser um imperativo evolucionário de transcendência individual e social, delicado porém cada vez mais insistente.

Se colocarmos em vigor essa "nova fronteira" da possibilidade humana e social, parece inevitável o surgimento de uma "ética" que tenha afinidade com os seguintes elementos: em primeiro lugar, uma Ética da Auto-Realização, que proponha como objetivo adequado a cada um o desenvolvimento evolucionário do potencial humano. Essa ética exigiria que as instituições sociais fornecessem um apoio ambiental à auto-realização. Em segundo lugar, uma Ética Ecológica, que aceite que a Terra é limitada e reconheça a unidade subjacente da raça humana como parte integrante do meio ambiente.

A aceitação do desafio dessa nova fronteira não nega nem abandona nossa fronteira anterior, em grande parte material/externa. Tanto a necessidade quanto a oportunidade exigem uma mudança de proporção e de equilíbrio — uma alteração no centro de gravidade social — para a dimensão não-material da consciência humana em evolução. Nada disso nega a importância de nossas realizações econômicas e tecnológicas. Pelo contrário, precisamos partir delas se quisermos avançar rumo à próxima fronteira.

Concluindo, a dura necessidade material e a possibilidade da evolução humana parecem agora convergir para a criação de uma situação em que, a longo prazo, seremos obrigados a realizar nada menos que nossas maiores possibilidades. Entramos numa corrida entre a autodescoberta e a autodestruição. As forças que podem convergir para nos destruir são as mesmas que podem fomentar a autodescoberta e a descoberta da sociedade. O caminho da descoberta exige que primeiro aprendamos o caminho do universo — o delicado imperativo do caminho do Tao.

As experiências transpessoais e a crise global

Stanislav Grof e Christina Grof

A ciência moderna possui todo o conhecimento necessário à eliminação da maioria das doenças, ao combate à fome e à geração abundante de energia segura e renovável. Temos os recursos materiais e a força humana necessários à realização dos sonhos mais loucos que a humanidade já teve. Se temos os meios e o *know-how* tecnológico para alimentar a população do planeta, garantir um padrão de vida razoável para todos, combater a maioria das doenças, reorientar as indústrias para fontes inexauríveis de energia e impedir a poluição, o que nos impede de dar esses passos positivos?

A resposta está no fato de que todos os avanços críticos que mencionamos acima são sintomas de uma crise fundamental. Em última análise, os problemas que enfrentamos não são, em sua natureza, meramente econômicos, políticos ou tecnológicos. Todos eles são reflexos do estado emocional, moral e espiritual da humanidade contemporânea. Entre os mais destrutivos aspectos da psique humana estão a agressividade e a fome insaciável de consumo, duas das forças responsáveis pelo inimaginável desperdício do moderno "estado de guerra" em que vivemos. São elas também as responsáveis pelos obstáculos à divisão mais equânime de recursos entre os indivíduos, as classes e as nações, como também ao realinhamento com as prioridades ecológicas essenciais à continuidade da vida neste planeta. Tais elementos destrutivos e autodestrutivos da atual condição humana refletem diretamente a alienação da humanidade de si mesma, da vida e dos valores espirituais.

Tendo em vista esses fatos, o renascer do interesse pelas antigas tradições espirituais e pela busca mística se apresenta como um dos mais auspiciosos progressos dos dias de hoje. Os valores das pessoas que viveram fortes experiências transformadoras e tiveram êxito em aplicá-las à vida cotidiana demonstram mudanças bastante significativas. Esse progresso revela-se muito promissor em termos do futuro do mundo, já que representa um abandono das características destrutivas e autodestrutivas da personalidade e uma emergência daquelas que promovem a sobrevivência individual e coletiva.

As pessoas envolvidas no processo de emergência espiritual tendem a desenvolver uma nova apreciação e uma nova reverência diante de todas as formas de vida, além de uma nova compreensão da unidade de todas as coisas, o que muitas vezes resulta em preocupações fortemente ecológicas e em maior tolerância para com os demais seres humanos. A consideração para com a humanidade, a compaixão por todas as formas de vida e o raciocínio que leva em conta todo o planeta assumem prioridade em relação aos estreitos interesses individuais, familiares, político-partidários, classistas, nacionais e sectários. O que nos une a todos e o que temos em comum tornam-se mais importantes que nossas diferenças, que são vistas mais como enriquecedoras que ameaçadoras. Nas atitudes características da emergência espiritual, podemos ver o contraponto da intolerância, da irreverência diante da vida e da bancarrota moral que estão na origem da crise global. Por conseguinte, esperamos que o crescente interesse pela espiritualidade e a alta incidência de experiências místicas espontâneas prenunciem uma mudança na consciência da humanidade que se preste à reversão de nosso presente caminho autodestrutivo.

Um Projeto Manhattan interior

Peter Russell

Talvez precisemos do equivalente psicológico do "Projeto Manhattan" — o nome do projeto de pesquisa e construção da primeira bomba atômica. Descobriu-se que as recém-identificadas energias do núcleo do átomo poderiam criar uma bomba mil vezes mais potente que os explosivos até então conhecidos. A construção dessa bomba era considerada de máxima importância para o término da Segunda Guerra Mundial e, por conseguinte, para a segurança de todo o planeta. Em decorrência disso, direcionaram-se recursos científicos, técnicos e financeiros para um grande número de instituições de pesquisa e desenvolvimento Estados Unidos afora. O resultado foi a detonação da primeira bomba atômica em menos de três anos.

Hoje, quase cinqüenta anos depois, fica cada vez mais claro que existem imensos potenciais adormecidos na consciência humana, o núcleo de nosso ser. Se esse poder for liberado, a humanidade poderá começar a atacar seus problemas muito mais sabiamente, impossibilitando a ocorrência de novas guerras mundiais e aumentando enormemente nossas chances de sobrevivência. Se essa necessidade for reconhecida e se aplicarem recursos aos projetos que investigam como facilitar nosso despertar, poderemos ter um Projeto Manhattan interior — um projeto, aliás, de muito mais valor que o original.

A sabedoria da psique humana já existe em muitas tradições, filosofias e psicologias espirituais. Mas ela precisa ter compilada e pesquisada. Isso não quer dizer que se deva retornar às religiões do passado, mas que se deve redescobrir o sagrado que existe em cada um de nós com a linguagem e a tecnologia do século XX.

Qualquer remédio eficaz para os problemas globais deve agir sobre as causas que estão por trás da doença. Certamente precisamos fazer tudo que está ao nosso alcance para reduzir os danos que estamos causando ao meio ambiente. Mas se só fizermos isso, acabaremos encontrando a mesma doença interior, reaparecendo mascarada por outros sintomas diferentes.

A origem da crise do nosso meio ambiente está na aridez espiritual. Todas as políticas ambientais verdadeiramente holísticas precisam levar isso em conta na sua abordagem. Precisamos não só conduzir pesquisas em física e biologia, mas também investigar-nos através da psicologia e das ciências sagradas.

SEÇÃO ONZE

ANTEVENDO O FUTURO

Caminhos além do ego nas próximas décadas

Ken Wilber

Acredito que várias das emocionantes propostas da teoria transpessoal ganharão muito destaque na próxima década. Elas envolvem a pesquisa sobre os *estados* e as *estruturas* da consciência; a investigação transcultural dos padrões e caminhos da contemplação; a localização do movimento transpessoal entre as grandes linhas do mundo pós-moderno; a releitura das psicologias, religiões e filosofias mundiais a partir do privilegiado ponto de vista da orientação transpessoal; o estudo contínuo da relação entre as várias "rupturas da normalidade" (isto é, a relação entre as psicoses e o misticismo); o excruciante problema da relação entre a mente e o corpo (ou cérebro); o mapeamento mais preciso do espectro de desenvolvimento da consciência em suas dimensões convencionais, contemplativas e patológicas; a relação entre a psicologia junguiana e a psicologia transpessoal em geral; a compreensão teórica mais apurada da relação entre os "grupos marginais" (como o transpessoal) e as "grandes forças" do desenvolvimento mundial e do avanço tecnológico; a relação entre o domínio transpessoal e os três grandes "Outros", os domínios negligenciados das Tradições Mundiais, a saber, o corpo, a natureza e a mulher; a relação entre natureza e espírito; a relação entre a teoria geral e a prática individual e, acima de tudo, a continuação do trabalho sobre as "grandes teorias", visando a uma representação coerente do transpessoal nas diversas disciplinas "convencionais", inclusive a antropologia, a medicina, a ecologia, a economia e as letras clássicas. Analisemos mais detidamente cada uma dessas propostas.

1. ESTADOS E ESTRUTURAS

Os estudos transpessoais regem-se no momento por dois paradigmas principais: os estados alterados de consciência e as estruturas de desenvolvimento da consciência. Ambos esses paradigmas têm sua representação arquetípica no Vedanta, onde se faz uma distinção e uma correlação entre as cinco principais camadas ou estruturas (*koshas*) da consciência (matéria, corpo, mente, mente superior e mente coletiva) e os três estados principais ou corpos de consciência (bruto, sutil e causal, vivenciados nos estados da vigília, do sonho e do sono profundo). O Vedanta afirma que um estado de consciência pode conter diversas estruturas diferentes. Aurobindo acrescenta que as estruturas, mas não os estados, se desenvolvem (por conseguinte, o recém-nascido tem acesso a todos os estados principais — vigília, sonho e sono profundo —, mas, no que se refere às estruturas, ele só tem acesso às *inferiores* do reino bruto; as estruturas superiores ainda não se desenvolveram).

A pauta da pesquisa então é: qual é a relação entre os estados (que podem ser pré-pessoais, pessoais e transpessoais) e as estruturas (que também são pré-pessoais, pessoais e transpessoais)?

Até o momento, os trabalhos conhecidos apresentam poucas tentativas de esclarecer como se podem integrar esses dois paradigmas que, em muitos aspectos, parecem incompatíveis: as estruturas são cumulativas e integradoras; os estados são descontínuos e exclusores. Tenho a impressão de que a resposta envolve a noção de que as estruturas de desenvolvimento são o desdobramento ou atualização permanente (ou uma manifestação estável) daquilo que só *temporariamente* é experimentado num estado alterado. Enquanto os estados, provisórios e descontínuos, não forem atualizados, deixando de ser transitórios, precisam submeter-se ao fluxo de desenvolvimento e "obedecer" aos padrões desse fluxo. O mapeamento e a explicação dessas transformações serão dois dos principais avanços dos estudos transpessoais, transformando-se numa área de importância capital.

2. ESTUDOS TRANSCULTURAIS DO DESENVOLVIMENTO CONTEMPLATIVO

Muitos trabalhos pioneiros já foram realizados nesta área, mas há muito mais à espera do futuro pesquisador. De particular importância são as descrições fenomenológicas dos estados/estruturas da contemplação (apesar de toda dificuldade de descrição das realidades transverbais). Uma questão extremamente importante nesta área é: pode-se aplicar a mesma lógica de desenvolvimento que rege o desdobramento dos estágios convencionais (cognição, conação, afeto, etc.) aos estados/estruturas mais elevados? Existe unidade em evolução e desenvolvimento? Acredito que sim, mas se não houver, o que isso implica para a unidade do Espírito e seu desdobramento (ou ausência deste)?

3. LOCALIZAÇÃO DOS ESTUDOS TRANSPESSOAIS ENTRE AS CORRENTES MAIS AMPLAS DO PÓS-MODERNISMO

Existem atualmente quatro grandes correntes intelectuais na literatura do mundo pós-moderno, todas elas batendo-se pela supremacia: a dos humanistas iluministas clássicos, a dos "antipensadores" desconstrucionistas (Derrida), a dos "críticos da interpretação" (Foucault) e a dos "éticos comunicativos" (Habermas). O humanismo iluminista caracteriza-se pela crença no poder da racionalidade instrumental para a descoberta de toda e qualquer "verdade" passível e digna de conhecimento e pela crença no poder de tal verdade racional para libertar homens e mulheres, não só pessoal como também politicamente. Não obstante a nobreza de tais aspirações, elas historicamente tenderam a degenerar numa visão de mundo fragmentada e "desencantada", com os domínios da arte, da moral e da ciência radicalmente divorciados uns dos outros e da vida das pessoas, além de uma fé bastante cega na possibilidade de a racionalidade tecnológica conseguir resolver sozinha os dilemas resultantes.

Em resposta a essa visão de mundo racional, fraturada e bastante limitada (o "humanismo" e o "modernismo" tradicional), surgiram três amplos movimentos pós-modernos: o "desconstrucionismo" de Jacques Derrida, o "neo-estruturalismo" de Michel Foucault e o "pragmatismo universal" de Jürgen Habermas. Todos eles se unem na crítica à racionalidade instrumental e ao ego isolado e autônomo (o fundamento do humanismo); todos eles acreditam que a verdade seja histórica e lingüisticamente situada (e não eterna) e demonstram grande interesse pela ação ética num mundo que já não pode basear suas alegações de verdade na racionalidade e no positivismo mecanicista.

O desconstrucionismo tenta demonstrar que a racionalidade lingüística ("logocentrismo"), que marca boa parte da filosofia e da civilização ocidentais, é internamente contraditória: ela solapa sua própria posição sempre que aplicada a si mesma (por exemplo, o critério de verdade empírica não é ele mesmo empírico). Diz-se que essa desconstrução do logocentrismo abre novas saídas para a rígida racionalidade dualista. A análise de Foucault do conhecimento enquanto estrutura de poder e sua demonstração de que ao longo da história várias visões de mundo ou "epistemes" emergiram abruptamente, tiveram um efeito semelhante ao da desconstrução: ambas destroem completamente os pressupostos humanístico-racionais sobre o mundo, a verdade e a ética. Jürgen Habermas, considerado por muitos o maior filósofo vivo, tentou superar a racionalidade instrumental — e o ego isolado e autônomo — através da ênfase na "ética comunicativa", ou seja, os meios pelos quais os seres humanos tentam compreender-se uns aos outros numa comunidade de troca e respeito mútuos.

Todos esses movimentos pós-modernos constituem na verdade movimentos pós-ego. Com efeito, muitas vezes eles se referem explicitamente a seus projetos como "filosofias da morte do ego" ou "filosofias da morte do sujeito". E, embora tudo isso seja muito encorajador do ponto de vista do transpersonalismo, a "morte do ego" à qual esses movimentos se referem não significa a abertura para uma dimensão genuinamente transpessoal. Ao contrário, ela representa a transformação de uma visão de mundo egóica, racional, instrumental e estreita num corpo/mente multifacetado, sistêmico, orgânico, relacional e socialmente situado. (Chamo a isso "a lógica em rede e o centauro", que ainda constitui uma noção de identidade separada, porém melhor que a precedente noção de "ego". O pós-modernismo está "indo na direção certa".)

Contudo, todos esses movimentos pós-modernos fazem críticas ostensivas a todo tipo de transcendentalismo místico, à noção de presença pura e à idéia de realidades transistóricas. Portanto, um tópico crucial para a próxima década será: onde se situam os estudos transpessoais em meio a essas correntes pós-modernas e como podem eles responder às duras críticas que elas fazem ao transpersonalismo? Na minha opinião, todas as teorias pós-modernas *já* apresentam algum tipo de transcendentalismo oculto (o Divino penetra nelas toda vez que os teóricos se distraem). Isso só precisa ser apontado, de maneira que elas possam ser situadas no espectro do desenvolvimento transpessoal. Em outras palavras, o desconstrucionismo pode ser desconstruído (*à la* Nagarjuna), Foucault pode ser situado em sua própria episteme e até Habermas deixou em aberto a possibilidade de haver estágios ainda mais elevados de desenvolvimento aguardando desdobramento, o que constitui precisamente o campo próprio dos estudos do desenvolvimento transpessoal. Em matéria de interesse acadêmico convencional, *esse* será o meio de cultura ideal para a ação teórica.

4. RECONCEITUALIZAÇÃO DAS FILOSOFIAS MUNDIAIS A PARTIR DE UMA PERSPECTIVA TRANSPESSOAL

O pressuposto virtualmente inconteste dos intelectuais ocidentais contemporâneos é o de que tudo que seja "transcendental" não passa de "narrativa" ou de mera "ideologia", e assim a história deve ser lida como uma crônica de ideologias cambiantes cujo único fundamento é a relativa legitimidade cultural que lhes é atribuída por determinadas (e igualmente cambiantes e relativas) culturas. Mas e se *algumas* concepções transcendentalistas forem de fato experiências e revelações diretas que em importantes aspectos se caracterizam como extralingüísticas ou transculturais, apesar de mediadas pela linguagem? Um diamante pode cortar um pedaço de vidro, quaisquer que sejam as palavras usadas para "diamante", "cortar" e "vidro" — e a alma pode entrar em comunhão com Deus, quaisquer que sejam as palavras usadas para "alma", "comunhão" e "Deus".

Portanto, a história teria de ser inteiramente relida como uma crônica de crescimento e acumulação de verdadeiras experiências transcendentais filtradas através de várias ideologias, e não simplesmente reduzidas a uma ideologia entre outras. Isso revolucionaria completamente nossos conceitos de potenciais humanos e possibilidades divinas, colocando o crescimento do conhecimento espiritual em seu devido lugar, ao lado de qualquer outro avanço científico.

5. A RELAÇÃO ENTRE PSICOSE E MISTICISMO

O eterno fascínio deste tópico não se deve unicamente ao que ele é em si, mas também a diversos outros tópicos capitais que a ele se associam: criatividade e loucura, normalização e marginalização, potenciais ordinários e extraordinários, colapso pessoal e autodescoberta. O importante campo da *emergência espiritual* também está intimamente relacionado com este tópico. Grande parte dos diagnósticos de surtos psicóticos são atribuídos a pessoas que sofrem claramente um processo de emergência espiritual. Os detalhes desse tipo de crise exigem uma urgente pesquisa adicional (para não mencionar a relação entre a espiritualidade e as dependências, depressões, ansiedade, e por aí vai). Este tópico se associa diretamente também à nossa forma de conceitualizar o "inconsciente" (como demônios, deuses, infra-racional, supra-racional — tudo isso a um só tempo?). O mapeamento e a conceitualização do inconsciente representarão uma das áreas mais importantes e prolíficas da pesquisa transpessoal na próxima década.

6. A RELAÇÃO ENTRE ESTADOS CEREBRAIS E ESTADOS MENTAIS

Esta questão perene afeta — e infecta — os estudos transpessoais muito mais que a maioria dos demais estudos, simplesmente porque a “separação” ou “intervalo” entre os estados cerebrais e os estados mentais (matéria exterior e percepção interior) são “maiores” no campo do transpersonalismo. Afinal, algumas experiências transpessoais deixam atrás de si a avassaladora e definitiva certeza de que a consciência é anterior a qualquer manifestação, que ela é eterna a atemporal. Como essa “consciência eterna” se relaciona com um cérebro puramente finito e temporal?

Minha impressão é a de que esta questão não pode ser posta de lado por concessões materialistas. Para tanto, acho que será necessário o cuidado na elaboração e na defesa de um Idealismo bastante pós-moderno e de ampla abrangência. De qualquer modo, hoje essa tarefa é facilitada pela aceitação comum do Big Bang, que transformou em idealistas todos aqueles que pensam a respeito. Afinal, o que havia antes do Big Bang? Já que as partículas microatômicas devem ter obedecido a leis matemáticas desde o início e já que essas leis não se “desenvolveram”, será que elas já não existiam de alguma forma antes do Big Bang? Será que não há nenhum tipo de arquétipo platônico anterior à evolução, além dos “arquétipos” que podem simplesmente ter evoluído? E será que algumas das experiências transpessoais não poderiam ser experiências dessas entidades objetivamente reais, chamadas por Whitehead de “objetos eternos”? Será que a “Face Original” do Zen — seu próprio Eu Verdadeiro — não é a Face que você possuía antes do Big Bang?

Qualquer que seja nossa decisão, esta questão não pode ser evitada. Para o transpersonalista, a questão aparentemente inócua da relação entre a mente (consciência) e o corpo (matéria) é na verdade a suprema questão da relação entre o Vazio e a Forma, entre o não-manifesto e o manifesto.

7. COMO SE RELACIONAM OS “ESTADOS DE CONSCIÊNCIA” E OS “ESTADOS CEREBRAIS” FISIOLÓGICO-MATERIAIS?

Num nível mais especifico, qual é a relação entre os reais estados e estruturas da consciência e os padrões específicos das ondas cerebrais? Os primeiros estudos da área concentraram-se nos principais *estados* da consciência e sua correlação com os padrões brutos das ondas cerebrais, revelando quase sempre que alguns estados meditativos demonstram um aumento de atividade alfa/teta ou padrões delta profundos, etc.

Acredito que os maiores avanços recairão na indução eletrônica de padrões de ondas cerebrais que imitem a meditação (como os teta/delta profundos), e que as máquinas com as quais se fará isso serão amplamente comercializadas. Creio que ninguém vá se “iluminar” fazendo isso, justamente porque a mente e o cérebro não são *apenas* idênticos e porque a iluminação tem lugar na mente (consciência), não no cérebro, embora neste também possa haver mudanças.

Acredito que o que essa pesquisa poderá mostrar é que os estados cerebrais “permitem” mais facilmente certos estados mentais, mas não os determinam. O indivíduo pode até ter um “gostinho” do transpessoal por meio de indução eletrônica, como pode fazer com as drogas psicodélicas. Porém, sem transformação cognitiva interior, o estado se desvanecerá; não se tornará uma estrutura.

Essa relação abrirá um grande campo de pesquisa e se juntará à pesquisa em drogas psicodélicas para formar um instrumento muito útil na investigação do problema mente/corpo. Nesse meio-tempo, a indução eletrônica de estados cerebrais será muito provavelmente uma das mais disseminadas "fontes" modernas de experiências "transpessoais" para o indivíduo comum. Com isso, o domínio transpessoal adentrará os campos da medicina, da enfermagem e da psiquiatria pela porta da eletrônica, da mesma forma que a ioga foi legitimada pelos cientistas apenas quando foi clinicamente associada ao *biofeedback*.

8. MAPEAMENTO CONTÍNUO DO ESPECTRO DE DESENVOLVIMENTO NAS DIMENSÕES CONVENCIONAIS, CONTEMPLATIVAS E PATOLÓGICAS

Este é um esforço de suma importância, tornado ainda mais urgente pela necessidade de esclarecer a relação entre estruturas e estados. Se os estágios e estruturas transpessoais ou contemplativos da consciência também possuem patologias especificáveis (no que acredito), a persistência na identificação dessas patologias será extremamente importante. Além disso, existe um campo muito rico no mapeamento e esclarecimento dos estágios transpessoais do desenvolvimento moral, da cognição, da motivação, da visão de mundo e do afeto.

Os *estudos do desenvolvimento transpessoal* ainda são uma das áreas de pesquisa mais importantes e promissoras. Ao contrário dos estados de consciência, que são temporários e não-inclusivos, os estágios ou estruturas da consciência podem ser estudados usando-se uma *ciência reconstrutiva* (precisamente como Piaget, Gilligan, Kohlberg, Habermas, Chomsky e até Freud fizeram). Uma ciência reconstrutiva não postula a existência de estruturas de modo apriorístico ou meramente teórico, mas, em vez disso, estuda os indivíduos que já demonstraram competência naquela tarefa específica (seja ela lingüística, cognitiva, moral ou contemplativa). Portanto, ela reconstrói, após o fato, os estágios e componentes do desenvolvimento que levam à competência. Num certo sentido, Buda apenas reconstruiu as etapas que atravessou para ganhar a iluminação e as apresentou como uma ciência reconstrutiva que poderia ser testada e verificada — ou rejeitada — por uma comunidade de experimentadores. Como as ciências reconstrutivas reconstroem após o fato, não estão sujeitas à acusação de constituir uma metafísica apriorística. Além disso, suas alegações podem ser submetidas à não-verificação, o assim chamado "critério falibilista".

O fato de a psicologia do desenvolvimento transpessoal ser uma ciência reconstrutiva significa que ela está sujeita ao critério falibilista como qualquer outra ciência. Esse é de longe o argumento mais forte que o transpersonalista pode apresentar à comunidade científica convencional.

9. A RELAÇÃO ENTRE A TEORIA JUNGUIANA E A TEORIA TRANSPESSOAL

Este é um tópico imensamente delicado e complicado. Por quase meio século, o paradigma junguiano foi a grande — e única — teoria viável para a psicologia transpessoal no Ocidente. Pessoalmente, acredito que o modelo junguiano tem muitos pontos fortes, mas muito mais pontos fracos, e que este debate será o mais acalorado de toda a próxima década, simplesmente porque há tantas pessoas envolvidas nele. De qualquer modo, o diálogo entre o modelo junguiano e o transpersonalismo em geral continuará sendo uma fonte de desafios e estímulos para ambas as partes, colocando-se ao lado do também importante (e mais amplo) diálogo da psicologia transpessoal com as outras três grandes linhas da psicologia.

10. A RELAÇÃO ENTRE GRUPOS "MARGINAIS" E "NORMAIS" NA EVOLUÇÃO SOCIAL

Grande número de transpersonalistas crê que muitos dos mais urgentes problemas mundiais, da fragmentação da sociedade à crise ambiental, só podem ser "resolvidos" com uma transformação transpessoal. Particularmente não acredito que assim seja. Contudo, seja como for, será necessário divisar uma teoria acerca do modo como o conhecimento marginal (tal como o transpessoal) se torna normalizado e aceito. A fim de ser realmente conclusiva, essa teoria deverá ser plenamente verificada através da releitura da história com base no modelo proposto. Praticamente não há trabalhos nesta área. No entanto, sem eles, toda alegação de "transformação mundial" ou até mesmo de que a teoria transpessoal pode influenciar o mundo não passará de mais uma ideologia.

Tenho a impressão de que uma teoria da transformação mundial será na prática um "marxismo místico", isto é, ela cobrirá as intricadas relações entre a base "econômico-tecnológico-material" de uma dada sociedade e suas visões de mundo, estratégias de legitimação e estados/estruturas de consciência. Este é um campo praticamente inexplorado.

11. A RELAÇÃO ENTRE OS TRÊS "OUTROS" (CORPO, NATUREZA, MULHER) E AS GRANDES TRADIÇÕES

Todas as tradições mundiais plenamente desenvolvidas (como o Judaísmo, o Cristianismo, o Hinduísmo, o Budismo, o Islamismo e até, em certos aspectos, o Taoísmo) surgiram em meio a um clima discursivo que desvalorizava o corpo, a natureza e a mulher. Esses três "Outros" são, com efeito, equiparados por essas tradições ao mal, à tentação e à ilusão. Como podem as mulheres hoje ter alguma fé nas grandes tradições quando cada um de seus aspectos foi desenvolvido exclusivamente por homens?

E será que a exclusão das mulheres não corresponde exatamente à exclusão do corpo (ascetismo) e da natureza (*samsara*)? Não é a alienação global que vemos agora na crise ambiental? Longe de "salvar-nos", as grandes tradições não seriam a origem de uma crise que pode até levar-nos à morte? Todas essas perguntas são absolutamente cruciais para qualquer disciplina contemplativa/transpessoal e devem ser respondidas de frente.

As grandes tradições realmente colocam muita ênfase na Ascensão e na Transcendência, mas muitas delas dão igual ênfase à natureza Descendente e Imanente do

Espírito. As tradições tântricas, por exemplo, enfatizam a união entre o Deus Transcendental e Ascendente (Shiva) e a Deusa Imanente e Descendente (Shakti), união que se realiza no Coração não-dual e que frisa tanto a face masculina quanto a face feminina do Espírito.

Não obstante, creio que todo o panteão das grandes tradições terá de ser vasculhado e "limpo" da exclusão universal dos três "Outros" — natureza, corpo e mulher — nos próximos anos. Porém, isso deve ser feito de forma a não perder os dedos junto com os anéis. Simplesmente rejeitar tudo que as tradições têm a nos dizer seria catastrófico; seria algo como a recusa em usar a roda porque pode ter sido inventada por um homem. Entretanto, também este campo é praticamente inexplorado e poderá render muitas conclusões proveitosas na próxima década. O próximo tópico está associado a este.

12. O "OUTRO" DA NATUREZA EM RELAÇÃO AO ESPÍRITO

Decidi tratar deste tópico separadamente em função do caráter premente que assume a crise ambiental do planeta. Não tenho nenhuma dúvida de que as tradições puramente ascendentes (ou gnósticas), que vêem o mundo manifesto como mera ilusão, efetivamente contribuíram para a adoção de um conjunto de preconceitos culturais que permitiram a expoliação da Terra.

E, mais uma vez, creio que teremos de voltar às tradições tântricas (norte e sul, leste e oeste). Essas tradições universalmente vêem o reino finito (a Terra e tudo o mais) como uma perfeita manifestação do Espírito, e não como sua negação. Por conseguinte, elas honram e celebram a corporalidade, a descensão, a imanência, o feminino e os valores relativos à natureza.

A relação "secreta" entre os aspectos Ascendentes (transcendentes) e Descendentes (imanentes) do Espírito é dada, entre outros, por Sri Ramana Maharshi:

O mundo é ilusório
Só Brahman é real
Brahman é o mundo.

Uma Espiritualidade abrangente inclui assim ambas estas grandes correntes: Ascendente e Descendente, "masculina" e "feminina". A visão de que o mundo é ilusório corresponde à corrente Transcendental ou Ascendente, que é sobreenfatizada nas tradições gnósticas/*Theravadins*, onde quer que surjam. A visão de que Brahman é o mundo corresponde à corrente Imanente ou Descendente, que abraça todas as manifestações como Gestos Perfeitos do Divino.

Tomada em si e por si mesma, qualquer uma dessas correntes é catastrófica. Temos visto os desastrosos resultados da inclinação para a corrente masculina Ascendente. Agora temos o privilégio de assistir aos desastres dos movimentos pela equivalência entre o mundo finito e o Infinito. Estamos em meio a uma verdadeira pletora de teorias Descendentes, da ecologia radical ao ecofeminismo e à ressurreição do geocentrismo, todas elas confundindo alegremente as sombras com a Fonte. Por importantes que sejam, essas tentativas Descendentes são, a seu próprio modo, assimétricas, dualistas e fragmentárias — tanto quanto suas contrapartidas Ascendentes.

A tarefa na próxima década será encontrar uma forma de reunir e respeitar ambas as correntes — o Finito e o Infinito, o Manifesto e o Não-manifesto, o Descendente e o Ascendente — sem reduzir uma à outra nem valorizar uma em detrimento da outra.

13. A RELAÇÃO ENTRE TEORIA E PRÁTICA

O estudo do transpersonalismo não constitui em si necessariamente uma prática espiritual, embora naturalmente ambos estejam intimamente associados. A natureza dessa conexão será um tópico de importância capital na próxima década.

Há inúmeras práticas que induzem ou preparam o indivíduo para a dimensão transpessoal — meditação, técnicas xamânicas, rituais para deusas-mães, exercícios *kundalini*, respiração holotrópica, drogas psicodélicas, psicoterapia profunda, *biofeedback* e indução eletrônica, as diversas iogas, a própria vida. A ciência reconstrutiva da psicologia transpessoal seleciona os sujeitos para suas pesquisas na comunidade dos que já demonstraram *competência* em alguma das áreas acima. A *teoria* da psicologia transpessoal depende dos que já *praticaram* e atingiram competência numa disciplina espiritual/transpessoal.

Assim, o ideal é que o pesquisador do transpersonalismo também tenha algum tipo de prática espiritual; será um "observador participante". A questão de como separar — e relacionar — a teoria e a prática continuará na ordem do dia. Isso se complica ainda mais pelo fato de a teoria transpessoal tentar abstrair das várias disciplinas os fatores universais que parecem ser os ingredientes comuns ou vitais em cada uma, mas ainda se tem de praticar uma *determinada* disciplina para atingir a competência.

Além disso, as várias disciplinas estão elas mesmas evoluindo na aldeia global pós-moderna, na medida em que o budismo conhece a ciência, e a ioga o computador. Isso problematizou muitos aspectos das disciplinas tradicionais, como o papel do guru, e artefatos culturais específicos, como as restrições a estilos de vida ou o sexismo.

Creio ser essencial a todo pesquisador transpessoal adotar pessoalmente uma disciplina espiritual. Porém, a exata relação entre teoria e prática continuará sendo um tópico de extrema importância na discussão e na socialização das conclusões, à medida que o transpersonalismo encontrar seu caminho para o século XXI.

14. AS GRANDES TEORIAS

O transpersonalismo goza de uma posição privilegiada para sintetizar e integrar vários campos de busca do conhecimento por uma razão muito simples: ele é a única área que se dedica exclusivamente a investigar, honrar e reconhecer todas as dimensões da existência humana — sensorial, emocional, mental, social, espiritual.

Os estudos transpessoais são atualmente os únicos estudos verdadeiramente globais — estudos que perscrutam todo o espectro do crescimento e da aspiração humana. Não tenho dúvidas de que a próxima década testemunhará a ascensão do transpersonalismo como a única área que abarca tudo o que diz respeito aos esforços humanos. E, apesar de não acreditar que o mundo esteja vivendo nada parecido com uma "nova era" nem com uma "transformação transpessoal", efetivamente creio que os estudos transpessoais serão a partir de agora o farol que guiará os homens e mulheres que vêem o Espírito no mundo e o mundo no Espírito.

A aventura da consciência

Roger Walsh e Frances Vaughan

> *Um ser humano é uma parte do todo que nós chamamos de universo, uma parte limitada no tempo e no espaço. Ele sente a si mesmo, a seus pensamentos e sentimentos, como algo separado do resto, um tipo de ilusão de ótica da consciência. Essa ilusão representa para nós uma espécie de prisão, restringindo-nos a nossos desejos particulares e à afeição de algumas pessoas próximas. Nossa tarefa deve ser a de libertar-nos dessa prisão ampliando nosso círculo de compaixão até que abarque todas as criaturas vivas e toda a natureza em sua beleza.*
>
> — Albert Einstein

Entramos numa nova fase da aventura da consciência. Nascida como uma humilde tentativa de compreender as experiências de pico de pessoas excepcionalmente saudáveis, a psicologia transpessoal desabrochou num movimento interdisciplinar e internacional. As experiências, possibilidades e tradições transpessoais, há tanto tempo tomadas por fantasias, patologias ou ficções, estão afinal sendo investigadas e compreendidas. Cada nova descoberta desvela possibilidades ainda maiores.

Essa nova apreciação nos tem permitido recorrer às grandes reservas de sabedoria transpessoal acumuladas ao longo dos séculos em diversas culturas. A visão dessa sabedoria à luz das pesquisas modernas a torna compreensível em termos da contemporaneidade e expõe ao reconhecimento sua verdadeira significação.

Carl Jung falou acerca da importância dos intermediários gnósticos, aquelas pessoas que transmitem uma tradição de sabedoria embebendo-se nela e em seguida traduzindo-a para a língua e os conceitos de outra cultura. Talvez o movimento transpessoal possa funcionar como intermediário gnóstico coletivo, através do qual a eterna sabedoria das disciplinas transpessoais tradicionais possa ser traduzida, testada e selecionada, podendo então inspirar e transformar a cultura contemporânea.

No entanto, o movimento transpessoal é mais que um intermediário gnóstico, pois, além de traduzir o conhecimento, ele está ativamente envolvido na geração do conhecimento. Novas técnicas vêm sendo desenvolvidas; novos dados, coletados; e proposições antigas e atuais, testadas científica, filosófica, clínica e experimentalmente.

Os efeitos que tudo isso poderá provocar a longo prazo talvez sejam muito maiores do que podemos imaginar. Já presenciamos a mudança para uma visão mais generosa da natureza e das possibilidades humanas. Passamos de uma perspectiva que compreendia apenas um único estado de consciência saudável — a vigília — ao reconhecimento de que existem múltiplos estados. Deixamos de ver o desenvolvimento normal como ponto máximo e passamos a vê-lo como um limite culturalmente determinado. Não só deixamos de negar a possibilidade do sonhar lúcido como já o investigamos em laboratório. Já vemos a meditação como um catalisador do desenvolvimento, e não como uma fuga regressiva. Paramos de atribuir às experiências místicas o rótulo de patologia para vê-las como potencialmente benéficas. Em vez de desvalorizar as psicologias e filosofias não-ocidentais, reconhecemos que algumas delas, a seu próprio modo, são altamente sofisticadas. Enfim, todas essas mudanças e muitas outras mais podem fazer do transpersonalismo uma pedra fundamental no paradigma emergente.

Todas essas mudanças podem também mudar cada um de nós, pois o que fazemos é reflexo de nossas convicções acerca de quem somos e do que somos. A visão transpessoal de nossas próprias possibilidades pode, portanto, trazer à tona os recursos individuais e coletivos necessários à atualização delas.

Essa atualização pode representar um fator essencial à sobrevivência do planeta e da espécie humana, pois criamos uma situação global que exige um amadurecimento psicológico e social sem precedentes. No passado, pudemos consumir sem exaurir, emitir sem poluir, multiplicar sem superpovoar e matar sem medo de extinguir. Em outras palavras, pudemos dar vazão à nossa imaturidade, ao passo que agora precisamos superá-la. A crise global, tal qual a visão transpessoal, exige que cresçamos e despertemos.

A necessidade é grande, mas grandes são também as oportunidades. Pela primeira vez na história da humanidade, temos uma visão transpessoal e todos os caminhos para além do ego que nos ajudam a despertar. Esse despertar coletivo é a aventura da consciência, os caminhos para além do ego são o equipamento para a aventura, e a visão transpessoal é a luz que ilumina.

Notas e referências

Introdução

1. Needleman, J. *Lost Christianity*. Garden City, N.Y.: Doubleday, 1980, p. 60.
2. Maslow, A. *Toward a psychology of being*, 2ª ed. Princeton: Van Nostrand, 1968, p. 5.
3. Uma definição mais ampla das disciplinas transpessoais, que também se aplica em grande parte às disciplinas específicas, sendo portanto muito semelhante à definição da psicologia transpessoal, seria a seguinte: as disciplinas transpessoais estudam as experiências transpessoais e seus correlatos. Tais correlatos incluem a natureza, os tipos, as causas e os efeitos das experiências e do desenvolvimento transpessoal, bem como as psicologias, filosofias, disciplinas, artes, culturas, estilos de vida, reações e religiões por eles inspirados ou voltados para sua indução, expressão, aplicação ou compreensão.
4. Wilber, K. *A sociable god*. N.Y.: McGraw-Hill, 1983, p. 55.
5. Satprem. *Sri Aurobindo or the adventure of consciousness*. N.Y.: Harper & Row, 1968, p. 84.
6. Wilber, K. *The Atman project*. Wheaton, Ill.: Quest, 1980, p. 159.
7. Alexander, F. e Selesnich, S. *The history of psychiatry*. N.Y.: New American Library, 1966, p. 372.

Introdução à Parte 1, "O enigma da consciência"

1. Jung, C. *The Collected Works of C. G. Jung*. (Vol. 9, Parte I) *Four archetypes*. Princeton: Princeton University Press, 1969.
2. Baruss, I. *The personal nature of notions of consciousness*. N.Y.: University Press of America, 1990.
3. Hofstadter, D. e Dennett, D. *The mind's I*. N.Y.: Basic Books, 1981, p. 8.
4. Shearer, P. (trad.) *Effortless being: the yoga sutras of Patanjali*. Londres: Unwin, 1989. pp. 119, 78-79, 72.
5. Wilber, K. *Eye to eye: the quest for the new paradigm*. Garden City, N.Y.: Anchor/Doubleday, 1982, p. 18.
6. Sengstan, Terceiro Patriarca Zen. *Verses on the faith mind*. Trad. R. Clarke. Sharon Springs, N.Y.: Zen Center, 1975.
7. Bourguignon, E., org. *Religion, altered states of consciousness, and social change*. Ohio: Ohio State University, 1973, p. 11.
8. Weil, A. *The natural mind*. Boston: Houghton Mifflin, 1972, p. 17.
9. Da Avabhasa, *The dawn horse testament: new standard edition*. Clearlake, Calif.: The Dawn Horse Press, 1991.
10. Goleman, D. *The meditative mind*. Los Angeles: Tarcher, 1988.
11. Tart, C. *Waking up: overcoming the obstacles to human potential*. Boston: New Science Library/Shambhala, 1986, p. 80.
12. Harner, M. *The way of the shaman*. N.Y.: Bantam, 1982.

Capítulo 1, "Psicologia, realidade e consciência"

1. A "experiência-platô" de que Maslow fala é uma experiência da qual a psicologia contemporânea ainda se aproxima; o conceito de "estados finais" de Sutich talvez possa incluir esta categoria.

Referências

Berger, P. L. e Luckmann, T. *The social construction of reality*. N.Y.: Anchor, 1967.

Goleman, D. The Buddha on meditation and consciousness. Part I: The teachings. *Journal of Transpersonal Psychology* 4, 1 (1972): 1-44.

James, W. *Psychology: Briefer Course.* N.Y.: Holt and Co., 1910.

Katz, R. Education for transcendence: lessons from the !Kung Zhũ/turãsi, *Journal of Transpersonal Psychology* 5, 2 (1973): 136-155.

LaBarre, W. The cultural basis of emotions and gestures, *J. Pers. 16* (1947): 49-68.

Lee, D. Codificação da realidade: linear e não-linear, *Psychosom. Med. 12, 2* (1950): 89-97

Mannheim, K. *Ideology and utopia.* Londres: Routledge & Kegan Paul, 1936.

Maslow, A. Theory Z, *Journal of Transpersonal Psychology 2, 1* (1970): 31-47.

Sutich, A. J. Transpersonal therapy, *Journal of Transpersonal Psychology 5, 1* (1973): 1-6.

Whorf, B. L. *Language, thought, and reality.* Cambridge: M.I.T. Press, 1964.

Capítulo 2, "Psychologia perennis"

Brown, N. O. *Life against death: The psichoanalytical meaning of history.* Middleton, Ohio: Wesleyan University Press, 1959.

Deutsch, E. *Advaita Vedanta.* Honolulu: East-West Center Press, 1969.

Fromm, E., Suzuki D., T. e DeMartino, R. *Zen Buddhism and psychoanalysis.* N.Y.: Harper & Row, 1970.

Huxley, A. *The perennial philosophy.* N.Y.: Harper & Row, 1970.

Jung, C. *Analytical psychology: It's theory and practice.* N.Y.: Vintage, 1968.

Maslow, A. H. *Towards a psychology of being.* N.Y.: VanNostrand Reinhold, 1968.

Maslow, A. *The farther reaches of human nature.* N.Y.: Viking, 1971.

Mead, G. H. *George Herbet Mead on social psychology.* Ed. Anselm Strauss. Chicago: University of Chicago Press, 1964.

Perls, F., Hefferline, R. e Goodman, P. *Gestalt therapy.* N.Y.: Delta, 1951.

Suzuki, D. T. *Studies in the Lankavatara Sutra.* Londres: Routledge & Kegan Paul, 1968.

White, J., org. *The highest state of consciousness.* N.Y.: Anchor, 1972.

Whorf, B. L. *Language, thought, and reality.* Cambridge: M.I.T. Press, 1956.

Capítulo 4, "Mapeamento e comparação de estados"

1. Doore, G. *Shaman's path.* Boston: Shambhala, 1988, p. 223.
2. Kalweit, H. *Dreamtime and inner space.* Boston: Shambhala, 1988, p. 236.
3. Walsh, R. *The spirit of shamanism.* Los Angeles: Tarcher, 1990.
4. Harner, M. *The way of the shaman.* N.Y.: Bantam, 1982.
5. Eliade, M. *Shamanism: Archaic techniques of ecstasy.* Princeton: Princeton University Press, 1964.
6. Goleman, D. *The meditative mind.* Los Angeles: Tarcher, 1988.
7. Eliade, M. *Ioga: Immortality and freedom.* Princeton: Princeton University Press, 1958.
8. Prabhavananda, S. e Isherwood, C. (Trad.). *How to know God: The yoga aphorisms of Patanjali.* Hollywood: Vedanta, 1953.

9. Brown, D., Forte, M. e Dysart, M. Differences in visual sensitivity among mindfulness meditators and non-meditators. *Perceptual and Motor Skills 58* (1984), 727-733.
10. Eliade, M. *Ioga: Immortality and freedom.* 2ª ed. Princeton: Princeton University Press, 1969, p. 339.
11. Sengstan, Terceiro Patriarca Zen. *Verses on the faith mind.* Trad. R. Clarke. Sharon Springs, N.Y.: Zen Center.
12. Hultkrantz, A. Ecological and phenomenological aspects of shamanism. In *Shamanism in Siberia*, orgs. V. Dioszegi e M. Hoppal. Budapeste: Akadamiai Kiado, 1978, p. 27-58.

Introdução à Parte 2, "Meditação: a via régia para o transpessoal"

1. Plotino. *The essential Plotinus.* Trad. E. O'Brien. Hackett, Indianapolis, 1964, p. 42.
2. Freud, S. *A general introduction to psychoanalysis.* Garden City, N.Y.: Garden City Publishers, 1917, p. 252.
3. Prabhavananda, S. e Isherwood, C. (Trad.) *The songs of God: Bhagavad Gita.* Hollywood: Vedanta Press, 1944, p. 85.
4. Ram Dass. *Circular da Associação de Psicologia Transpessoal,* 1975, p. 9.
5. Platão. *The republic.* Trad. E. Cornford. Oxford: Oxford University Press, 1945, p. 516.
6. Ramana Maharshi. *Who am I?* (Trad. T. Venkataran.) 8ª ed. Índia, 1955.
7. Gampopa. *The jewel ornament of liberation.* Trad. H. Güenther. Boston: Shambhala, 1971, p. 271.
8. Schumacher, E. *Small is beautiful: Economics as if people mattered.* N.Y.: Harper & Row, 1973, p. 67.
9. James, W. *Talks to teachers on psychology and to students on some of life's ideals.* 1899. N.Y.: Dover, 1962, p. 51.
10. James, W. *Principles of psychology.* 1910, N.Y.: Dover, 1950, p. 424.
11. Ram Dass. *Journey of awakening.* N.Y.: Doubleday, 1978.
12. Walsh. R. Pesquisa sobre meditação. Neste volume.
13. Schindler, C. e Lapid, G. *The great turning: Personal peace and global victory.* Santa Fé: Bear and Company, 1989.
14. Blake, W. The marriage of heaven and hell. In: *Blake: Complete writings*, org. G. Keynes. Londres: Oxford University Press, 1966.
15. Ellenberger. H. *The discovery of the unconscious.* N.Y.: Basic Books, 1970, p. 376.
16. Perls, F. *Gestalt therapy verbatim.* Lafayette, Calif.: Real People Press, 1969, p. 16.
17. Hardy, T. *Collected poems of Thomas Hardy.* N.Y.: Macmillan, 1926, p. 154.
18. Wilber, K. *A sociable god.* N.Y.: McGraw-Hill, 1983.
19. Alexander, F. Buddhist training as an artificial catatonia (the biological meaning of psychic occurrences). 18 (1931): 129-145.
20. Wilber, K. *The Atman project.* Wheaton, Ill.: Quest, 1980, p. 155.
21. Novak, P. Buddhist meditation and the Great Chain of Being: Some misgivings. *Listening 24* (1989): 67-78.

Capítulo 6, "A pesquisa sobre meditação: o estado da arte"

1. Alexander, C. *et al.* Growth of higher stages of consciousness. In: *Higher stages of human development*, orgs. C. Alexander e E. Langer. N.Y.: Oxford University Press, 1991.
2. Shapiro, D. & Walsh, R., orgs. *Meditation: Classic and contemporary perspectives.* N.Y.: Aldine, 1984.
3. Kwee, M., org. *Psychotherapy, meditation and health.* Londres. East-West, 1990.
4. Murphy, M. e Donovan, S. *The physical and psychological effects of meditation.* San Raphael, Calif.: Esalen Institute, 1988.

5. Alexander, C., Rainforth, M. e Gelderloos, P. Transcendental meditation, self-actualization and psychological health: A conceptual overview and statistical meta-analysis. *Journal of Social Behavior and Personality 6* (1992): 189-247.
6. Wilber, K., Engler, J. e Brown, D., orgs. *Transformations of consciousness: Conventional and contemplative perspectives on development.* Boston: New Science Library/Shambhala, 1986.
7. Shapiro, D. Comparison of meditation with other self-control strategies: Biofeedback, hypnosis, progressive relaxation: *American Journal of Psychiatry.* 139 (1982): 267-274.
8. West, M., org. *The psychology of meditation.* Oxford: Clarenden Press, 1987.
9. Earle, J. Cerebral laterality and meditation. *Journal of Transpersonal Psychology* 13 (1981): 155:173.
10. Kabat-Zinn, J. *Full catastrophe living.* N.Y.: Delcorte, 1990.
11. Orme-Johnson, D. e Alexander, C. *Critique of the National Research do Council's Report on meditation.* Fairfield, Iowa: Maharishi International University, 1988.
12. Orme-Johnson, D. *et al.* International peace project in the middle East; The effects of the Maharishi Technology of the unified field. *Journal of Conflict Resolution* 332 (1988): 776-812.
13. Epstein, M. e Lieff, J. Psychiatric complications of meditation practice. *Journal of Transpersonal Psychology* 13 (1981): 57.
14. Wilber, K. O espectro das patologias. Neste volume.
15. Shapiro, D. Meditation, self-control, and control by a benevolent other. In: *Psychotherapy, meditation and health*, org. M. Kwee. Londres: East-West, 1990, p. 65-123.

Introdução à Parte 3, "Sonhos lúcidos"

1. Bíblia. Edição standard revisada, Números 12:6.
2. LaBerge, S. *Lucid dreaming.* Los Angeles: Tarcher, 1985, p. 30-31.
3. Shearer, P. (Trad.) *Effortless being: the yoga sutras of Patanjali.* Londres: Unwin, 1989, p. 64.
4. Shah, I. *The sufis.* N.Y.: Anchor/Doubleday, 1971, p. 155-156.
5. Gyamtso, K. *Progressive stages of meditation on emptiness.* Oxford: Longchen, 1986, p. 42.
6. Schopenhauer, A. Transcendente Spekulation "über die anscheinende Absichtlichkeit im Schicksale des einzelnen". Vol. 8, *Sämtliche Werke*, Cottasche Bibliothek der Weltlitteratur, Stuttgart, 1911-1942, p. 220-225.
7. Suzuki, D. T. *Studies in the Lankavatara Sutra.* Londres: Routledge & Kegan Paul, 1930, p. 267.
8. Anônimo. *A course in miracles.* Glen Ellen, Calif.: Foundation for Inner Peace, 1975.
9. Hegel, G. *The phenomenology of mind.* Trad. J. Baillie. Londres: Unwin, 1949, p. 85-86.
10. Jones, W. *A history of Western philosophy.* 2ª ed. 5 vols. N.Y.: Harcourt Brace Jovanovich, 1975.
11. Nietzsche, F. *The portable Nietzche.* Trad. W. Kaufman. N.Y.: Viking, 1955, p. 101.
12. Dalai Lama. Palestra proferida na Associação internacional do Transpersonalismo, Davos, Suíça, 1983.
13. Evans-Wentz, W. (trad.) *Tibetan yoga and secret doctrines* 2ª ed. Oxford: Oxford University Pess, 1958, p. 222.

Introdução à Parte 4, "Os catalisadores da mente: implicações das drogas psicodélicas"

1. Grinspoon, L. e Bakalar, J. *Psychedelic drugs reconsidered.* N.Y.: Basic Books, 1979.
2. Doklin de Rios, M. *Hallucinogens: Cross-cultural perspectives.* Albuquerque: Universidade de Novo México, 1984.
3. Jaffe, J. Drug dependence: Opioids, nonnarcotics, nicotine (tobacco) and caffeine. In: *Com-*

prehensive textbook of psychiatry. 5ª ed. Vol. 1, (Orgs.) H. Kaplan e B. Sadock. Baltimore: Williams & Wilkins, 1989, p. 677.

4. Grof, S. *L. S. D. psychotherapy*. Pomona, Calif.: Hunter House, 1980.
5. Strassman, R. Adverse reactions to psychedelic drugs: A review of the literature. *Journal of Nervous and Mental Disease 172* (1984): 577-595.
6. Grof, S. *The adventure of self-discovery*. Albany: State University of N.Y. Press, 1988.

Capítulo 13, "As drogas têm importância religiosa?"

1. Mylonas, G. *Eleusis and the Eleusinian Mysteries*. Princeton: Princeton University Press, 1961.
2. Bergson. H. *Two Sources of Morality and Religion*. N.Y.: Holt, 1936.
3. Pahnke, W. *Drugs and misticism: An analysis of the relationship between psychedelic drugs and the mystical consciousness*. Tese apresentada ao Comitê para Evolução da História e da Filosofia da Religião, Universidade de Harvard, 1963.

Capítulo 15, "Os domínios do inconsciente humano: observações acerca da pesquisa com o LSD"

1. O psiquiatra vienense Otto Rank, dissidente das linhas psicanalíticas ortodoxas, chama a atenção para a suprema significação das experiências perinatais em seu livro *The trauma of birth* (1927).

Introdução à Parte 5, "As dimensões transpessoais do desenvolvimento"

1. Maslow, A. H. *Toward a psychology of being*, 2ª ed. Princeton Van Nostrand, 1968, p. 71-72, 16.
2. Mumford, L. *The transformation of man*. N.Y.: Harper & Row, 1956, p. 241.
3. Kapleau, P. *The three pillars of Zen*. Garden City, N.Y.: Anchor/Doubleday, 1980, p. 155.
4. Radhakrishnan. *Indian philosophy*, 2ª ed. Vol. 1. Bombaim: Blackie & Sons, 1929, p. 43.
5. Stace, W. *Misticism and philosophy*. Los Angeles: Tarcher, 1987, p. 338.

Introdução à Parte 6, "Problemas de percurso: observações clínicas"

1. Maslow, A. *Toward a psychology of being*. 2ª ed. Princeton: Van Nostrand Reinhold, 1968, p. iv.
2. Lukoff. D. The diagnosis of mystical experiences with psychotic features. *Journal of Transpersonal Psychology* 17 (1985): 155-182, p. 157.
3. Walsh, R. *The spirit of shamanism*. Los Angeles: Tarcher, 1990.
4. Perry, J. Spiritual emergence and renewal. *ReVision 8*, 2 (1986): 33-340.
5. Maslow, A. *The farther reaches of human nature*. N.Y.: Viking, 1971, p. 36.
6. The Bill W. — Carl Jung Letters. *ReVision* 10, 2 (1987): 19-21, 1987.
7. Wilber, K. *The Atman project*. Wheaton, Ill.: Quest, 1980, p. 106.
8. Shapiro, D. & Walsh, R., orgs. *Meditation: Classic and contemporay perspectives*. N.Y.: Aldine, 1984.
9. Peele, S. *Diseasing of America: Addiction treatment out of control*. Lexington, Mass.: Lexington Books, 1989.
10. Deikman, A. *The observing self*. Boston, Mass.: Beacon, 1982, p. 80.
11. Klong-Chen Rab-'Byams-Pa. *Kindly bent to ease us* Trad. por H. Guenther. Emeryville, Calif.: Dharma, 1975, p. 29.

Introdução à Parte 7, "A busca de integridade: terapias transpessoais"

1. Bugental, J. *Psychotherapy and process*. Reading, Mass.: Addison-Wesley, 1978.
2. Turner, R., Lu, F. e Lukoff, D. Proposal for a new Z code: Psychoreligious or pshychospiritual problem. *Journal of Nervous and Mental Disease*. (1992) 180, 673-682.
3. Byrom, T. (trad.) *The Dhammapada: The sayings of the Buddha*. N.Y.: Vintage, 1976.
4. Ram Dass. *Love, serve, remember*. (Gravação.) Santa Cruz, Calif.: Fundação Hanuman, 1973.

Capítulo 25, "Cura e integridade: a psicoterapia transpessoal"

1. Grof. S. *The adventure of self-discovery*. Albany: State University of N.Y. Press, 1988.
2. Jung. C. G. *Letters*. Org. G. Adler. Princeton: Princeton University Press, 1973.
3. The Bill W. — Carl Jung Letters. *ReVision* 10, 2 (1987): 21.
4. Fadiman, J e Frager, E. *Personality and personal growth*, 2ª ed. N.Y.: Harper & Row, 1984.
5. Boorstein, S. e Vaughan, F. Transpersonal psychotherapy. In *The newer therapies*. Org. L. Abt e I. Stewart. N.Y.: Van Nostrand Reinhold, 1982, p. 118-135.
6. Boorstein, S. (org.) *Transpersonal psychotherapy*. Palo Alto, Calif.: Science and Behavior Books, 1980.

Capítulo 26, "Pressupostos da psicoterapia transpessoal"

Anônimo. *A course in miracles*. Vol. 1. *Texto*. Tiburon, Calif.: Foundation for Inner Peace, 1975.

Perls, F. *Gestalt therapy verbatim*. Lafayette, Calif.: Real People Press, 1969.

Introdução à Parte 8, "Ciência, tecnologia e transcendência"

1. Smith. H. *Forgotten truth*. N.Y.: Harper & Row, 1976, p. I, 16.
2. Whitehead, A. *Science and the modern world*. N.Y.: Macmillan, 1967.
3. Flanagan, O. *The science of the mind*. Cambridge, Mass.: M.I.T. Press, 1984, p. 273-274.
4. James, W. *The varieties of religious experience*, 1902. Reedição. N.Y.: New American Library, 1958, p. 29.
5. Griffin, D. (Org.) *The reenchantment of science*. Albany: State University of N.Y. Press, 1988.
6. Makarov, O. Prefácio. *The home planet*. Org. K. Kelly. N.Y.: Addison-Wesley, 1988.
7. White, F. *The overview effect: Space exploration and human evolution*. Boston: Houghton Mifflin, 1987.

Capítulo 29, "Olho no olho: ciência e psicologia transpessoal"

1. Wilber, K. *The Atman project*. Wheaton, Ill.: Quest, 1980.
2. Smith, H. *Forgotten truth*. N.Y.: Harper & Row, 1976.
4. Whitehead, A. N. *Science and the modern world*. N.Y.: Macmillan, 1967.
5. Tart, C. *States of consciousness*. N.Y.: E. P. Dutton, 1975.

Capítulo 32, "A experiência de quase-morte"

Gallup, G. *Adventures in immortality*. N.Y.: McGraw-Hill, 1982.

Greyson, B. Increase in psychic phenomena following near-death experiences, *Theta* 2 (1983): 1016.

Kohr, R. near-death experiences, altered states and psi sensitivity. *Anabiosis 3* (1983): 157-174.

Ring, K. *Life at death*. N.Y.: Coward McCann & Geoghegan, 1980.

Ring, K. *Heading toward omega*. N.Y.: William Morrow, 1984.

Sabom, M. *Recollections at death*. N.Y.: Harper & Row, 1982.

Introdução à Parte 9, "A filosofia da transcendência"

1. Russell, B. *The problems of philosophy*. N.Y.: Oxford University Press, 1959, p. 12.
2. Wilber, K. Odyssey: A personal inquiry into humanistic and transpersonal psychology. *Journal of Humanistic Psychology* 22 (1982): 75.
3. Huxley, A. *The perennial philosophy*. N.Y.: Harper & Row, 1945, p. vii.
4. Lovejoy, A. *The great chain of being*. Cambridge: Harvard University Press, p. 26.
5. Rothberg, D. Philosophical foundations of transpersonal psychology: An introduction to some basic issuess. *Journal of Humanistic Psychology* 18 (1986): 1-34.

Capítulo 33, "Visões de mundo transpessoais: reflexões históricas e filosóficas"

1. Barfield, O. *Romanticism comes of age*. Londres: Rudolf Steiner Press, 1966, pp. 147-148.
2. Eicher, S. (Org.) *Selections from Ralph Waldo Emerson*. Boston: Houghton Mifflin, 1957, pp. 21-22.
3. Wilber, K. *Eye to eye*. Boston: Shambhala, 1990 e *The Spectrum of Consciousness*. 3ª ed. Wheaton, Ill.: Theosophical Publishing House, 1982.
4. Grof, S. *Beyond the brain: Birth, death, and transcendence in psychotherapy*. N.Y.: State University of N.Y. Press, 1985.
5. Tart, C. *Open mind, discriminating mind*. São Francisco: Harper, 1989.
6. V. ensaios neste volume.
7. Rothberg, D. Philosophical foundations of transpersonal psychology: An introduction to some basic issues. *Journal of Transpersonal Psychology* 18 (1986): 1-34.
8. Tarnas, R. *The passion of the Western mind*. N.Y.: Harmony Books, 1991.
9. *Ibid*, p. 436-437.

Capítulo 35, "A grande cadeia do ser"

Referências

Lovejoy, A. *The great chain of being*. (1936) Reedição. Cambridge: Harvard University Press, 1964, p. 26.

Smith, H. *Forgotten truth*. N.Y.: Harper & Row, 1976.

Trungpa, C. *Shambhala: Sacred path of the warrior*. Boston: Shambhala, 1988.

Varela, F. *Principles of biological autonomy*. N.Y.: North Holland, 1979, p. 86.

Von Bertalanffy, L. *General system theory*. N.Y.: Braziller, 1968, pp. 74, 87.

Capítulo 36, "Sabedoria oculta"

1. Zimmer, H. *Philosophies of India*. Princeton: Princeton University Press, 1969.
2. Walsh, R. Can Western philosophers understand Asian philosophies? *Crosscurrents 34* (1989): 281-299, 1989.
3. Nyanaponika Thera. *Abhidharma studies*. Kandi, Sri Lanka: Buddhist Publication Society, 1976, p. 7.
4. Radhakrishnan. *Indian philosophy*. Vol. 1. 1929. Reedição. Bombaim: Blackie & Sons, 1940, p. 43.
5. Vimilo, B. *Awakening to the truth*. Visaka Puja, Tailândia: Buddhist Association, 1974, p. 73.
6. Huxley, A. *The perennial philosophy*. N.Y.: Harper & Row, 1945, p. vii.
7. Schumacher, E. *A guide for the perplexed*. N.Y.: Harper & Row, 1977, pp. 61, 42, 43.

Introdução à Parte 10, "Pensando no nosso mundo: o serviço e a conservação"

1. Maslow, A. *Religions, values, and peak experiences*. N.Y.: Viking, 1970, p. xii.
2. Ehrlich, P. e Ehrlich, A. *The population explosion*. N.Y.: Simon & Schuster, 1990.
3. Porrit, J. *Save the earth*. Atlanta: Turner Publishing, 1991.
4. Comissão Presidencial sobre a Fome no Mundo. *Relatório preliminar da Comissão Presidencial sobre a Fome no Mundo*. Washington, D.C.: U.S. Government Printing Office, 1979.
5. Dammann, E. *The future in our hands*. N.Y.: Pergamon, 1979, pp. 46, 136.
6. Walsh, R. *Staying alive: The psychology of human survival*. Boston: New Science Library/Shambhala, 1984.
7. Gore, A. *Earth in the balance: Ecology and the human spirit*. N.Y.: Houghton Mifflin, 1992.
8. Fox, W. *Toward a transpersonal ecology: developing new foundation for environmentalism*. Boston: Shambhala, 1990.

Capítulo 40, "Ecologia transpessoal"

Fox, W. *Toward a transpersonal ecology: developing new foundations for environmentalism*. Boston: Shambhala, 1990.

Popper, K. *Objective knowledge: An evolutionary approach*. Oxford: Clarenden Press, 1974.

Russell, B. *History of Western philosophy*. Londres: Unwin, 1979.

Capítulo 41, "Ecologia radical: a natureza conta"

1. Roszak, T. *Where the wasteland ends*. N.Y.: Anchor/Doubleday, 1972.
2. Fox, W. A new philosophy of our time? *The Ecologist 14* (1984): 5-6.

Leituras suplementares

Ciência

Griffin, D. (org.) *The reenchantment of science: Postmodern proposals.* Albany: State University of N.Y. Press, 1988. Uma descrição de como a ciência moderna e o cienticismo desembocaram no que Mumford chamou de "universo desqualificado": um mundo privado de sentido, finalidade e nobreza. O autor apresenta um resumo dos progressos recentes que trouxeram essa visão à baila.

Laughlin, C. McManus, J. e d'Aquili, E. *Brain, symbol and experience*. N.Y.: Columbia University Press, 1992. Este texto da antropologia transpessoal promove a integração de estudos transculturais, neurociência e disciplinas contemplativas.

Wilber, K. *A sociable god*. N.Y.: McGraw-Hill, 1983. Num texto denso e conciso, Wilber delineia um novo campo da sociologia transpessoal.

Consciência

Tart, C. *States of consciousness*. El Cerrito, Calif.: Psychological Processes, 1983. Apresenta uma das mais abrangentes teorias sobre os estados de consciência.

Wilber, K. *No Boundary*. Boston: New Science Library/Shambhala, 1981. Uma versão simplificada de *O espectro da consciência*, que representa uma boa introdução ao trabalho de Wilber.

Wilber, K. *The spectrum of consciousness*. Wheaton, Ill.: Quest, 1977. O primeiro livro de Wilber e seu trabalho básico. Aí ele apresenta em detalhes a idéia básica subjacente a boa parte de seu trabalho: a consciência e seus atributos, e as psicologias, filosofias e religiões que a investigam podem ser organizadas ao longo de um espectro. O livro é uma síntese enciclopédica de disciplinas diversas.

Desenvolvimento

Maslow, A. *The farther reaches of human nature*. N.Y.: Viking, 1971. Um clássico sobre os mais amplos limites do desenvolvimento psicológico por um dos pais da psicologia transpessoal.

Metzner, R. *Opening to inner light*. Los Angeles: Tarcher, 1986. Uma explicação, baseada em amplas pesquisas, de dez clássicas metáforas de transformação usadas para descrever o desenvolvimento espiritual.

Vaughan, F. *Awakening intuition*. N.Y.: Doubleday, 1979. Um dos primeiros livros sobre a intuição que se refere aos níveis pessoal e transpessoal.

Vaughan, F. *The inward arc: Healing and wholeness in psychotherapy and spirituality*. Boston: New Science Library/Shambhala, 1986. Uma visão geral do desenvolvimento transpessoal e de sua facilitação, baseada em perspectivas psicológicas e espirituais.

Wilber, K. *The Atman Project*. Wheaton, Ill.: Quest, 1980. Uma síntese interdisciplinar que vasculha o desenvolvimento desde a infância até a vida adulta em níveis transpessoais.

Wilber, K., Engler J., e Brown, D. orgs. *Transformations of consciousness: Conventional and contemplative perspectives on development*. Boston: New Science Library/Shambhala, 1986. Uma coleção de textos teóricos e de pesquisa sobre o desenvolvimento transpessoal e seus estágios, patologias e terapias.

Wilber, K. *Up from Eden*. N.Y.: Doubleday, 1981. Aqui Wilber procura aplicar sua teoria do desenvolvimento humano ao mapeamento da evolução da consciência através dos tempos. Um livro polêmico e brilhante.

Drogas psicodélicas

Grinspoon, L. e Bakalar, J. *Psychedelic drugs reconsidered*. N.Y.: Basic Books, 1979. Uma visão geral aberta e abrangente, elaborada com cuidado por duas autoridades no assunto.

Grof, S. *The adventure of self-discovery*. Albany: State University of N.Y. Press, 1988. Um amplo relatório e uma análise teórica das experiências transpessoais, principalmente as induzidas por drogas psicodélicas. A partir delas, Grof traça um dos mais abrangentes painéis da consciência hoje disponíveis.

Lee, M. e Shlain, B. *Acid dreams: The CIA, LSD, and the sixties rebellion*. N.Y.: Grove Weinderfeld, 1985. Um relato impressionante e bem documentado do uso e abuso de substâncias psicodélicas pelo público e pela CIA durante os anos 60.

Lukoff, D., Zanger, R. e Lu, F. *Psychoactive substances and transpersonal states*. *Journal of Transpersonal Psychology 22, 22* (1990): 107-148. Uma revisão das pesquisas recentes sobre as drogas psicodélicas.

Stafford, P. *Psychedelics encyclopaedia*. 3ª ed. Berkeley: Rowin Publishers, 1992. Uma enciclopédia abrangente e bem documentada, de fácil compreensão.

Ecologia e questões globais

Devall, B. e Sessions, G. *Deep ecology: living as if nature mattered*. Layton, Utah: Gibbs Smith, 1985. Um dos clássicos da ecologia profunda.

Elgin, D. *Voluntary simplicity*. N.Y.: William Morrow, 1981. Uma oportuna análise de um estilo de vida que, além de muito satisfatório, pode promover o crescimento transpessoal e tornar-se essencial à sobrevivência do ser humano.

Fox, W. *Toward a transpersonal ecology*. Boston: New Science Library/Shambhala, 1990. Uma oportuna tentativa acadêmica de criar uma ecologia transpessoal através da união entre a ecologia profunda e a psicologia transpessoal.

Gore, A. *Earth in the balance: Ecology and the human spirit*. N.Y.: Houghton Mifflin, 1992. Uma sofisticada discussão das crises globais com corajosas sugestões de respostas políticas e sociais. Escrito pelo vice-presidente dos Estados Unidos.

Ram Dass e Gorman, P. *How can I help*? N.Y.: Knopf, 1985. Uma bela análise do serviço enquanto prática espiritual.

Experiência de quase-morte

Moody, R. *The light beyond*. N.Y.: Bantam, 1988. De fácil leitura, é uma visão geral dos avanços na área após a publicação dos primeiros ensaios do autor, considerado um divisor de águas na questão.

Ring, K. *Life at death*. N.Y.: Coward, McCann & Geoghegan, 1980. A visão de um dos mais respeitados pesquisadores do assunto.

Filosofia

Koller, J. *Oriental philosophies*. 2ª ed. N.Y.: Charles Scribner's Sons, 1985. Uma introdução às principais filosofias orientais.

Smith, H. *Beyond the posmodern mind*. 2ª ed. Wheaton, Ill.: Quest, 1989. Este livro descreve com lucidez o atual impasse da filosofia pós-moderna que fez cair por terra tantas filosofias e alegações da verdade, e diz que a perspectiva transpessoal pode oferecer uma saída para a mente pós-moderna.

Stace, W. *Mysticism and philosophy*. Los Angeles: Tarcher, 1987. Um clássico da filosofia do misticismo que defende a similaridade e até a identidade das experiências místicas através das diversas culturas.

Wilber, K. *Eye to eye: The quest for the new paradigm*. Garden City, N.Y.: Anchor/Doubleday, 1983. Contém uma importante discussão acerca do fundamento epistemológico das disciplinas transpessoais, bem como ensaios sobre diversos outros tópicos.

Zimmer, H. *Philosophies of India*. Princeton: Princeton Univesity Press, 1969. Uma das introduções de mais fácil leitura às filosofias indianas.

História

Tarnas, R. *The passion of the Western mind*. N.Y.: Harmony Books, 1991. Esta obra, simpatizante do movimento transpersonalista, tem sido elogiada como a melhor pesquisa do pensamento ocidental em um só volume.

Meditação

Goldstein, J. *The experience of insight*. Boston: New Science Library/Shambhala, 1983. Uma introdução fácil à meditação budista: meditação Vipassana.

Murphy, M. e Donovan, S. *The pshysical and psychological effects of meditation*. San Raphael, Calif.: Esalen Institute, 1989. Uma revisão de mais de mil estudos sobre os efeitos da meditação.

Ram Dass. *Journal of awakening: A meditator's guidebook*. 2ª ed. N.Y.: Bantam, 1990. Uma introdução simples à meditação e uma listagem dos centros e mestres da prática.

Shapiro, D. e Walsh, R., orgs. *Meditation: Classic and contemporary perspectives*. N.Y.: Aldine, 1984. Uma coletânea dos mais significativos ensaios sobre a teoria e a pesquisa da meditação.

West, M., org. *The psychology of meditation*. Oxford: Clarenden Press, 1987. Uma antologia de relatórios de pesquisas.

Psicologia, escolas de orientação transpessoal

Ferrucci, P. *What we may be*. Los Angeles: Tarcher, 1982. Uma introdução prática à aplicação da psicossíntese para o crescimento pessoal e transpessoal.

Frager, R. e Fadiman, J. *Personality and personal growth*, 2ª ed. N.Y.: Harper & Row, 1984. A primeira análise de teorias orientais e ocidentais da personalidade de orientação transpessoal.

Jung. C. *Memories, dreams, reflections*. Trad. R. Winston e C. Winston. N.Y.: Vintage Books, 1961. A autobiografia de Jung é uma crônica de sua corajosa e pioneira pesquisa das profundezas da psique, apesar da falta de apoio que encontrou no Ocidente.

Singer, J. *Boundaries of the soul*. Garden City. N.Y.: Doubleday, 1972. Uma visão geral da psicologia junguiana escrita em linguagem simples por um autor que tem afinidades também com a psicologia transpessoal.

Questões clínicas

Grof, C. e Grof, S. *The stormy search for the Self*. Los Angeles: Tarcher, 1990. Este livro é um dos principais textos sobre as crises de desenvolvimento transpessoal ou "emergências espirituais".

Grof, C. e Grof, S. *The thirst for wholeness: Addiction, attachment and the spiritual path*. N.Y.: HarperCollins, 1993. Uma investigação transpessoal da dependência.

Grof, C. e Grof, S. *Spiritual emergency*. Los Angeles: Tarcher, 1989.

Kabat-Zinn, J. *Full catastrophe-living: Using the wisdom of your body and mind to face stress, pain, and illness*. N.Y.: Delacourte, 1990. Um manual cuidadoso e detalhado do uso da percepção meditativa para a cura.

Lukoff, D., Lu, F. e Turner, R. Toward a more culturally sensitive DSM-IV: Psychoreligious and psychospiritual problems. *Journal of Nervous & Mental Diseases 80* (1992): 673-682. Um estudo bem documentado sobre a necessidade de formação em questões religiosas e espirituais.

Relacionamento

Welwood, J. *Journey of the heart*. N. Y.: Harper Collins, 1990. Uma análise dos relacionamentos enquanto práticas espirituais.

Religião

Anthony, D., Ecker, B. e Wilber, K. (orgs.) *Spiritual choices: The problem of recognizing authentic paths to inner transformation*. N. Y.: Paragon, 1987. Este livro apresenta fundamentos teóricos e práticos para a distinção entre os caminhos úteis e os problemáticos.

Hixon, L. *Coming home: The experience of enlightenment in sacred tradition*. Los Angeles: Tarcher, 1989. Uma excelente introdução a diferentes caminhos espirituais.

James, W. *The varieties of religious experience*. 1902. Reedição. N.Y.: New American library, 1958. O clássico estudo que deitou as bases para uma psicologia das religiões.

Smith, H. *The world's relligions*. San Francisco: Harper, 1991. Este livro fornece uma introdução clara e concisa às principais tradições religiosas do mundo. Em conjunto com sua edição original, intitulada *The religions of man*, já vendeu mais de 2 milhões de exemplares.

Tart, C. *Transpersonal psychologies*. 3ª ed. N.Y.: HarperCollins, 1992. Uma análise das tradições espirituais enquanto psicologias transpessoais aplicadas.

Underhill, E. *Mysticism*. N.Y.: New American Library, 1974. Um clássico sobre o misticismo cristão.

Walsh, R. *The spirit of shamanism*. Los Angeles: Tarcher, 1990. Uma análise transpessoal do xamanismo.

Wullf, D. *Psychology of religion: Classic and contemporary views*. N.Y.: John Wiley, 1991. Um texto acadêmico e profundo, além de fácil de ler. O autor demonstra um notável domínio da vastíssima literatura sobre o assunto.

Somática

Murphy, M. *The future of the body*. Los Angeles: Tarcher, 1992. Uma ampla revisão e síntese acerca do funcionamento corporal excepcional e seus potenciais.

Sonhos lúcidos

Gackenbach, J. e Bosvel, J. *Control your dreams*. N.Y.: Harper-Collins, 1989.

LaBerge, S. *Lucid dreaming*. Los Angeles: Tarcher, 1985. Escritos por autoridades na área, ambos os volumes constituem visões gerais da pesquisa e prática do sonho lúcido, de fácil leitura.

Recursos

Associações

Association for Transpersonal Psychology
345 California Street
Palo Alto, California 94306
(415) 327-2066
Organização com encontro anual na Califórnia que publica circular própria.

Common Boundary
4304 East-West Hwy
Bethesda, Maryland 20814
(301) 652-9495
Encontro anual nas proximidades de Washington, D.C., e publicação de revista.

International Transpersonal Association
20 Sunnyside Avenue, A-257
Mill Valley, California 94941
(415) 389-6912
Encontros bienais em vários locais do mundo.

Programas de treinamento

Para descrição dos cursos e programas de treinamento transpessoal, consulte o *The Common Boundary Education Guide* (1991; P. Demetrios, C. Simpkinson e C. Bennett [orgs.]. Bethesda, MD: Common Boundary).

Jornais e Revistas

The Anthropology of Consciousness
American Anthropological Association
1703 New Hampshire Avenue, N. W.
Washington, D.C. 20009

Common Boundary
4204 East-West Hwy
Bethesda, Maryland 20814
(301) 652-9495

Journal of Humanistic Psychology
1172 Vallejo Street, # 3
San Francisco, California 94123
(415) 346-7929

Journal of Transpersonal Psychology
P. O. Box 4437
Stanford, California 94309
(415) 327-2066

ReVision: A Journal of Consciousness and Transformation
Heldref Publications
1319 Eighteenth Street, N.W.
Washington, D.C. 20036-1802
(202) 296-6267

Colaboradores

Sri Aurobindo, intelectual indiano e gênio da religião, é considerado um dos maiores sábios-filósofos de todos os tempos.

Jane Bosveld é escritora e co-autora de *Control your dreams.*

Fritjof Capra, Ph. D., físico e teórico de sistemas, é fundador e presidente do Elmwood Institute, um reduto do pensamento ecológico. Além disso, é autor de *O Tao da física* e *O Ponto de Mutação.* O filme *Mindwalk* é baseado em seus livros.

Sua Santidade o Dalai Lama é um monge budista e líder do povo tibetano em questões políticas e espirituais. O Dalai Lama é também o líder em exílio do governo tibetano. Seu incansável trabalho pela paz mundial e pelo término não-violento da ocupação chinesa do Tibete valeram-lhe o Prêmio Nobel da Paz em 1989.

Ram Dass é dos mestres espirituais de maior influência na atualidade. Inicialmente conhecido como Richard Alpert, ele foi psicólogo em Harvard e autor das primeiras pesquisas com LSD. Dass é co-fundador da Seva, uma organização dedicada ao amparo de pobres e cegos, e autor de *Journey of Awakening* e *How Can I Help?*

Bill Devall, Ph. D., é um dos mais importantes autores da ecologia profunda e co-autor do clássico *Deep Ecology: Living as if Nature Mattered.*

Duane Elgin, pesquisador e futurólogo, tem realizado amplo trabalho sobre o uso consciente dos meios de comunicação de massa. Elgin é autor de *Voluntary Simplicity* e *Awakening Earth.*

John Engler, Ph. D., é psicólogo e mestre de meditação budista, além de um dos pioneiros da integração entre as idéias budistas e o pensamento psicanalítico.

Mark Epstein, escritor, estudioso do Budismo e médico psiquiatra com consultório de psicoterapia em Nova York.

Georg Feuerstein, Ph. D., é conhecido internacionalmente por seu trabalho de interpretação do esoterismo hindu e por seus mais de vinte livros, inclusive *Holy Madness* e *Structures of Consciousness.*

Warwick Fox, Ph. D., eminente ecologista, é autor de *Toward a Transpersonal Ecology*, além de pesquisador do Centre for Environmental Studies, da Universidade da Tasmânia.

Jayne Gackenbach, Ph. D., é uma das mais competentes pesquisadoras do sonho lúcido, além de editora-fundadora da revista *Lucidity* e co-autora de *Control Your Dreams.*

Gordon Globus, médico, é professor de filosofia e psiquiatria da University of California, Irvine. Seu livro mais recente é *Dream Life, Wake Life: The Human Condition through Dreams.*

Daniel Goleman, Ph. D., é editor de psicologia do *New York Times*. Entre suas diversas publicações, incluem-se *Mind/Body Medicine* e *Mind Science*.

Christina Grof é fundadora da Spiritual Emergency Network. Sua principal área de interesse está nos aspectos espirituais da dependência e recuperação. Co-autora de *The Stormy Search for the Self*, ela escreveu *The Thirst for Wholeness: Addiction, Attachment, and the Spiritual Path*.

Stanislav Grof é médico psiquiatra e ex-presidente da International Transpersonal Association. Autor de diversos livros, inclusive *Beyond the Brain* e *The Adventure of Self-Discovery*, Grof tem mais de uma centena de artigos e ensaios publicados.

Aldous Huxley foi matemático e influente crítico social, responsável pela popularização da noção de filosofia perene. Entre seus diversos livros, encontram-se *The Perennial Philosophy* e *A Ilha*.

William James foi um dos mais importantes filósofos e psicólogos americanos. Autor de inúmeros livros, são seus o *Varieties of Religious Experience* e *Principles of Psychology*.

Lawrence Kohlberg, Ph. D., foi um dos mais eminentes pesquisadores do desenvolvimento moral.

Jack Kornfield, Ph. D., ordenou-se monge budista e formou-se em psicologia clínica. Fundador da Insight Meditation Society, é também o autor de *Seeking the Heart of Wisdom* e *Stories of the Spirit, Stories of the Heart*, entre outros.

Stephen LaBerge, Ph.D., foi um dos primeiros a demonstrar cientificamente a existência de sonhos lúcidos. Sendo ainda um dos principais pesquisadores da área, é autor de *Lucid Dreaming* e *Exploring the World of Lucid Dreaming*.

Charles Laughlin, Ph. D., é professor de antropologia da Carleton University, Ottawa, Canadá. Autor de uma pesquisa etnográfica com os lamas tibetanos no Nepal, é editor de *Anthropology of Consciousness* e co-autor de *Brain, Symbol and Experience*.

John Mack é médico e professor de psiquiatria no Cambrige Hospital e Harvard University. Fundador do Harvard Center for Psychology and Social Change, é ex-presidente da International Society of Political Psychology e ganhador do Prêmio Pulitzer de biografia pelo livro *A Prince of Our Disorder: The Life of T. E. Lawrence*. Seu trabalho o tornou um dos expoentes da aplicação da psicologia às questões nucleares e ecológicas.

Judith Malamud, Ph. D., é dona de uma vasta obra acerca do sonhar lúcido.

Abraham Maslow, Ph. D., foi um dos mais importantes psicólogos deste século, sendo visto como pai da psicologia humanística e da psicologia transpessoal. Entre seus livros encontram-se *Toward a Psychology of Being* e *The Farther Reaches of Human Nature*.

Robert A. McDermott, Ph. D., é presidente do California Institute of Integral Studies e professor emérito de filosofia do Baruch College. Entre seus trabalhos publicados estão *The Essential Steiner e The Essencial Aurobindo*.

John McManus, Ph. D., é um dos pesquisadores que mais contribuíram para a psicologia e a ciência cognitiva.

Michael Murphy é co-fundador do Esalen Institute, tendo auxiliado na implantação do Esalen's Soviet-American Exchange Program. Além de três romances, escreveu *The Future of the Body*.

Kenneth Ring, Ph. D., é professor de psicologia da University of Connecticut e ex-presidente da International Association for Near Death Studies. Ring é também o autor de *Life at Death* e *The Omega Project*.

Peter Russell é formado em física, psicologia e ciência da informática. Editou *The Upanishads* e *The White Hole in Time*, e também produziu o premiado vídeo *The Global Brain*.

George Sessions, Ph. D., é um dos mais conhecidos autores da ecologia profunda, co-autor do clássico *Deep Ecology: living as if Nature Mattered*.

Jon Shearer, Ph. D., é um dos pioneiros na colaboração para a implantação da antropologia transpessoal.

Huston Smith, Ph. D., é professor visitante de Estudos Religiosos da University of California, Berkeley. Autor de sete títulos, entre os quais *The World's Religions* (inicialmente publicado como *The religions of Man*) e *Essays on World Religion*, Smith é também o autor de documentários internacionalmente premiados sobre o Hinduísmo, o Budismo tibetano e o Sufismo.

Charles Tart, Ph. D., é professor de psicologia da University of California, Davis. Tart é um dos mais renomados pesquisadores dos estados de consciência e da teoria transpessoal, autor de *Waking Up* e *Transpersonal Psychologies*, entre outros.

Frances Vaughan, Ph. D., é psicoterapeuta com consultório em Mill Valley, Califórnia, além de ex-presidente da Association for Transpersonal Psychology.

Roger Walsh, Ph. D., é médico e professor da University of California, Irvine.

John Welwood, Ph. D., é psicologo e professor do California Institute of Integral Studies. Autor de diversos livros, entre os quais *Challenge of the Heart* e *Journey of the Heart*, seus temas preferidos são a psicologia oriental e ocidental, a meditação e os relacionamentos.

Ken Wilber é um dos principais teóricos do transpersonalismo. Sua síntese transdisciplinar abrange as psicologias, as filosofias e religiões do Oriente e do Ocidente, além da sociologia, antropologia e pós-modernismo.

Bryan Wittine, Ph. D., é psicoterapeuta com consultório em Oakland, Califórnia, tendo sido co-fundador do Graduate Program in Transpersonal Counseling Psychology da John F. Kennedy University, Orinda, California.

Sobre os organizadores

ROGER WALSH, Ph.D., é médico e professor de psiquiatria, filosofia e antropologia da University of California, Irvine. Autor de doze livros e de mais de uma centena de artigos sobre ciência, filosofia, religião e ecologia, seu trabalho lhe tem valido dezenas de prêmios nacionais e internacionais.

FRANCES VAUGHAN, Ph.D., é psicóloga, com consultório em Mill Valley, Califórnia. Ela é membro da equipe clínica da University of California Medical School, em Irvine, e ex-presidente da Association for Transpersonal Psychology, além de autora e organizadora de diversos livros de psicoterapia e espiritualidade.

O ESPECTRO DA CONSCIÊNCIA

Ken Wilber

Este trabalho de Ken Wilber pode ser considerado a principal teorização no campo da Psicologia Transpessoal, numa abordagem que amplia as concepções sobre a consciência desenvolvidas pela psicologia ocidental.

Neste livro notável, o autor compara a consciência ao espectro eletromagnético. A partir dessa analogia, tal como qualquer radiação eletromagnética, a consciência é "una" e se manifesta por uma multiplicidade de aspectos, de níveis ou de faixas, que correspondem aos diferentes comprimentos das ondas eletromagnéticas.

Para o autor, o "espectro da consciência" implica a integração dos conhecimentos fragmentados das escolas psicológicas ocidentais com os principais elementos das tradições esotéricas, resultando numa visão holística da consciência.

Desta forma, enfoques aparentemente contraditórios das diferentes abordagens são considerados complementares, pois as diferenças entre eles preenchem as lacunas existentes, criando uma síntese que valoriza igualmente as visões de Freud, de Jung, de Maslow, de May e de outros psicólogos renomados, assim como as de grandes líderes espirituais, desde Buda até Krishnamurti.

MARCIA TABONE
Autora de *A Psicologia Transpessoal*

EDITORA CULTRIX

O TAO DA FÍSICA

Um Paralelo Entre a Física Moderna e o Misticismo Oriental

Fritjof Capra

Este livro analisa as semelhanças — notadas recentemente, mas ainda não discutidas em toda a sua profundidade — entre os conceitos subjacentes à física moderna e as idéias básicas do misticismo oriental. Com base em gráficos e em fotografias, o autor explica de maneira concisa as teorias da física atômica e subatômica, a teoria da relatividade e a astrofísica, de modo a incluir as mais recentes pesquisas, e relata a visão de um mundo que emerge dessas teorias para as tradições místicas do Hinduísmo, do Budismo, do Taoísmo, do Zen e do I Ching.

O autor, que é pesquisador e conferencista experiente, tem o dom notável de explicar os conceitos da física em linguagem acessível aos leigos. Ele transporta o leitor, numa viagem fascinante, ao mundo dos átomos e de seus componentes, obrigando-o quase a se interessar pelo que está lendo. De seu texto, surge o quadro do mundo material não como uma máquina composta de uma infinidade de objetos, mas como um todo harmonioso e "orgânico", cujas partes são determinadas pelas suas correlações. O universo físico moderno, bem como a mística oriental, estão envolvidos numa contínua dança cósmica, formando um sistema de componentes inseparáveis, correlacionados e em constante movimento, do qual o observador é parte integrante. Tal sistema reflete a realidade do mundo da percepção sensorial, que envolve espaços de dimensões mais elevadas e transcende a linguagem corrente e o raciocínio lógico.

Desde que obteve seu doutorado em física, na Universidade de Viena, em 1966, Fritjof Capra vem realizando pesquisas teóricas sobre física de alta energia em várias Universidades, como as de Paris, Califórnia, Santa Cruz, Stanford, e no Imperial College, de Londres. Além de seus escritos sobre pesquisa técnica, escreveu vários artigos sobre as relações da física moderna com o misticismo oriental e realizou inúmeras palestras sobre o assunto, na Inglaterra e nos Estados Unidos. Atualmente, leciona na Universidade da Califórnia, em Berkeley.

A presente edição vem acrescida de um novo capítulo do autor sobre a física subatômica, em reforço às idéias por ele defendidas neste livro.

EDITORA CULTRIX

NOVAS DIMENSÕES DA CURA ESPIRITUAL

Frances Vaughan

Nos dias de hoje, quando existem ameaças sem precedentes à sobrevivência da humanidade, a psicoterapeuta Frances Vaughan exorta as pessoas a assumir a responsabilidade por suas vidas. "Nós *podemos* mudar e crescer", afirma a autora, "e cabe a nós a responsabilidade de fazer em nossa vida mudanças que nos permitam contribuir para o bem-estar geral."

Vaughan argumenta com convicção que psicoterapia e espiritualidade são aspectos complementares do desenvolvimento humano, e que ambos são essenciais para se alcançar condições ideais de saúde física, emocional, mental, existencial e espiritual. Esclarecendo a relação entre crescimento e desenvolvimento interior e exterior, ela guia o leitor numa viagem espiritual de cura e auto-habilitação.

Novas Dimensões da Cura Espiritual é um livro indispensável no campo da psicologia transpessoal e oferece exercícios criados a partir de situações empíricas com o propósito de estimular a cura do indivíduo.

* * *

Frances Vaughan, Ph.D., é psicoterapeuta praticante há mais de quinze anos e foi presidente da Associação de Psicologia Transpessoal. É autora de quatro livros e de numerosos artigos. Com Roger N. Walsh organizou *Além do Ego – Dimensões Transpessoais em Psicologia*, também publicado pelas Editoras Cultrix/Pensamento.

EDITORA CULTRIX

EMERGÊNCIA ESPIRITUAL

Crise e Transformação Espiritual

Stanislav Grof e Christina Grof

A principal idéia desenvolvida neste livro é a de que algumas das experiências dramáticas e dos estados mentais incomuns que a psiquiatria tradicional diagnostica e trata como distúrbios mentais são, na verdade, crises de transformação pessoal ou "emergências espirituais". Episódios dessa espécie têm sido descritos na literatura sagrada de todas as épocas como resultados de práticas de meditação e como marcos do caminho místico, em suma, experiências dotadas de um conteúdo ou sentido espiritual bem claro.

Quando entendidas e tratadas adequadamente, em vez de serem simplesmente suprimidas pelas rotinas psiquiátricas padronizadas, essas experiências podem ter como resultado a cura e produzir efeitos benéficos nas pessoas que passam por elas. Esse potencial positivo é expresso pelo termo *emergência espiritual,* um jogo de palavras que sugere tanto uma crise (emergência no sentido de "urgência"), como uma oportunidade de ascensão a um novo nível de consciência (emergência como "elevação").

Contando entre seus autores com alguns dos nomes mais representativos nas áreas da psicologia, da psiquiatria e da espiritualidade, este livro destina-se a servir de guia para todos os que, por amizade, parentesco ou profissão, se vêem na contingência de dar apoio e prestar assistência a pessoas que estão enfrentando essas crises de transformação.

EDITORA CULTRIX

UM CAMINHO COM O CORAÇÃO

Jack Kornfield

Talvez o livro mais importante até agora escrito sobre meditação, sobre o processo de transformação interior e a integração da prática espiritual no modo de vida atual, *Um Caminho com o Coração* traz à tona, um por um, todos os desafios da vida espiritual no mundo moderno. Escrito por um professor, psicólogo e mestre em meditação de renome internacional, este livro inspirador e especializado percorre uma vasta gama de questões essenciais, incluindo várias que raramente são tratadas em obras desta natureza. Desde a compaixão, os vícios e a cura psicológica e emocional, desde o trato com problemas que envolvem os relacionamentos e a sexualidade até a criação de uma simplicidade e equilíbrio zen em todas as facetas da vida, fala às preocupações de muitos buscadores espirituais modernos, tanto os que se iniciam no caminho como os que já tem muitos anos de experiência.

Um Caminho com o Coração oferece ao leitor uma série de técnicas, de práticas, de meditações dirigidas, de histórias, de koans e de outras pérolas da sabedoria milenar que podem ajudar o leitor em sua jornada. As profundas - e às vezes divertidas - experiências do autor e sua simpática orientação irão guiar habilmente o leitor através dos obstáculos e provações da vida espiritual contemporânea proporcionando-lhe clareza de percepção e o sentimento do sagrado que dá sentido a toda experiência humana.

Livro que certamente se tornará um clássico no gênero, *Um Caminho com o Coração* mostra-nos como podemos fazer a espiritualidade florescer em todos os dias da nossa vida. Trata-se de um guia sábio e amável para uma nova odisséia em direção ao interior da alma, dando um sentido mais profundo e satisfatório à experiência que chamamos de vida.

EDITORA CULTRIX